不管生活在什么样的社会中，
人类所做的挣扎都是相似的。

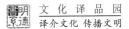

文 化 译 品 园
译介文化 传播文明

RETURN TO NISA

重访妮萨

【美】玛乔丽·肖斯塔克（Marjorie Shostak）◎著

邱金媛◎译

中国人民大学出版社
·北京·

献给洛伊斯·卡斯柏，在我们爱的记忆中

目　录

Return to Nisa

一、非洲

　　我和一群昆族女人坐在一起，围成一个圈。她们身材娇小，我坐在她们旁边，显得有些格格不入。因为不习惯盘腿而坐，我不断扭动着身子。天空中的半轮月亮慢慢地消失在地平线下，星星出来了。耳畔边回荡着治愈之舞的旋律。女人们一边拍着手，一边唱着歌。拍手的节奏复杂，歌声时有时无，起伏重叠。她们把头歪向一侧，想让声音在耳边多停留一会儿，以便能听清自己的歌声。她们盘腿而坐，膝盖和双腿拢成一个松垮的圆圈。不经意间，圈圈相连，就这样身体和歌声融为一体。

　　在人群中央有一堆燃烧的篝火，火焰随着人群的活动时而跳跃，时而奄奄一息。男人们和几近成年的大男孩们在女人围成的大圆圈之外跳舞。他们修长的上半身几乎与黑夜融为一体，难以辨别。伴随着舞步，男人们赤脚踩在凉凉的沙地上，发出砰砰的响声，给歌声添加了新的旋律。他们的每一脚都踩得那么沉重有力，脚后跟在沙土地上留下一个个深深的圆坑。他们渐渐把我们围起来，保护着我们，让我们远离世俗，远离未知的危险。

昆人说他们祖先的灵魂也在这里，他们是被舞蹈和歌声吸引来的。他们就坐在远处黑漆漆的地方，很有可能是来捣乱的。一位治疗师对着祖先的灵魂大声叫喊着，警告他们不要过来惹麻烦，不要来害人。治疗师在盘腿而坐的女人中间迂回穿梭着，他把手放在病人和其他人身上，为她们治病祛疾。女人们伸出手扶住他颤抖的身体和双腿，当他靠近火堆时，她们又伸手护住他的脚以免被炭火烫到。

我因为拍了太久，手有些乏了，便停了下来。我把手放在盘在一起的大腿上休息，释放跟着她们不停地拍手所积聚的压力。昆人传统歌曲的旋律在我耳边回荡，听起来既熟悉又舒缓。伴随着这旋律和治愈之舞，我的思绪飞出这个有着一小片一小片传统茅草屋以及一些相对现代的泥屋的小村庄，飞出这几个共用着一口水井的村落，来到了安宁静谧、广垠无亥的喀拉哈里沙漠。有一架飞机从这片黑暗神秘的沙地上空飞过，飞机上的人丝毫觉察不到下面的沙土地舞台正上演着激烈的人生戏剧。

歌声暂时停了下来，周围传来闲谈声，远处拴在驴身上的铃铛也叮当作响。声音随风而来，我的思绪又被带回到现实中。人们又慢慢跳起了治愈之舞，他们的歌声和舞蹈让我觉得既熟悉又陌生。一阵强烈的幸福安宁感也随之而来，在历经漫长而又艰辛的旅途后，我终于得以放松下来。

～ 1989 年 6 月，我离开亚特兰大的家，在博茨瓦纳西北部一个非常遥远的地方——喀拉哈里沙漠的最北边待了一个月的时间。我曾经两次来到这个地方生活和工作，但这一次来，已经是 14 年后了。

我第一次来昆桑部落，或者说布须曼部落①是在 1969 年。那个时候虽然昆桑人或布须曼人部分时间还在进行狩猎活动，但是他们的传统生活方式已经发生了变化。他们尝试并效仿他们讲班图语的邻居——赫雷罗人和茨瓦纳人的游牧和农业生活方式。

那一次我在这里待了大概两年的时间，学习昆桑部落

---

① 他们称自己为"尊瓦人"（Zhun/twasi），意为"真正的人"。旧时也被称为松夸斯人（Sonquas），在博茨瓦纳被称为巴萨尔瓦人（Basarwa），他们也被称为昆族布须曼人、昆桑人或者简称为昆人。——原注

的语言。昆语里有很多塞音、闪音、喉塞音、紧气式元音以及不同的音调等。我当时所掌握的语言足够我完成对昆桑妇女个人生活的研究。我的研究采用了访谈和生活经历讲述相结合的模式，研究话题涉及她们的孩童时代、婚姻、性生活、友谊和梦想。她们讲完之后，我会以一个局外人的身份进一步深究她们的经历和感受。

在我所采访的 8 位昆族妇女中有一位显得与众不同。与其他 7 位相比，她更开放，更愿意和我讲述她的私生活。她当时 50 岁左右，在言语表达方面极具天赋。在第一次的田野调查中，我们进行了 15 次访谈。1975 年，我第二次来到这里的时候又进行了 6 次访谈。在这 21 次访谈中我和她的对话录音长达 25 个小时。她知道我想写关于她的事情，为了保护她的隐私，我们两个商量着选用了"妮萨"这个化名。我翻译并编辑整理了我和妮萨的访谈录音，1981 年，哈佛大学出版社出版了我的《妮萨：一名昆族女人的生活与心声》一书，这本书按照时间顺序详细描述了妮萨的生活。

我上次来昆桑部落已经是 14 年前的事了。如今，我又一次踏上了来这里的路，只是这次来的时候内心有一种特别的紧迫感。妮萨如今已经 68 岁了，她的年龄已经远远超出了昆人 55 岁的平均寿命。我自己年纪轻轻，却也在鬼门关转了一圈——一年前我被诊断出了乳腺癌。虽然我活下来的概率还算高，而且很多乳腺癌患者最后也活了下来，但一想到最终有很多人因为这个病而不治身亡，我还是有些胆战心惊。我的未来被这个死亡阴影深深地包裹着，每一天我都在饱受这个残忍事实的摧残，现实也因此而变得不可捉摸。

 我做完乳房切除手术后的一周，一位朋友来看我。她看起来很开心，脸上还明显带着一种"你这些我都经历过"的神态，这让我心里有些不舒服。我当时 42 岁，她看起来比我年轻一些。五年前，她做了乳房切除术，到现在还没有复发过，如今她也幸运地成为统计范畴内的癌症幸存者之一。她滔滔不绝地和我讲她生活中发生的变化。她说她一直都想去护理学校学习，但是一直都未能如愿以偿。当她得知自己得了癌症以后，觉得去护理学校这件事不能再拖下去了。后来，她一边抚养着两个年幼的儿子，一边成功地完成了护理学校的所有课程，如今，她骄傲地说自己即将从护理学校毕业了。

 我平时就有些反感那些讲严肃话题时还能一脸轻松、毫无压力的人，这个女人更是证明了这一点。当她讲到她的患癌经历时，她几乎没有露出一丝痛苦——或者夸张一点说，她讲这件事的时候还是很开心的。私底下我已经给她起了"喜鹊小姐"这个外号。但是，她的到来最终还是给我带来了很大的影响。在接下来一年的时间里，我不断地看医生，验血，做化疗，做胸透、骨扫描，内心充满了沮丧和恐惧。有时候我就问自己"喜鹊小姐"曾经问自己的那个问题："有什么事情是我现在必须要做的？"我脑子里只有一个声音："去非洲！"

　　1989 年 6 月 22 日，一个星期四的晚上，我即将登上从亚特兰大飞往伦敦的航班，然后转机去博茨瓦纳。我的离开让大家有些不知所措。我有三个年幼的孩子，有一个担心我的丈夫，而我即将离开他们，离开他们整整一个月的时间，这是我苦苦挣扎了几周后才做出的决定。

　　我们在机场的对话听起来有些不真实：除了离别之词外，我们叮嘱彼此如何应对接下来的生活。一些话是讲给家人听的，也是讲给我自己听的。每办完一个登机手续，我就离孩子们更远了一步。他们是我身上掉下来的肉，是我灵魂的一部分，在我精神萎靡的时候，是他们给我打气加油。我也即将离开我的丈夫，他是我同甘共苦的伴侣和朋友。

Return to Nisa

孩子们显得局促不安，他们知道生活即将发生变化，但是不知道该如何和我说再见。办理完最后的登机手续后，还有半个小时的相聚时间：我们继续聊天，和彼此沟通，然后准备告别。我想先让我最小的女儿萨拉接受我要离开的事实，但是才两岁半大的她又怎么能理解"非洲"或者是一个月看不到妈妈的事实？我们吃了些点心，照了几张相片，然后读了写给彼此的再见卡片。

最后到了说"再见"的时候。我抱着萨拉，然后拥抱了大女儿苏珊娜、儿子亚当和丈夫梅尔。虽然不舍，但最后还是慢慢地将萨拉抱给了梅尔。他们挥手和我告别，我转身向"写着""仅限国际乘客"的安检口走去。走了几步之后，我回头看他们，他们四个人紧紧地依靠在一起，在航站楼那边变得越来越小。他们也许已经形成了新的联盟，开始讨论当天的晚餐和甜点，面对生活发生的变化，他们也许已经树立起了重新开始的决心。当他们从我的视线中消失后，我也进了登机口。我是一个人了。我在来非洲的路上了。

去非洲的决定源于我内心的一个需求。我需要重返非洲：去看，去品，去闻，去再次经历，或者去被治愈。20年前，我第一次来到非洲，那时我还年轻、单纯，这片美丽的土地在我脑海中留下了深深的烙印。如今，我渴望再次回到这片土地的怀抱之中，重见她的宽广无垠，重新感受她原始、独立的节奏。除此之外，我需要再次见到妮萨。我用了几年的时间去思考她的话，去理解她的生活，她的生活观已经影响了我的生活。我经常听到她还在世的消息，最近一次听到她的消息是几个月前。我要在妮萨去世前见到她。另外，我自己也不知道为什么，但是我很想告诉妮萨，我的生命受到了威胁。

我内心渴望回到那片荒凉之地。这些年，我生育和抚养孩子，在大学里教书，做研究，写第二本书，这些占据了我生活中的大部分时间，让我根本无暇认真思考重返非洲。然后在毫无预兆的情况下，我的生活发生了巨变，我的生活重心也发生了转移。

呼唤我回非洲的那个声音曾经被各种顾虑所淹没，而现在这个声音又开始回响在我耳畔，而且越来越强烈。我惊喜地发现这个愈来愈大的声音已经取代了我内心的绝望。这个声音慢慢地唤醒了我的内心，使我获得了更强大的力量，这个力量使我有勇气离开我的家人——我坚实的后盾和前进的动力——开始穿越半个地球的旅行。如果我的生命就这样早早结束了，至少我曾勇敢面对生活中那些最激烈、最神秘的篇章。

不管付出多大的经济和情感代价，我都不会改变去非洲的决心。当我得知迪克·卡茨和他的妻子弗娜·圣·丹尼斯两位人类学家也将去那个地方后，我有些喜出望外。迪克知道我生病了，但他还是支持我去非洲的想法，并主动提出要帮助我。他说我可以在他和弗娜工作的地方安营扎寨。他们会开车把我带到妮萨住的多比村（Dobe），然后我们可以把妮萨带回到我们住的营地，或者我也可以住在多比村，他们会在我拜访结束后来接我。我对这两个方案都不是很满意。我希望住在妮萨生活的地方，但是这样的话我自己需要有一辆车，用来运输物品或者应对紧急情况，否则会有很多不便。

出发之前，我得到了一笔足以支付我大部分开销的奖金。一家制药公司为我买了飞机票，他们计划研究"人类自然饮食"中维生素 E 的含量。作为回报，我需要采集、晾晒并且记录昆人日常饮食中所食用的植物。我任教的埃默里大学的院长肯定了我之前的工作，对我接下来要做的工作给予了支持，并资助了我大部分的其他开支。最后，我觉得我的非洲之行就触手可及了：我会租一辆卡车，雇一位司机，买一些物资，然后住在多比村。

飞机停在跑道上，耳畔响起引擎发动时的嗡嗡声。几天以来所积聚的担心和恐惧全部涌上心头。我独自一个人去非洲那片荒凉之地——这会不会是一个错误？我会不会死在那么远的地方？我会不会发生了什么事情，然后再也见不到我的家人了？他们会不会发生什么事情，然后我们的生活再也回不到过去了？如果真的发生什么事情，我能承担起我应负的责任吗？

想到这些，我的内心越来越焦虑。我能见到妮萨吗？政府的一些繁文缛节、部落间的战争、机械技术问题，或者一些再普通不过的实际限制会不会打乱我的行程？我在那里安全吗？这个想法很奇怪，因为在过去一年里，"安全"这个词的意思早就发生了变化：没有什么可以保护我的身体免受伤害，也没有什么地方让我觉得安全。

我的手指碰到胳膊肘上的一个痛点，带来一种难以言状的疼痛。这和我生病期间所观察和担心的疼痛很像，幸运的是，之前的疼痛都已经消失了。这一次会不同吗？我的身体是不是在酝酿新的致命疾病？我这次离开家人是不是为了将来要永远离开他们而进行的一次彩排？

飞机起飞时引擎突然加大的发动声把我带回到了现实。雨点击打在舷窗的玻璃上。我现在真的是在去非洲的路上了。我到底为什么去那里？到了那里我会不会更加害怕？更抑郁？更失望？但是不管前方会遇到什么，都不能和我过去一年的经历相比。我扫了一遍机舱内的乘客，有些人和我一样，在出神地想着什么。当飞机起飞离开地面的时候，我突然兴奋起来。我知道等待我的将是一次冒险之旅。

飞机在伦敦降落，我大概有一天的滞留时间。我拖着沉重的步伐走向酒店，想着接下来还要连续坐 12 个小时的飞机，便希望能在飞机起飞前好好睡上一觉。我在睡梦中被闹钟叫醒，到了该给家里打电话的时间了。睡前我定好闹钟，想着在两个孩子出发去露营前和他们通话。我本来以为自己会很激动，渴望听到他们的声音，结果却有些意外，因为我发现自己通话时有些不耐烦，自己远在异国他乡，并不能为他们做些什么。我和三个孩子都通了话，但是却迫不及待地想回床上继续睡觉，想着这样就可以及时醒来，利用夜间航班开始前的几个小时好好地逛一逛伦敦。我和儿子通话的时候，他不小心把热咖啡洒到了身上，烫到了胳膊。我安慰了他几句，告诉他该怎么处理，想着有他爸爸在那里帮他，我在这里也起不到什么作用。

那天晚上，在英国航空公司办理登机手续时，我有些激动地告诉柜员我要去"博茨瓦纳，哈博罗内"。我仔细观察了一遍正在排队的乘客，其中有黑皮肤的，也有白皮肤的，他们都是去非洲。我想从他们身上找到一些我熟悉的过去，哪怕是非洲人的口音，或者是非洲人的脸庞。在身着商务装、肤色有些暗的男人和穿着五颜六色裙子的女人中，我看到一位剪着短发、颧骨很高的女人。她看起来很像昆人，我几乎忍不住想用昆语和她打招呼。虽然三天后我就能到达他们的世界，可是当我看到非洲人的时候，我还是倍感亲切。我想拥抱他们，告诉他们我是多么热爱他们的土地，告诉他们时隔14年之后，我有多么想念他们。

飞机一路向南飞向非洲大陆。我周围的乘客在座位上辗转反侧，难以入眠。还有12个小时飞机才会到达我们的第一站，赞比亚的首都卢萨卡。飞机过道的另一侧有一位妈妈在给她四周大的孩子喂奶；孩子一边吃奶一边发出"哼哼"声，轻柔的满足声被飞机引擎发出的嗡嗡声吞噬了，但那声音却停留在我的脑海里，挥之不去。因为被诊断出了乳腺癌，我不得不在一天内给15个月大的女儿萨拉断奶，而我也在一天之内既经历了喂奶时的温柔和满足，也感受到了女儿被迫断奶时的痛苦，一想到这些我便心痛不已。

　　一年多前的一个周一早上，我发现乳房内有个小硬块，起初我认为应该只是奶道阻塞，所以并不害怕，只是有些担心。那天早上丈夫说推掉学校课程陪我去医院做检查，我拒绝了他的好意，只是让刚好路过我们小镇的父母带上萨拉陪我去医院：检查前我给萨拉喂奶，想让她把乳房里的奶都吸干净。当医生建议我做穿刺活检时，我开始紧张了。医生给我打了局部麻醉，然后从乳房内提取出细胞送到实验室。穿衣服的时候，我听到医生在办公室里给博伊德打电话。博伊德是我的同事和朋友，也是一位放射科医生和医疗顾问。我听到给我做检查的医生说："博伊德，我让玛乔丽去你那里做个乳房 X 光检查……不是，我觉得不是乳腺癌。"

穿刺活检的结果显示是阳性，乳房 X 光结果显示我乳房内有一个很大的肿瘤，并且已经扩散到了乳腺导管。我在乳房 X 光检查室等着拿检查结果，就在那里，博伊德告诉我，我得的是乳腺癌，因为扩散的癌细胞已超过初始量，他不确定我的病现在处于什么阶段。第二天，也就是星期二，我做了放射性骨扫描和断层影像，一台科幻复古型机器围着我的上半身旋转，从多个角度对胸部进行 X 光拍摄。检查结果给我带来了第一个好消息：目前癌细胞还没有到达我的骨头和胸部。星期三，我便做了乳房切除手术。

因为手术前一天的一系列检查，我体内会残留一些放射性物质，所以那个晚上萨拉不得不住在亲戚家，并且被强制断奶。第二天我就做了手术，接下来的四天我也一直都没有见到萨拉，直到我出院回家。这是我们第一次分开超过几个小时。

从医院回到家，我感觉像是过了很多年。萨拉看到我时虽然很开心，但是想到妈妈之前突然消失那么久，她有些不愿意靠近我。她一直待在爸爸身边，因为在过去的几天里，是爸爸一直陪着她。过了很长一段时间，萨拉才重新回到我的怀抱，我们两个人所受的伤痛也渐渐被抚平。萨拉用奶瓶喝着奶，一只小手摸着我的脖子，轻轻揉摸着我的皮肤，这让我回忆起我们两个之间曾经的温暖和亲密。

✎ 我在飞机上写道："也许我需要离开一段时间，给自己一段真正属于自己的时间，不需要为别人着想，只需要为自己考虑的时间。这个想法很强烈，有时候甚至来势汹汹，势不可挡。我之前从来没有对其他任何事情有过如此强烈的想法，我很享受这种完全自我的想法。"

虽然翻来覆去，有些不舒服，我慢慢地还是睡着了。醒来的时候，我们已经在赞比亚境内的云层之下了。透过飞机舷窗，我看到了赞比亚棕色的大地和疏疏落落的光秃秃的树木。外面一片冬日景象，飞机着陆后，我的心开始怦怦跳起来，43个小时的长途旅行带来的恍惚感也被一驱而散。不久后我又困顿起来，我很庆幸这次不需要下飞机了。

飞机又飞行了两个小时到达博茨瓦纳首府——哈博罗内。我在哈博罗内办理了入境和通关手续，然后登上博茨瓦纳航空公司飞往马翁的一架飞机。马翁是一个尘土飞扬的小城，有点美国西部的感觉。一条河流从城内穿过，河边是沼泽地，河里有很多鳄鱼。

当我离家人和朋友，离我熟悉的人越来越远的时候，除了对未来的期待外，我内心还生出一些伤感和骄傲。飞机投下的影子在荒凉的土地上一掠而过。透过舷窗向下望去，平坦的盐田像千年的遗迹一样，无边无际地延伸到远方，不见人或其他动物的踪影。

当我们离马翁城越来越近的时候，地面上出现了人类聚居区，它们孤零零地分散在马翁城边上。圈养牲畜的篱笆像是在巨大的沙土地画布上画下的铅笔线。平坦大地上隆起的圆形茅草屋像棋盘上的棋子一样聚拢在一起：这片饱受炙烤的土地稍有倾斜都会让地面上的人类居住痕迹瞬间消失。但是这些痕迹留了下来，这是人类的聪明智慧和顽强不屈的毅力的见证。在离马翁城更近的地方，河流沿岸的绿植变得越来越繁茂，旁边的人类居住地也密集起来。土黄色的圆形茅草屋和带有茅草屋顶的泥屋是非洲典型的民居房。

✎ 马翁是多年前我重进"文明"的入口，到了马翁城后，我直奔当年住过的那个旅馆。这个刚刚完成重建的旅馆现在仍然叫"雷丽斯"（Riley's）。我给了帮我搬运行李的服务生一些小费，买了一罐 4 盎司①的苏打水，然后进了房间。房间里有一张大床，床上铺着浆洗过的床单，屋顶上的茅草和木梁高高挑起。因为时差和长途旅行，我觉得非常疲劳，想睡觉，但还是先让接线员给家里拨了国际长途，然后去冲了个澡，在接下来的一个月里我能洗澡的机会可能屈指可数了。

电话响了，我给美国打过去的电话接通了。和上一次通话相比，这一次完全不同了。两个大一些的孩子听说我到了非洲之后非常兴奋。他们让我租完卡车后再打电话告诉他们卡车的颜色。我丈夫告诉我萨拉那天哭了整整一个

---

① 1 盎司约合 28.35 克。——中译注

上午，一直闹着找我，但是最后还是在她父亲的安慰下慢慢平静下来。萨拉不太想和我亲近，只是让我亲亲她的娃娃，然后和她的娃娃说说话。我按照她说的做了，说了一些甜蜜温柔的话，其实这些话是说给他们所有人听的。挂断电话后，我感到心满意足，突然觉得精力充沛起来——没有丝毫的伤心和内疚。这种既能和家人保持联系又能坚持自我独立的感觉着实让我很兴奋。

我想在睡觉前吃些东西，便去了新装修过的餐厅。餐厅的桌子上盖着仿蕾丝的塑料桌布，上面摆放着粉色和蓝色的塑料玫瑰花束。坐下后我重新看了一遍在机场收到的一条信息：迪克和弗娜也会在当天或者第二天到达马翁。这真是个好消息！我一直在担心该如何进行接下来的旅行——和一位完全陌生的司机一起在野地里穿行十个甚至十几个小时。但是迪克和弗娜到了马翁后，我们可以先一起到他们的营地，然后我再和司机一起去多比村。那个时候，我想我就已经能够知道是否和司机谈得来了。

晚饭点的是当地的鳊鱼，我正仔细挑拣鱼刺的时候，迪克和弗娜也到了餐馆，然后我们坐在一起吃晚饭。他们跟我讲了他们在丛林中的一些经历，我也说了说我一个人在"雷丽斯"餐桌旁想的一些苦恼的事情。我们一起讨论了我旅行中要准备的东西，他们还慷慨地提出要帮我一起准备。第二天早上，我们要做的第一件事情就是去租一辆卡车。

✍ 整晚我都睡得不是很踏实，醒来后，我仔细地观察着周围的新环境。窗外阳光明媚，微风徐徐。路旁繁茂的热带植物投下飘忽不定的影子。一个男人正拿着一把大扫帚打扫昨天晚上客人们聚会喝酒时丢下的垃圾。办公室和酒吧旁的露台和通道上刷了一层厚厚的红色地蜡，即使是14年之后，这层蜡油的颜色和气味还是那么熟悉。

离开停车场附近那片高大树林下的林阴地后，迪克、弗娜和我驱车进入了外面晃着刺眼阳光的世界，我们的车很快就行驶在城里唯一一条铺砌了砖石的马路上了。当我们离城中心越来越远的时候，沙土地和棕黄色的阴凉随处可见：人们居住的茅草屋附近很少见到绿植，小孩子们在一起嬉戏玩耍，他们的长辈则坐在旁边闲聊。卡车从我们右侧疾驰而过，扬起的尘沙落在我们的车窗上。我们一路朝位于马翁城边上的"安飞士租车"（Avis）公司开去，在那里我们租了一辆车。

海伦娜（Helena）是当地安飞士租车办事处的经理。她讲茨瓦纳语，善于表达，并且在美国待过一段时间。海

Return to Nisa

伦娜和我们热情地打了招呼。签完一系列文件后，她向我示意一辆停在四侧敞开的悬棚下的卡车，这是一辆蓝色丰田兰德酷路泽。车前是封闭的车厢，后面是敞开式的车斗，车斗内两侧各有一排高高的游猎观光椅。

我打开右侧（驾驶座）车门，坐到方向盘后，仔细观察了一下换挡规律。我左手摸到车厢地板上调控高低四驱的手柄，想起多年前我曾经开车在泥地里艰难穿行的经历。我发动引擎，留意停在我左边的一辆卡车，仔细观察着车内和车两侧后视镜里的障碍物，慢慢地将车从车棚里一点点挪出去，然后开始转弯。我觉得我已经完全掌握了这个沉重的机器，信心也饱满起来。

突然"咣当"一声！——车外传来了金属碰撞的声音。我赶紧从车上下来，眼前的一幕简直让人难以置信。卡车前面的大保险杠的右端和一根支撑车棚的柱子紧紧卡在了一起。过来查看情况的迪克、弗娜和海伦娜都面露同情之色，此时我也有些难堪，刚才的得意之情一扫而光。

我们多次尝试想把保险杠卸下来，不但没有成功，还制造了更多的麻烦。最后，迪克用一根绳子把我的车连在他的车上，然后开车往侧面拉，才把顽皮的保险杠和柱子分开。海伦娜向我保证说只是造成了一些表面损伤，可以等我还车以后再修理。由于免配额太高，我的保险公司是不会为维修买单的。我让迪克帮我把车开回去，因为那个时候我还没为在道路左侧驾驶做好准备。

 迪克和弗娜在昆人所住的村庄工作，他们和我讲了一些令人不安的事情。他们说现在村子里酗酒情况非常普遍，暴力事件也因此增多，人们也越发依赖政府发放的救济粮，而不是想着自力更生了。迪克和弗娜还告诉我一件比较麻烦的事情，他们说博茨瓦纳国防军派部队在多比村建立了哨站。

因为担心驻扎在多比村的军队，离开马翁城前我和一位军队上校见了一面。我跟他说我手里的签证是旅游签证，我是从学校请假去看望多比村里 14 年没有见过的朋友，其中有一位女性，我曾经为之写过一本书。这不能说是做研究，更像是工作假期，因为做研究至少需要提前六个月申请行政审批，而我的申请还不一定能够通过。我跟上校说我担心自己一个人在丛林里不安全，我问他如果我需要帮助，我是否可以信赖驻扎在那里的军队。上校向我保证说我完全可以信赖他们。他告诉我驻扎在多比村的三位军官的名字，并向我保证说他会给他们发公函，告诉他们我就要去多比村了。

Return to Nisa

🖋 一座刷着石灰的矮楼上挂着一个发旧的标牌，上面写着"昆桑商店"。我在商店里转了几个小时，买了一些要带到多比村的日常用品。走到商店门口的时候，我感觉好像回到了过去。桌子上放的、墙上挂的和箱子里装的都是昆人用的弓箭、珠饰品、装饰性皮毛、包、钵和杆。昆人熟悉的香水味——从沙株（sa plant）中提取的香料——围绕在我身边。

迪克和弗娜向我介绍了一位在观光旅游商店办公室工作的职员克肖（Kxau），也有人叫他罗佑（Royal）。罗佑是为数不多的上过小学并且能讲英语的昆人之一。我难以抑制内心的激动，开始用我 14 年来未曾用过的昆语和罗佑交流。向罗佑问好的时候，我的舌头像打了结一样，结结巴巴，声音含糊不清。我的脸通红，但是还是挣扎着用昆语和他交流，一点都不想用我们两个都会讲的英语交流。

也许是因为罗佑的礼貌和耐心，我最终还是成功地用昆语表达了我的意思，转达了人类学家理查德·李（Richard Lee）对他的问候。理查德·李曾经和罗佑一起工作过。我从罗佑那里得知婉特拉（Hwantla），那位曾经给了我相同昆族名字的女人，生了重病，但是在慢慢好转。我甚至和罗佑开起了玩笑，说有两位不同族的女人给他生了孩子，一位昆人，一位赫雷罗人，而这两个女人都没有和他正式结婚。我逗他为什么赫雷罗族女人还没有杀他。（至少，我认为我说的是这个意思。）

能够重拾一种语言是一件让人激动的事。我喜欢昆语的发音和思维方式，但是昆语学起来很难。离开非洲后的很长一段时间里，我每天都会在生活中用到昆语，而且在接下来的很多年里，昆语在我心中一直占据着一个很重要的位置。我激动的另外一个原因是，在我和罗佑用昆语聊天的过程中，我可以随时停下来，问一个词的意思，然后让罗佑帮我当场翻译成英文！我恳求罗佑向观光购物商店请一段时间的假，然后陪我去多比村工作一段时间。他可以帮我在弃用昆语多年之后重拾昆语，重温这门语言的微妙之处。

罗佑说他不能向我保证可以和我一起工作，因为他已经答应带一位美国游客去多比村。这位美国游客也是从理查德·李那里听说罗佑的。但是现在早就过了那位游客计划出行的时间。受到我给他开的工作报酬的诱惑，罗佑说他再等一个星期。如果一个星期后，那位美国游客还没有到的话，他就会去多比村找我。

在出发去多比村之前，我们去了一趟马翁城的新鲜食品市场，买了几袋土豆、葱头、苹果和其他一些能够经受得住长途跋涉的食物。我们把食物放到卡车车斗里，上面盖上防水帆布，下面垫上装着汽油和水的简便桶。卡车行李箱里装的是罐装食品和脱水食品。我雇的司机贝特森克·哈巴纳（Baitsenke Habana）已经开始负责开车了。迪克和弗娜的车扬起一片尘土，我们跟在他们后面一起朝马翁城外开去。

海伦娜为贝特森克的诚实可靠做了担保，从这一天往卡车上装货，外加在城里开车转悠来看，贝特森克给我留下的印象也不错。我们聊了相机和胶卷，贝特森克说他想成为一位著名摄影师。我问了问他等级社会里穷人给富人放牧的情况，我们还聊了聊当地政治和国家政治。贝特森克的性格很好，有问必答，但并不是很健谈，所以当贝特森克熟练操控方向盘，小心避开高低起伏的路面上的深洞和沙坑时，我们两个就都沉默不语了。尽管这样，气氛还是很融洽。

车外面阳光强烈，从车窗吹进来的空气让人觉得很舒适。快出城时，周围的居民住宅已经非常稀少了。我嘴里全是沙子，身上也盖着一层沙子，路边的树也被盖上了厚厚的一层沙，看不出原本的颜色，本来优雅垂下来的树枝，变得年老枯败，失去了姿色。因过度放牧，土地变得光秃秃，穿梭在灌木丛中的单只或者成群的羊儿就在这光秃秃的土地上搜寻着食物。前方的路像一条宽宽的丝带，随着起伏不平的地面向远处延伸而去。

贝特森克继续向前开着车，我一路上都在仔细观察着外面的风景，不想错过一点一滴。但是不久后我就开始想念我的家人，想起我们两天前的最后一次通话。那次通话对每个人来说都不容易。大女儿苏珊娜告诉我她想我了，我听出她声音里有丝丝的悲伤。儿子亚当告诉我他很好，但是我丈夫后来告诉我亚当每天晚上都要听着我走之前给他们亲自录的催眠曲入睡。我最担心的是我最小的女儿萨拉，但是她和我说她爱我时，声音听起来有些冷淡，心不在焉。

当我意识到没有机会再给他们打电话时，我内心开始渴望抱一抱萨拉那娇小柔软的身体，想和其他人团聚的愿望也变得强烈起来，这是我自从离开家之后第一次如此强烈地想念他们。电话里，我丈夫要开车送孩子去学钢琴、踢足球、露营和学舞蹈，他听起来很忙乱，但那就是我以前日常生活的映照。我从电话这一端想象着那个画面，觉得一点都不美好。我们只有这样做才能称得上是好父母吗？

为了满足他们的需要，我是不是放弃、失去了太多东西？我需要来到 9 000 英里①之外才意识到这一点吗？

想到这次旅途所具有的无限可能性，想到它可能会改变我的生活，我内心突然有些恐慌。与之而来的还有兴奋和渴望。但是此时的渴望是对多年以后生活的向往：我渴望彻底感受最后的青春，渴望经历中年危机，渴望活到老。一年以前"活到老"还是一件很自然的事情，如今，却像一种奢望。

迪克和弗娜在一个小镇上把车停了下来。这个小镇有几个圆顶茅草屋和一个只有一间屋子的小商店。我和贝特森克也跟在迪克后面把车停了下来。我们在商店里买了一些苏打水和零食。两个小时以后我们会到达一个分岔口，其中一条路通往多比村，朝南的另一条路则通往迪克和弗娜工作的村庄。两个小时以后我要做出决定，是继续跟着迪克和弗娜，还是和贝特森克前往多比村。

两个小时后，我们来到了分岔口，我鼓足勇气，让贝特森克拐弯朝多比村开去。

　因为靠近赤道，这里的夜晚来得比较早。由于没有月

---

① 1英里约合1.609千米。——中译注

光，我们到达多比地区的一个永久水坑时，外面已经漆黑一片了。受到车前灯的照射，牛群慢慢地朝黑暗的安全区域走去。它们一边走一边回头，好像不确定是否要给我们让路。因为要拓宽道路，远离民宅的一些树被砍倒了。倒下的树仍然被扔在路边。因为适合做木柴，靠近村子的被砍倒的树早就被拽走了。我和贝特森克把一些树砍断，然后把树干抬到了卡车上。

因为转弯的时候走错路，我们来到了一片笼罩在黑暗里的居民区。即使开着车前灯，我们还是看不清，只能模糊看到一个篱笆、一个茅草屋屋顶的轮廓，另外能听到屋里有说话声。贝特森克在车上用茨瓦纳语（博茨瓦纳官方语言之一，另外一种官方语言为英语）和屋里的人对话，不久我们就花钱找了一位当地人给我们指路，让他带我们去多比村。按原路返回，很快我们就回到了转错弯的那个路口。晚上 10 点钟的时候，我们已经路过多比地区六个村子中的第一个村子了。

这次回来与以前回来时的记忆大为不同。以前开车回来的时候，路边站满了看热闹的人。他们想知道谁坐在车里。如今那些人都去哪儿了呢？20 年前，一路上经过每个村子时我们都不得不把车停下来——引擎沉重的嗡嗡声响彻数英里——人们迫不及待地想知道是谁来了,想知道外面世界的消息。

也许是因为这一次天太晚了,人们都睡觉了,不方便出来吧。但路上的其他轮胎痕迹又是怎么回事呢?对于位置比较靠外的一些村庄而言,这些汽车行驶过的痕迹不足为奇,因为在那里交通运输是很平常的事情。但是他们在多比村做什么?多比村是博茨瓦纳与纳米比亚交界处的最后一个村落。这些车是谁开来的?我突然有了一个让人不寒而栗的想法:难道有其他研究者来这里了?我是不是要和其他人分享我在多比村的时光?难道我不远万里来到这里还要围坐在篝火旁,继续面对那个我当时拼尽全力想要离开的世界?

✐ 贝特森克把车停了下来,车前灯依旧开着。他说我们到了婉特拉住的村子。婉特拉是我的非洲同名者。我从车上下来,踩在夜里凉凉的沙地上,周围出奇地安静。

他们一定是睡着了,因为过了一段时间才有人裹着毯子从黑乎乎的地方慢慢走出来看是谁来了。婉特拉的丈夫认出了我,想到我和他妻子的同名关系,他笑着像对他妻子一样和我打招呼。我也向"我的丈夫"打招呼,问他我的同名者婉特拉在哪。然后婉特拉从屋子里出来朝我走过来。为了取暖，婉特拉身上紧紧地裹着一条毯子。她和我打招呼的时候声音很小，我几乎听不清她在说什么；说完后她就开始一阵咳嗽，小小的身躯缩成了一团。

因为时间太晚，每个人又都很累，我们就简单聊了几句。婉特拉不久后就回了她的棚屋。贝特森克和我在理查德·李最近待过的地方开始安营扎寨。这个位置选得非常"正确"，看起来没有偏袒任何一个群体。在其他人的帮助下，贝特森克把我的帐篷搭在了一棵没有叶子的大树下，想的是这棵大树光秃秃的枝丫也许在天热的时候能提供一丝阴凉。贝特森克的帐篷和我的帐篷保持了一定的距离，以示对我的尊敬。我们生了一堆篝火，给刚才那些帮我们搭帐篷的人煮了茶水，茶里放了很多糖，然后再给每个人抓上一把葡萄干。时机合适的时候，我问了问妮萨的情况，他们说妮萨就住在附近，身体也还不错。

后来，我回到自己的帐篷，借着倚靠在鞋上的手电光，我换了睡衣，抹了一些驱蚊剂，然后就爬到了床上。所谓的床其实是一张 1.5 英寸①厚的垫子，上面铺着我租来的睡

---

① 1 英寸约合 2.54 厘米。——中译注

袋，睡袋上面是三条毯子。我把三条毯子对折叠起来，想着这样可以暖和些。

　　远处驴子身上的铃铛叮当作响，一只鸟儿尖声叫着。经历了那么多个日夜的计划和梦想、旅行和准备——我现在终于到了多比村。就像回到家一样，我的伤也开始愈合。14 年前的事就像发生在昨天。这就像 30 年之后，我依然能够轻松地弹奏出钢琴课上曾经反复练习过的老曲子。这里道路上的车辙、细长的树木、茅草屋顶和泥土棚屋，都已铭刻在我的内心深处，虽然时光荏苒，但它们依然清晰可见。这不是什么新的认知，也不是对过去的重温，这只是对我过去认知的认可。

二、多比村的声音

清晨，帐篷外面四五个人说话的声音把我吵醒。他们在等着和我打招呼，想要一管烟抽，或者想要一杯甜茶。他们围着篝火，低声聊着天。我仔细辨听外面说话的声音，想听听是不是有妮萨那沙哑而抑扬顿挫的嗓音。外面只有一个女人的声音，但不是妮萨的。我有些失望，把被子裹紧了些。昨天晚上有些冷，到现在我还没有暖和过来。一晚上翻来覆去，我睡得不是很舒服，躺在硬硬的土地上，肩膀和屁股都有些酸痛。不远处传来卡车低沉的轰隆声，声音慢慢变弱直至消失。我静静地躺在帐篷里，感受着周围的寂静，我想在走进外面明晃晃的阳光世界前就这样再多待一会儿。

迪克和弗娜说得没错，博茨瓦纳国防军肯定是驻扎在

Return to Nisa

多比村附近了。我到这里的第一天早上以及接下来的每一天早上，他们都会来一趟我的营地。当我和村民们正围着篝火聊天的时候，他们来了：他们开了两辆卡车，车上站满了着制服的士兵。士兵们手握步枪，胸上交错别着弹药带。

我知道博茨瓦纳邻国纳米比亚不久后将进行自由选举，这是自南非掌握政权并在纳米比亚非法强行实施了40多年的种族隔离政策后，纳米比亚进行的第一次自由选举。选举所带来的冲突影响了博茨瓦纳的居民，尤其是那些住在边境附近的居民：赫雷罗人和昆人。而多比村离边境只有1英里远。

博茨瓦纳和纳米比亚两个国家之间的边境围栏最早是在20世纪60年代建起来的，昆族部落也因此被一分为二。到了70年代的时候，两国之间的围栏高度已经是原来的两倍了，这个时候围栏上留了一个栅栏门，允许昆人自由出入两个国家。虽然博茨瓦纳的昆人和纳米比亚的昆人有相同的语言和文化，但他们的历史在20世纪60年代中期的时候开始出现分化。博茨瓦纳的昆人和讲班图语的赫雷罗人及茨瓦纳人有来往。赫雷罗人及茨瓦纳人是20世纪20年代迁居到博茨瓦纳的，自迁居至此，他们的人数就持续攀升。以牧放牛羊、种植粮食为生，赫雷罗人及茨瓦纳人慢慢迁移到了传统昆人的土地上。因为过度放牧，离水坑较近的土地很快就没有任何植物可以吃了，野生动物也只能到更远的地方觅食了。由于无法再像过去那样靠狩猎为生，许多昆人开始到班图族村子打工，靠放牧和种地挣取微薄的收入来维持生计。

而在纳米比亚境内的昆人则有自己的土地，他们的土地被称为班图斯坦，是种族隔离政策制度下给"布须曼人"隔离出来的一片土地。虽然不用与讲班图语民族竞争，他们还是经历了南非政治的动荡。他们被鼓励，后来被迫离开他们原来的水坑，搬到一个叫做卡姆魁(Chum!kwe)的地方定居，所以他们的传统价值观和传统生活方式也受到了干扰。

把原本是游牧民族的昆族群体集中到一块土地上的想法本来是有良好初衷的：昆人进入现代社会后，政府可以更好地为昆人服务。政府可以为他们提供有报酬的工作，可以教他们如何种植农作物、如何饲养牲畜，可以为他们提供学校教育（南非公用荷兰语）。但现实远不是这样，结果并未如愿。

并不是说没有白手起家的故事。博茨瓦纳的昆人对人类学家这样讲住在卡姆魁的昆人："政府给了他们羊和牛，他们有工作，报酬也不错。""政府给他们发吃的。""孩子们也读书认字了。""他们那里有个诊所，还配了护士。"

但是那里也有贫穷、暴力、酗酒和乱交的事情，也有原本大方发救济现如今敛财的人，也有没有工作万般依赖东家的人，有懒怠和绝望，原本鲜活的文化正逐渐消失。总而言之，因为人们群居密度大，加上疾病、营养不良和暴力事件等时有发生，这里的死亡率直线上升。1978 年，昆族男子被征入伍。政府派他们巡逻边境，并且把他们派到安哥拉和南非军队共同作战。

现在，纳米比亚将在 11 月进行选举，博茨瓦纳政府担心邻国的政治动荡会跨过边界蔓延到博茨瓦纳境内，所以派了部队驻守在多比地区和两国边境上。

博茨瓦纳政府同时也意识到南非统治的结束可能会鼓励那些根基原本在纳米比亚的赫雷罗人重返故土。早在 20 世纪初，因为德国殖民者实施种族灭绝政策，上百万的赫雷罗人背井离乡离开纳米比亚。大多数人在逃往沙漠的过程中死在德国人手里，其他比较幸运的赫雷罗人则逃到了当时还叫做贝专纳的博茨瓦纳，并在那里定居。

虽然他们在博茨瓦纳扎根并繁衍，许多赫雷罗人还是想重返故土。博茨瓦纳政府想挽留这个庞大而又富有生命力的族群，他们允许赫雷罗人回国，但是只能在遵循国际法律条款的条件下，合法办理手续回国。对于住在多比地区的赫雷罗人而言，办理合法手续就意味着他们要赶着牛群走上数百英里，到为数不多的几个合法边境通道之一，拿到审批过的必要跨境文件，跨过边界，然后再赶着牛群回来，最后发现去的地方和他们原来住的地方也就几英里远。当博茨瓦纳政府发现边境围栏上有开口，看到赫雷罗人的牛群在纳米比亚境内吃草后，便派兵驻扎在边界附近。

多年以来，两国政府都不允许班图族随意跨越边境，但是均同意只要昆人没有携带任何牲畜，便可以随意进出两国。我到这里的一个月前，昆人被通知边境被封锁不能随意进出了，他们觉得这难以置信。接下来，那些在邻国访亲问友的昆人因被禁止回家则不得不滞留下来。生活在围栏另一侧的家人没有办法支持和操办那些为孩子出生、亲友生病或受伤、女孩子的成人礼举办的仪式。

✎ 我从篝火旁的座位上站起来，走过去和一位军官握手。这位军官长得很帅，还讲一口流利的英语。迪克和弗娜和我提起过这位军官，说他的未婚妻在为他们工作，这位军官也知道我。

Return to Nisa

我问他马翁城的上校是否发来一份关于我要来多比村的公函。他说收到了。我给他端来一杯茶，但是他婉言拒绝了，这让气氛有些紧张，又让人充满期待。一阵寒暄之后，他直奔主题："你到底为什么来这里？你打算做什么？"

就像我之前和马翁城的那位上校说过的，我刻意避开称自己的旅行为"研究"，因为这样说是需要向众多政府机构申请的。我的旅游签证可以让我在非受限制区域停留30天，这些非受限区域包括多比村。我告诉他我获得了大学的旅行基金，我14年前曾来这里和昆人一起工作过，我这次来这里是想更新一下我对昆人已有的认识。我还告诉他我希望能带一些昆人去丛林里，在那里安营扎寨住上几天，一起狩猎和采集食物。

军官问我："你打算什么时候去？具体去什么地方？"

我告诉他，多年前我们曾在北边5～10英里的一片檬戈果树林里宿营过，那个地方靠近边境大陆。如果可能的话，这一次我还想去那个地方，但我不希望置自己或其他任何人于危险中。有什么我需要注意的吗？边境上有什么问题会让这次丛林之旅存在危险？

我很快发现我们之间只是一个单向交流：从我到他的信息传达。我对他们的出现和活动，或者是发生在这个区域的任何重要事情都知之甚少。庆幸的是，他们欣然同意了我的丛林之旅。

他们只向我传达了一条消息，而且还是一条我已经知道的消息：纳米比亚和博茨瓦纳两国的边境已经不再对昆人开放了。军官告诉我："这是国际边境，所以要像尊重其他两国间的边境一样来尊重它。"他朝军车走去，一边走一边和我说："人们会习惯的。毕竟这条边境与美国和加拿大两国间的边境毫无差别，和其他任何现代国家间的边境也没有什么不同。"

他说如果我想帮忙的话，那就明确告诉昆人，边境线已经全面封锁了。这条消息至关重要：任何违反命令的人都会被当场击毙。

✍ 军队的卡车开远之后，这里又恢复了简单的生活气息。最后我又回到篝火旁，去招呼来看我的人，给他们递上茶水，大家又开始热闹地聊天。

我发现妮萨的丈夫波（Bo）也坐在人群中。看到我的目光在围坐在篝火旁的人群里扫来扫去，他告诉我，妮萨一直在等士兵们离开呢，她现在应该已经在来的路上了。

一开始是因为距离远，我不敢认她，但是当她走近，当我看清她包在头上的色彩斑斓的头巾，看到她右肩上的的亮色披肩时，我确信无疑是妮萨来了。

"姑姑，你来了。"我和她打招呼。

"啊，嘿。侄女，我的侄女，我的小侄女啊。"

我们互相拥抱，不知道为什么稍稍有些尴尬。"妮萨，"我问她，"你怎么还是这么年轻？你快看看我，你的侄女，已经老了。我都有白头发了。"但是当我看到她略带疑问的表情时，我接着说："我的舌头有些僵硬，不再像过去那么灵活了。有可能你不知道我在说什么。"

到多比村不到 24 个小时的时间里，我已经痛苦地意识到过去 14 年里我的昆语退步了多少。虽然我还能听懂他们说什么，也能表达一些简单的意思，但是当我要表达一些复杂的想法，甚至是我有信心能够清楚表达的时候，我却卡壳了。和我聊天的人不得不说些别的话来填补我们对话的空白，或者复述我不符合语法结构的句子，把我弄错的词语组合起来连缀成一句可以让人听懂的话。

有时我凌乱的语言会引发他们激烈的讨论，他们的解释也不尽相同。通常他们最终也能理解我的主要想法，虽然我说的话不一定有正常的逻辑或者是恰当的口语细节。当我们实在无法理解彼此的时候，我们会找一位大家公认的语言能力比较好、有足够想象空间的人来帮我们破译。

幸运的是，我总能听出那句正确的话。"就是这句！就是这句！"我听到后就大喊，然后两眼炯炯有神地盯着聪明的翻译，为自己最终被理解了而松了口气。

✎ 我和妮萨回到篝火旁，坐到大家身边。我有很多问题想问妮萨：她生活得怎么样？她为什么搬到多比村来？她现在靠什么为生？她和波过得怎么样？她和哥哥弟弟们的关系还是那么亲密吗？她曾经帮着养大的两个侄女现在怎么样了？

　　我也想知道以她个人生活为蓝本的《妮萨》一书的出版给她的生活带来了什么样的影响，尤其是五年前用我给她的那笔钱（在当时还在多比村工作的理查德·李的帮助下）买的奶牛现在怎么样了。那些奶牛是我们上一次一起工作时我对妮萨承诺的兑现：如果我写完我们的故事，如果这个故事能被出版成书，如果人们喜欢并买了这本书，我就会给妮萨买几头奶牛。理查德·李从多比村调查回来后告诉我妮萨买了五头怀了崽的奶牛。几年后理查德·李再次去多比村的时候，我让他给妮萨捎了一些钱。他回来的时候又给我带来一些有关妮萨的消息：妮萨日子过得不错；她的牛也多了，有了闲钱，她还买了一把烙铁。

　　我还有其他问题想问她，很多是有关她个人生活的，多年前妮萨曾大方地和我分享了她生活里的一些故事。不知道随着时间的流逝，她的人生观是否发生了变化。如果我再让她讲一遍她的故事的话，会和《妮萨》一书里写的相似吗？如果不相似的话，我能发现有哪些地方发生了变化吗？

来非洲之前，我带着这些问题咨询了乌尔里克·奈塞尔（Ulrich Neisser）。乌尔里克是埃默里大学的心理学教授，同时也是一位记忆研究方面的专家。乌尔里克建议我问妮萨一些之前讲过的故事，让她重述这些故事。他说妮萨早期的生活故事可能还会和《妮萨》书中的描述比较接近；这些故事发生在遥远的过去，妮萨很难去重新定义它们。比较靠后的故事，尤其是涉及和妮萨现在还有接触的人的故事，可能会有比较多的变化，因为妮萨可能会加入她现在的个人理解，另外也会加入她对周围有接触的人的新的认识。和乌尔里克的讨论帮我厘清了我想要探索的问题，同时，乌尔里克对我的项目也表示了很大的热情，这也让我深信这次非洲之行是值得的。

我还有一些问题。这些问题藏在我内心深处，很难用言语表达，也正是因为这些问题，我再次回到妮萨身边。我和妮萨之间是什么关系？我们这一次谈话会是什么样子？

我们还会像之前那样默契吗？她还会和之前一样无拘无束地表达自己的想法吗？她是如何看待性的呢？她对性的看法会和之前有什么不同吗？对年老的想法呢？对死亡呢？尤其是对死亡的想法。她是否已经能够平静地接受一步一步接近她和我的死亡？她对死亡的看法会对我有帮助吗？她是否乐意听听发生在我身上的事情？

我希望最终能够和妮萨大声说出来，或者至少我尝试说的是，等到就剩下我们两个人的时候，我能和她单独聊聊。我们可以重拾多年前的话题。现在是我到多比村的第一天，身边的人太多，现在聊的话会有些尴尬，我们等周围安静了再聊吧。

"你想和我像过去一样聊天？"妮萨问我，也是想确认一下她是否听懂了我笨嘴笨舌说出的意思。我点头确认，她也边点头边说："是呀，等人少了我们再单独聊吧。"

我用柔和的声音告诉妮萨："即使这样，你和波都是我这里最受欢迎的客人。无论你们什么时候过来我都会盛情款待你们。毕竟，你们是我的人，是我在这里的家人。"

✎ 我的人类学访谈方法一向都比较直接。我曾经问妮萨："告诉我女人是什么？"她的回答也就是《妮萨》书中所写的内容。我们之间的谈话有时候受我引导，有时候受妮萨的引导。我会经常打断她，让她说得更详细清晰一些。在书中妮萨思维活跃，思想独立，并且有高度的性别意识。

《妮萨》出版后不久，哈佛大学的一位教授邀请我去给她的学生们做一次讲座。同时受邀的还有另外一位人类学家。这位人类学家曾写过一本关于一位东非妇女的书。我们收集资料的方法完全不同。

这位人类学家收集资料的方法比较间接。她认为她对受访者说的任何话都可能会影响受访者所要和她讲的话。因此像心理分析者一样，她尝试让自己作一块"白板"。她不会主动找话题，必要的时候她会给出中立的评论。她会一字不漏地记下受访者所说的每一句话。就这样日复一日地坐上几个小时，东非妇女最终还是讲到了她住在姻亲家村子里的生活琐事以及她对巫术的恐惧心理。在这位人类学家的书中，这位东非受访者内心充满恐惧，孤立无援，可怜，逆来顺受，内心压抑。

我们收集资料方法的不同源于我们不同的性格。我本人有些反传统，叛逆，热情，直接，善于谈论私密话题，而另外一位人类学家呢？她讲一口标准的英国口音的英语，看起来正派得体，举止文雅，冷静沉着。

听完我们对研究方法的介绍，并且聊完我们的书之后，哈佛大学教授双眼炯炯有神，她总结说："如果玛乔丽只是记录妮萨自己选择要说的话，那妮萨会是什么样子呢？如果另外一位人类学家像玛乔丽那样去问东非受访者'什么是女人'的话，那东非妇女又会是怎样的呢？"

～ 妮萨也和其他人一样在篝火旁坐了下来。我所雇的帮手图玛（Tuma）给妮萨和波及其他"尊敬的"客人端上大份的加了复原乳的玉米片粥和加了奶和糖的茶水；按照惯例给其他客人端上了小份的粥和茶。在这里烟是非常受欢迎的礼物，但是因为我带来的烟叶有限，我只拿出了够抽几烟斗的量，跟客人们解释说烟叶短缺。

然后我想起了我带来的磁带。我离开家之前教给大女儿和儿子几句昆语："Tchum-o"的意思是"你好！"；昆语中的"我叫……"，省略处是每个孩子的昆族名字；"你是我的大同名者，我是你的小同名者"。

～ 多年前，我刚到多比地区的时候，这里的女人竞相摸我，争着和我握手，打招呼。她们指指自己，然后又指指我，嘴里滔滔不绝地说了一连串我听不懂的话。开车带我和我丈夫来的人类学家熟悉这里的人和环境，他说这些女人想让我用她们的布须曼名字。

"姓名关系"在这里是一种很重要的关系：它可以建立

起你和社区之间的血缘关系，即使你是一位外来人。一旦你用了别人的姓名，你基本上就有了和你同名者相同的身份，你要像她一样去和别人打招呼。她的兄弟也是你的兄弟，她的妈妈也是你的妈妈，你不能和她本该尊敬的人随便开玩笑。

同名者之间的这种特殊关系并不是这些非洲女人争相想让我叫她们名字的首要原因，主要原因是她们希望通过这种同名关系能够得到我的帮助：一位看起来有无限资源的外来人可以给同名者分发更多的礼物，可以让同名者搭更多次车，可以给同名者更多的好处。开车带我们来的人类学家提醒我在接受别人的名字前一定要先好好了解那个人。

我了解了这些之后，觉得选名字的压力急剧上升。当时的主要竞争者是奈（Nai）和婉特拉。奈的年纪很大，她是村子里一位族长的老婆；婉特拉30多岁，老公是班图人，她精力充沛，精明能干。虽然觉得这样做可能会让族长老婆丢脸，同时也会让我在这里的停留显得有失外交策略，我内心还是更想叫婉特拉的名字。婉特拉经常到我们的营地来，给我们唱一些柔情的歌（她自己编的歌），唱她自己不能生儿育女，她也试着（尽管有些急躁）帮我学习这里的语言。虽然她们两位经常会提到我要给她们的礼物，而且她们也都毫不犹豫地和我要东西，可是当婉特拉送给我一件带珠子的皮毯子时，我就做出了我的决定。我当场告诉她我要叫她的名字。

✎ 当我和丈夫有了孩子以后，我们必然也要给孩子们起昆名。我们最大的孩子苏珊娜出生后不久就叫了妮萨的名字。虽然并没有通过美国的法律文件或者非洲的庆祝仪式，苏珊娜还是有了自己的昆名：Nisa-ma，小妮萨。妮萨很多年前就和我说，我的第一个孩子（"脑门上的孩子"是边敲前额边说的一句话，指的是第一个出生的孩子，无论孩子是男是女，是死是活）如果是女孩的话就叫妮萨。这样就可以保证我们一家和妮萨之间的关系连绵不断，就因为这样，我"脑门上的孩子"和妮萨建立了一种亲密无间的关系。

如果认为妮萨的要求不涉及任何私人利益那就想得太过天真了。但是和妮萨建立的同名关系通过强大的昆族社会传统让我的女儿和昆人的世界建立起了一种直接关系。不幸的是，妮萨本人没有后代子孙来传承这种关系，也没有人来传承她生活中建立的其他关系：对于物质匮乏的人而言，这种继承关系最令人觊觎。如果有一天苏珊娜想去探索她同名者的世界，那个让她的妈妈痴迷的世界，她的昆语名字带给她的帮助将会微乎甚微，当然除非那个时候妮萨还健在。

亚当，我们第二个孩子的昆语名字是 Kxoma-ma，小库玛。库玛是我和梅尔多年前的朋友。他聪明幽默，天生是一位领导者。库玛讲流利的茨瓦纳语和塞罕语（Sehen），这两种语言都是班图人的语言。库玛是一位未来模范：他坚信人要自力更生，要努力工作。在他的帮助下，他的村子成为第一个种地的村子之一；他鼓励村民们放羊、放牛；他还鼓励村民们用卖手工艺品赚来的钱过上更"现代"生活。他的聪明才智和冷静沉着让他成为政府会议和当地法院的常客，而他也很快成为必须和茨瓦纳法律体系打交道的昆人的代言人。虽然妮萨曾经告诉我如果我们有个儿子的话，我们应该让他叫她丈夫的名字波，但是我们更喜欢库玛。不是说亚当一定要有库玛在狩猎时表现出的强健体力和英勇无畏，而是说如果他长大后能像库玛一样聪明能干，像他一样受尊敬，我和亚当的爸爸就已经非常骄傲了。

虽然有很多昆族女人渴望和我们最小的女儿萨拉建立同名者的关系，但我们在给萨拉选昆名的时候最是犹豫不定。我们最终选了塔莎（Tasa）这个名字，叫 Tasa-ma，小塔莎。塔莎是我们比较钦佩的两位昆族女人的名字。塔莎·塞姆（Tasa Nxam）即老塔莎是一个大家庭的女家长，和多比村及多比村之外的很多人都有血缘关系，她所在的村子和附近其他村子的生活似乎都和她有关。60多岁的时候，她还在给她没有独立的孩子提供食物，宠爱并照料她众多的孙子孙女，和身边庞大的人际关系打交道，为她和她的大家族做具有重要意义的决定。

第二位塔莎是我同名者婉特拉的妹妹。她是我就妇女情绪和女性月经周期进行研究时的一位受访者。当时她不到30岁，美丽优雅。（她是《妮萨》原书的封面人物。）

塔莎经常笑着和我打招呼，这拉近了我们的关系。她总是简单用心地讲述她的故事。讲到她丈夫的时候，她说："他就像我的父亲、我的母亲。我母亲出去走亲访友，就再也没有回来，是他陪着我过的。"塔莎永远都不会知道我们给我们最小的孩子起了她的名字；我回非洲的几年前听说她去世了。

妮萨、库玛和塔莎，苏珊娜、亚当和萨拉。苏珊娜今年10岁，亚当7岁，萨拉两岁半。在亚特兰大的最后一个晚上，我把苏珊娜和亚当的声音录了下来。现在坐在篝火旁，我把录音带拿出来放给大家听。"你好！"亚当向他的同名者库玛打招呼。像昆人一样，亚当在说话之前先发了一个响亮的塞音。然后，在我的指导下，他继续用昆语说："你是我的大同名者，大库玛。我是你的小同名者，小库玛。大库玛，你好！"

库玛没有在现场，他当时远在丛林中狩猎，但是其他人都围过来仔细听了，他们激动地夸奖亚当发音清晰，另外说他像昆人一样，能够响亮发出自己名字里"大同名者"及"小同名者"里面的塞音。尽管我研究他们的语言多年，但这一点我现在已经做不到了。接下来录音带里是苏珊娜说给妮萨听的话，内容和亚当说的几乎一致。在场的每一个人都仔细听了苏珊娜是如何向她的同名者妮萨问好的。妮萨显然很开心，她也回应了苏珊娜的问候。

🖋 那天晚些时候贝特森克开车去康瓦村（Kangwa）。这个村子距离多比村一个半小时的车程。我们打算去那里用那些空油桶装满从地下打上来的水。多比村的居民争相要搭我们的车。最后我决定让那些要去诊所看病的人先上车，然后让想去康瓦村小商店买东西、想去走亲访友、想去卖东西的和仅仅想去当地小酒屋喝一杯自制啤酒的人上了车。康瓦村的自制啤酒生意很是兴隆。

我叫妮萨和我们一起去，她说她不去了，让婉特拉代替她和我一起去。贝特森克开车，我和婉特拉坐在车厢里聊天。聊我离开后这些年发生的事情，我们的声音和卡车发出的引擎声混在了一起。

婉特拉告诉我她生病了，并险些丧命，是梅根·比塞尔（Megan Biesele）救了她。梅根也是一位人类学家，她曾在多比村住过，但她现在在纳米比亚，研究那里的昆人。梅根把婉特拉带到诊所，婉特拉被诊断患的是肺结核。婉特拉在那里接受治疗，最后死里逃生。婉特拉也是最近才刚刚出院回到多比村，不过她还是觉得很虚弱。她给我看了一个装满药的小瓶子，说她还要把这些药吃完。

谈到婉特拉妹妹塔莎的死，我们都很难过。塔莎那么有活力，那么招人喜欢，我和她曾经共度过几个小时，我们一起讨论爱情和生命，讨论疾病和死亡，如今却阴阳两隔。后来又讲到婉特拉混乱的婚姻关系。婉特拉的丈夫是茨瓦纳人，如今她丈夫在康瓦村和他的情人住在一起，两个人育有很多子女，可是婉特拉却一个人孤苦伶仃地住在多比村。我们也谈到了其他人，然后我还告诉她我也生病了。婉特拉没说什么，只是同情地听我说。但那个时候，我们的对话已经让我明白，疾病在这个地方是一件再寻常不过的事。

Return to Nisa

48　重访妮萨

三、精神之旅

　　黑暗的天空中响彻着音乐声：被切分的节奏，悠扬的旋律，鼓乐声，还有时不时传来的跳降灵舞的治疗师的哭喊声。音乐声是从昆沙（Kumsa）的村子传来的，这个村子是以狩猎者昆沙的名字命名的。狩猎者昆沙是塔莎的鳏夫。昆沙和他的两个女儿、女婿及他们的孩子住在一起。两个女儿的家有各自的棚屋。追随着音乐声，我来到了昆沙的村子。让我惊讶的是，昆沙的两个女儿是在没有任何人帮助的情况下在唱歌，她们一直唱到深夜。昆沙的两个女儿长得很漂亮，这让我想起了她们的母亲塔莎。她们两个坐在篝火旁，火光照射到她们的脸上，光彩夺目。她们一边唱，一边摇着头，做着她们的妈妈曾经没有做完的事情。

　　我到的时候，降灵舞已经结束了。昆沙的外孙生病了，他给孩子做完神抚后正在休息。他的两个女儿继续唱着歌，小女婿担当鼓手，就这样一首接着一首，完全凭着他们的感觉走。我坐在那里聚精会神地听着，感觉整个人都沉浸在音乐声中了。

然后，在两首歌的短暂间隙里，我听到远处随风传来的音乐声，时强时弱。没错，是另一场降灵舞的声音。"啊，嘿！谢谢你们的盛情招待！我走了，你们保重！"追随着黑夜里从其他地方传来的鼓乐声，我离开了熟悉的这个村子。

我手里握着手电筒，沿着沙土地上已有的小路，穿过高矮不一的荆棘丛，向传来音乐声的地方走去。斜挎着的相机包和录音机包在我身侧颠来颠去。我根据半英里之外传来的音乐声，不断调整着自己的行进方向。夜里一片漆黑，看不清路，我知道我是完全被急促响亮的鼓乐声和歌声带到这里的。慢慢地我辨别出了黑暗中的人影：女人们围着一堆微弱的篝火，肩并肩站成一圈唱歌。篝火灰烬发出的余光有时候照到鼓手们的脸上，看起来激动炽烈。他们站在女人们的对面，一边踩着女人们复杂的拍手节奏敲着鼓，一边富有旋律地交谈着。

在篝火和女人之间的狭小空间里有两位男治疗师在跳

降灵舞。这两位治疗师都上了年纪，所以他们的内部能量也比较低，几乎是私密的。但是人们觉得每一位老治疗师仍然非常强大，他们给周围的人进行神抚，代表旁人和神灵们交涉：这是上帝赐予治疗师们的天赋。两位老人有一位是卡斯普（Kasupe），是老塔莎的丈夫。另外一位是坎特拉（Kantla），妮萨的老情人。坎特拉看起来很虚弱，气色也不是很好。我担心他可能活不了太久了，然后我开始想，妮萨会怎么讲她这位老情人呢？

但是我脑子里想得更多的是另外一件事，或者说我心里满满当当的都是这件事。我不愿意承认这一点，但这也是我来非洲的一个原因：我希望昆族的治疗师能够治好我的病。这个想法让我有些难堪，所以我从来没有和朋友们讲起过，但我的内心还是能感受到这一点。

这并不是说我赞同昆人认为疾病是灵界带来的想法。也不是说我和他们一样，认为通过与灵界合作，通过跳降灵舞，治疗师就可以为病人驱除疾病，让他们恢复健康。但是昆人的传统是如此震撼人心，几年前我的心就已经被降灵舞的戏剧性俘获了。跳降灵舞的治疗师一个人单枪匹马和藏匿在世俗之外的未知混沌世界做斗争，和人类思想之外的混乱与黑暗做斗争，这一切都是人类认知所不能及的地方。如果降灵成功了，那治疗师就能为遭遇痛苦的人做一些事情，让他们远离灾难和不幸。

这些好处需要治疗师付出巨大的代价。根据昆人的信仰，参加降灵舞的人围成的圈子外面坐着死去的人的灵魂。他们是来这里看表演、找乐子的，或者说是来捣乱的。这些灵魂对人类的痛苦负有部分责任。只有那些被赋予了治愈之能的治疗师能看到他们。治疗师们对着远处的影子大声叫喊着，和他们争辩，对他们进行说教，恳请那些怀着复仇之心、卑劣或者仅仅是无聊的灵魂，那些给活着的人带来巨大痛苦的灵魂离开这里。有时候治疗师也需要和灵魂交战，他们边大喊边朝灵魂扔树枝，阻止这些灵魂继续做错事。

治疗师们有时候要冒生命危险来跳降灵舞。他们有时候会进入非常深的降灵状态，就像昏迷了一般，有人说他们灵魂出窍了，而且他们的灵魂可能再也回不来了。只能让其他治疗师把昏迷般的治疗师拉回来。另一位治疗师把手放到处于降灵状态的治疗师毫无反应的身体上，然后唱一些哀伤的曲子，向野生动物的灵魂申诉，向所有神灵①中最强大、最

---

① 在昆人的信仰体系中有很多神灵，其中有一个神灵统管其他所有神灵。这个神灵被称为 Kauha，我把他翻译为"上帝"或者"伟大的上帝"。其他所有神灵叫 Ilganwasi。——原注

富有同情心的上帝申诉。他们的辛苦努力最终把治疗师的灵魂带了回来。治疗师灵魂最深处发出的声音逐渐增大，时不时发出的呻吟声也逐渐增强，最终爆发，成为一声疾呼：这是降灵治疗师宣泄而出的一声长长的哀号。

走上降灵治疗师这条路的男女是"但丁地狱之旅"中真正的战士、英雄和旅行者。他们是《魔笛》中的帕米娜和塔米诺，甘愿面对来自黑暗的挑战。他们大胆勇敢，睁着双眼颤抖地站在悬崖边。他们掀开的神秘给留在后面受苦受难的同胞带来了舒适和安慰。

治疗师是如何做到的呢？这是一个比较复杂的过程。首先，他们先要把疾病从病人身上"拉"出来。据说治疗师体内有一种叫做"能"（n/um）的特殊物质或者药。激烈的舞蹈会使这种治愈之能越来越热。当这种能量沸腾的时候（此时被称作"沸腾的能量"），治疗师的意识就达到另外一种状态：降灵状态。他们的身体开始颤抖，举止怪异，神志不清，言语含混。

我记得在一次降灵舞上，我儿子亚当的同名者库玛在降灵状态中完成神抚后，双膝微微弯曲，胳膊伸向前方，痛苦地叫着："我的胳膊……我的胳膊。"他的妻子在他胳膊上揉了揉，告诉他胳膊安然无恙。库玛继续重复着，像个孩子一样小声地说："不，不……我的胳膊……我的胳膊。"他妻子不得不再一次去摸他的胳膊，然后向他保证他的胳膊什么问题都没有。这个场景重复了一遍又一遍。很长一段时间后，库玛才坐下来。第二天早上我问他他的胳膊怎么了。他有些不好意思地告诉我，他当时其实是想说他的腿：他不能屈膝坐下，但是他当时只能说"我的胳膊……我的胳膊"那几个词。

对许多治疗师而言，神志不清只是降灵状态的一个初期阶段。但对于降灵舞初学者而言，神志不清甚至是他们的主要经历。但是一位老练的治疗师需要注意力非常集中。治疗师能径直看到"患者"的内心深处，找到病源，发现病因。通过神抚术，治疗师把他所"看见"的疾病除掉，或者是"拉"到自己体内，然后顺着脊柱把疾病从脊柱最上端驱除，让疾病不复存在。治疗师把自己体内的"能"转移到患者体内，这样就强化了"治疗"。

✎ 我并不是说昆人治疗疾病的方法可以与青霉素或者抗疟疾药物相比，也不是说他们的降灵舞可以取代要死去的孩子所需要的离子水。但是面对某种疾病时，有时候增强人体的免疫功能比找到合适的药物更重要，譬如病人的配合、他们求生的欲望，或者最重要的是他们要有病肯定能够被治好的信念。

此处并不适合去回顾有关疾病治愈的大量文学作品。但是过去几年里很多畅销的此类书是医生写的。这些书已明确地指出我们社会中的很多人，不管是专业人士还是非专业人士，都认为人类的心理是会影响身体状况的。对做实地考察的工作者而言，能够提供医学信息的圣经《默克诊疗手册》也承认：医生所面对的很大一部分疾病都是病人自己难以跨越心理上那个坎儿。

我得知自己得了癌症后，觉得我所见到的每个人都相信这种心理力量。他们会经常提醒我要用"积极的态度"去面对疾病，告诉我要经常笑，这样对身体有益。他们送给我名为《自我治愈》的磁带听，还送给我《从病人到健康人》《思想是药，思想是毒》和《爱、药和奇迹》等一类书看。他们鼓励我试着"想象"有一束白光从我体内穿过，清除和修补我的身体，然后"想象"又有一道蓝光从我体内穿过，带走了我体内的毒素。他们告诉我我体内的癌细胞现在是"混乱"或"没有组织"的，很容易被体内抵抗疾病的有效防线白细胞队伍打败。我要去想这些"好的"细胞已经准备开始进攻，它们正在飞速增长，并且会把癌细胞连根拔起，彻底消灭癌细胞。

人们对这种视觉化过程中应该抱有的愤怒程度持有不同的看法。那些把愤怒看成是宣泄的人把白细胞当作在激烈战争中获胜的战士，是它们用武器杀死敌人癌细胞：刺杀它们，射击它们，最终清除它们。也有人认为愤怒，即便是想象中的愤怒，也可能会给人带来负面情绪，使病人难以自拔。他们建议用比较缓和的方式来消灭癌细胞：首先通过化疗杀死癌细胞，然后想象保持警惕状态的白细胞来"扫除"癌细胞，或者白细胞像吃豆小精灵（Pac-Man）一样把癌细胞都吃掉，最后癌细胞被消除得一干二净，再也不能重组，滋生疾病。

我虽然对此持有怀疑态度，但是我还是很难完全放弃这种观点。我的原则是要尝试所有可能会增加我存活率的方法。我接受了手术，然后进行了化疗。到了合适的时候，我开始进行体育锻炼。我注意饮食，并开始接受心理治疗。我还参加了一个抗癌小组。当我情绪特别低落的时候，我就想象自己躺在佛蒙特州一个安静的池塘边，心情愉悦，无忧无虑。我在那个池塘边度过过很多个夏天，阳光温柔地洒在我身上，微风吹拂着我的头发，轻抚我的皮肤，黄昏时分的天空飘着朵朵白云，鸣叫的鸟儿从我上空飞过。即使在一千英里之外的卧室里我依然能感受到当时的空气和阳光。这种想象对我预后是否有帮助已经无关紧要了，但这样做确实能帮我度过心理上的难关。

同样，对于我而言，吸引我的不是昆族治疗仪式的神秘组成部分，而是这种仪式可以给那些遭受疾病折磨或者不幸的人提供一个活动场所，或者更重要的是，它能调动整个社区。同时这种为治疗疾病举办的仪式带来的是触摸，是认真对待疾病的态度，是关爱。降灵舞是属于在场的每一个人的：治疗师要损耗巨大的能量，他们不仅要保证生病的人早日康复，也要保证在场的所有人在未来都能远离疾病。

当然，有时候降灵舞并不能让病人痊愈。然后昆人会说上帝或者是灵界的灵魂们自有他们的安排。治疗师也许已经很努力了——他恳求，祈求，商讨，辱骂，最后是反抗——但是最终还是没有起作用。

这种方式和我们高科技医疗技术有什么不同吗？我们的医疗技术也有失败的时候。但是谁会说这不值得一试呢？谁又能说我们对某些东西的信任——无论是祈祷还是药物——不会给我们带来安慰，让我们的身体更健康呢？

当昆族"疗法"果真起了作用会怎样？治疗师能在神灵和病人之间调停的想法会被加固，同时也会加强这种信念：如果有了麻烦，而麻烦不管怎样都会来的，总会有人出来解决麻烦。

✎ 昆族治疗师所描述的"精神之旅"或者"灵魂之旅"是真实的。我并不是说昆人真的取得了他们所说的神秘成就，我只是说昆族治疗师确实是在别人的精神世界里旅行，虽然这种旅行也可能只是象征意义上的旅行。

发现病人疾病"起因"的治疗师解释说病人的疾病来源于神灵的世界。治疗师的灵魂会离开他的身体，以野生动物的形式，如狮子，或者以灵魂原有的样子去到灵界，因为在那里他们可以找到人类遭受痛苦的源泉。有时候治疗师的灵魂会离开举办降灵舞的黑暗区域，去更远一些的地方，因为怀有报复心的灵魂可能坐在那里。更多时候，给活着的人带来痛苦的灵魂远在天堂，灵魂们通常住在那里，靠近上帝，侍奉着上帝。

通过"灵魂之旅"，昆族治疗师们探索别人的心理需求，表达他们的直觉意识以及更深刻的思想。处于降灵状态的治疗师不需要在"正常的现实"中处理信息，他们可以抵达人们的内心深处，听到人在内心与自己的微妙对话，这些对话很少被公开表达。治疗师们"听""看"，并靠直觉感受人们的内心。他们的感官被强化，敏感度也随之增强，这样他们就可以觉察到无意识的动机和需求。

因此，昆族治疗师对疾病的解释涉及弗洛伊德所描述的许多紧张心理。一位命悬一线的男人据说是因为想吓唬自己的儿子，打消他成为治疗师的念头而生病的；这个男人担心他的儿子会变得比自己强大。一个女人得了重病，据说和她刚刚去世的父亲有关。治疗师说她的父亲想拉她去陪葬。治疗师劝说她的父亲放开他的女儿，并帮助他女儿摆脱内心的罪恶感，让她不再因为自己没有陪父亲去死而心生愧疚，也不必因为自己把注意力转移到别人身上而感到罪恶。通过治疗，这个女人能够继续生活下去。

研究昆族治疗术的心理学家理查德·凯兹（Richard Katz）在他的著作《沸腾的能量》中写到一位治疗师。这位治疗师多年来一直尝试为他病弱的妻子治疗，并最终成功治愈了她的疾病。理查德问这位治疗师当他把疾病从他妻子体内"拉"出来的时候看到了什么，治疗师说："我把她父亲的睾丸从她心里拉了出来。然后我告诉她死去的父亲不要再缠着她了。"

这是昆人神圣的知识——神秘深奥的知识——外人可能很难理解，但是每个人都可以选择走这条路。任何愿意经历严格甚至是痛苦训练，同时拥有在某种情况下能够适应波动意识状态的人都是合格的。大约有一半的男学员和三分之一的女学员都能顺利通过学徒期。但并不是所有的人都能成为治疗师。有一些人太过谨小慎微，鲜有进步。还有一些人因为一开始就无法承受训练的辛苦而放弃了。

还是有些人，大部分是女人，进入了降灵状态，但又无法控制局面：遇到强烈颤抖或者是巨大痛苦的时候，她们会摔倒在地上，她们学不会把能量导向需要治愈的病人身上。不过，最终还是有男人和女人能够通过所有艰苦严格的训练——通常是数年的训练——成为非常强大的治疗师。

看着处于降灵状态的卡斯普和坎特拉，我渴望他们过来触摸我，因为他们能够看到我内心的黑暗处，然后告诉我看到了什么。但是当我挤进人群时，他们已经停止神抚了。他们开始把治愈之能导向彼此，这样就能维持并控制好他们的降灵状态。

我有些失望，开始听音乐，想跟着歌声的复杂旋律拍手。但是我连最简单的节拍都忘记了，然后我放弃了。没有人和我说话，也没有人教我，甚至没有人注意到我。我想成为他们中的一员，想得到他们的关心，我突然觉得自己很孤独，自己是一个真正的局外人。我站在这里做什么？看着别人过自己的日子吗？

Return to Nisa

我羡慕他们生命的完整性。这里有很多年轻女子，她们还是孩子的时候我就见过她们。她们拍着手，用最大的声音唱着古老的歌曲，一个小时接一个小时地唱着。她们献身于传统，然后将传统延续给下一代。那些敲着鼓的年轻男子也是这样的，有时候一个人同时敲着三个鼓，他们看起来器宇轩昂，连续敲几个小时都精力不减。即使两位老人颤抖着筋疲力尽的身体，接收降灵状态下释放的能量，他们也依然主导着大环境，可以让一切恢复正常。我并不是要美化他们生活中的问题。但就是在那一刻，不管是年轻人还是老人，降灵舞传达的是群体凝聚力和他们共享文化的激情：他们知道自己的归属。

音乐萦绕在耳边，我慢慢陷入了沉思，这时突然有人拍了一下我的肩膀。是波来告诉我妮萨到了。也许是因为有人在篝火里添了柴，也许是因为妮萨的出现，接下来发生的事情一扫黑暗，减弱了我内心的孤独。记忆中这个场景是温暖的，燃烧着的篝火也带来了光亮。

妮萨看起来光彩夺目。如果是为参加皇家舞会做准备，那么再如何精挑细选一件衣服都不为过，戴上自己最绚丽的首饰更是锦上添花。妮萨显然是精心装扮过的。她穿了一件色彩鲜艳的粉黄色裙子，头上围了两条有粗条纹和菱形纹的穿珠头带，头发上系着穿成小撮的珠子，还戴了一些铜环，脖子上松松地戴着几圈五颜六色的串珠，手腕、膝盖和脚踝上的串珠则紧紧绕在身上。妮萨的外表和情绪看起来都光彩照人，此时此刻的她精力充沛，情绪激昂。

妮萨和另外两位看起来比她年轻一些，同样也是精心打扮过的女人来到人群中。她们三个人站在一起，火光照到她们脸上，映出她们为准备降灵舞抹在脸上的红色熏香油。她们的能量和决心带有感染性；音乐被她们带动起来，人们也在她们的带动下开始跳新一轮的降灵舞。她们用力地拍着手，互相呼应着彼此对位的节奏，鼓乐声也伴随着她们的歌声响了起来。当她们的舞步变快的时候，两位年迈的男人则从主舞台上退到了一边。

旁边围成一圈的女人们唱起了歌，妮萨的注意力更加集中，她开始聚精会神地盯着篝火。她不断重复着歌曲的副歌部分，脸上和胳膊上溢出了汗珠。当她的身体开始颤抖的时候，她把手背贴在额头上。她的身子左右微微晃动着，一会儿像要倒下去，一会儿又站直了。

当她的"能"达到沸腾状态时，她的腰颤抖着，像有波浪从她身体穿过。然后她身体发出一种声音，这个声音逐渐增强，当达到最高点时她最终像哭一样爆发了。这声音悲哀洪亮，响彻整个夜空。妮萨进入了降灵状态。

妮萨试图控制体内的混乱，想要把她自身的能量转成治愈之能，围成一圈的女人把妮萨围得更紧了。妮萨还没有准备好，她身体晃动着，把一只发抖的胳膊放在胸前。她一遍遍唱着副歌，自己的降灵状态也越来越深。她又朝篝火走了几步，然后目不转睛地盯着篝火。歌声和鼓声越来越紧密急促。听起来充满诉求和热情的音乐让妮萨进入了更深的降灵状态，促使她又朝篝火走了几步。妮萨的整个身体都在颤抖，她又"哭"了一声。

最后妮萨终于准备好了。她转身向距离她最近的人走去，把双手轻轻地放到他耳边，然后放到他的胸口上，进行神抚，颤抖着把只有治疗师才知道的疾病从他体内"拉"出来。

✍ 我从远处看着妮萨给人们实施神抚术，想起十几年前访谈中妮萨给我讲过的治疗经历。妮萨还小的时候就开始和她母亲学习治疗的知识。她母亲给她拿来一段根茎让她吃掉。根茎非常难吃，小妮萨吃掉后就吐了出来。但是那段根茎也让她颤抖了，那是让她学习如何"放开自我进入降灵状态"的第一步。妮萨的母亲指导她多年，直到妮萨能够自由控制降灵状态。但是当妮萨到了生育年龄时她停止了训练。因为训练对身体素质要求极高，"能"是一种能量巨大的物质，按照惯例她不适合再继续训练：因为这样做可能会伤及胎儿或者影响哺乳。妮萨成年以后，最终又走上了治愈之路，成为一位能力出众的治疗师。她是为数不多能真正实施神抚术的几位女性之一。

我上次来这里的时候，也就是 14 年前，妮萨已经能在源于古代的传统仪式舞上，或者比较现代的擂鼓舞上进入降灵状态了。但是，她说她只有听到鼓声的时候才能强烈地感觉到她体内的能量。她仍然把自己当成一位初学者，因为她还没有和上帝说过话，她没有去过上帝住的地方，这些只有那些非常有经验的治疗师才能做到。

那个晚上，我站在那里看她小心翼翼地控制着自己的降灵状态，看她熟练地为大家实施神抚术。我问自己为什么之前没有想到过妮萨可能是那个可以"治愈"我的人呢？事实上，这看起来非常完美：妮萨曾经告诉我生活是什么，现在她应该还会和我聊该如何活下去。

从人群里张望过去，我看到三位女性都进入了降灵状态：妮萨和原来在她身边唱歌的两位女性。但是人群过于拥挤，我的视线很快被挡住了。刚才的想法让我非常激动，我离开这里去了附近另外一堆篝火旁。人们围坐在一起，

Return to Nisa

热闹地聊着天，燃烧的篝火在寒冷的夜里给大家带来一丝温暖。

✎ 我扫了一遍围坐在篝火边的人，一个昆族女人吸引了我的目光。她面容忧郁憔悴。她右手托着左手，左手拇指和手腕紧紧地裹着一块厚厚的脏布。她是奈（Nai），是妮萨的侄女。几年前我也曾对她进行过访谈，坐在她旁边的是她的丈夫德贝（Debe）。

他们看到我过来，都微笑着和我打了招呼。但是奈的笑容看起来很僵硬，像是哪里不舒服的样子。德贝告诉我奈病了：她的手指被什么东西穿透了。现在她整只手都肿了，手上的皮肤也因为肿胀而裂开。一开始也只是手肿疼痛，现在她整只胳膊都疼得厉害。看着她肿胀的手，我有些担心。我问她今天我们开车去康瓦村取水的时候为什么没有搭车去看医生。

奈的回答反映了给昆人提供服务的当地政府和昆人之间的微妙关系。奈说："医生上次来的时候我去找过他了。"当地政府每月派医生来一次多比村。"他给我开了药，但是……"——奈的声音突然变得非常小——"但是我忘记他的嘱托了，把药吃错了。如果我再回去找他，他会骂我的。"

"奈，"我用近乎恳求的语气和她说，"那个医生人很好。他不会生气的。他只是希望你能尽早康复。我担心你再耽搁下去，会有生命危险的。"

奈缠着绷带的大拇指肿得和其他四个手指加起来一样宽了。她面色憔悴，毫无血色，说明她正承受着巨大的痛苦，过去的每一天都彻夜无眠。我快速琢磨了一下，然后主动说："如果你愿意，我明天再让贝特森克开车去一趟康瓦村，让他带你去诊所。你再拿些药吃，病会慢慢好起来的。"

奈看着我，面露不确定的神情。我告诉她我会给医生捎一封信过去，和他解释药的事情。奈看起来没有什么疑问了，但她还是未置可否。我转身和德贝说："一定要让她去医院。这件事非常重要。"德贝点点头，表示同意。我接着说："看情况吧。如果她去的话，明天一早带她到我的营地去。当然，你也可以陪她一起去康瓦村看医生。"

鼓声依然响着。夜深了，我感觉后背有些凉意。我朝火堆挪近了几步，想烤烤手。妮萨站在奈的旁边，她把裹在奈手上的绷带解开。奈那只严重肿胀、有些皲裂、毫无血色的手露了出来。奈是妮萨在多比村的唯一血亲，妮萨轻轻地握着奈那只受伤的手开始进行"治疗"：通过神抚术，妮萨不断地把疾病从奈身上"拉"出来，伴随着一声哀怨的哭声，把疾病狠狠地吐到黑夜里。妮萨把她的汗水抹在奈的胸口上，汗水是治愈之能的一个重要体现。然后妮萨在奈身体两侧使劲弹了几下，最后又使劲压了几下，把她体内的治愈之力转移到奈身上。

然后妮萨转向德贝，开始给他进行治疗。这说明妮萨会给每个人都进行治疗，这意味着妮萨也会治疗我的。在妮萨三人同时进行降灵的鼓舞下，歌声和鼓声又逐渐增强，越来越响，激烈紧促。妮萨暂时中断治疗，想进入更深的降灵状态。她光脚跺在篝火旁热热的沙子上，目不转睛地盯着篝火，专注地哼唱着。她左右摇摆，站得有些不稳当。突然，她朝着篝火倒去。妮萨身后的人伸出手轻轻搂住她，把她扶起来，不让她摔在篝火上。妮萨突然大哭一声，哭声听起来撕心裂肺，然后她又开始给围成圈的人逐个治疗。后来就轮到我了。

伴随着激烈的鼓声，女人们发出"啊——哦——哦呀——哦——呜——耶"的声音。妮萨的身体略向我倾斜，她也哼唱着这个旋律，嗓音低沉，但表情坚定。她的胳膊从我胸前划过，然后当她移动的手碰触到她们一直在找的一个地方时突然停了下来，就停在我的腰际。她把一只手放在我胸前，一只手放在我背后。妮萨唱着副歌部分，声音透彻响亮。我闭上眼睛，全身的感官都在感受耳边的声音、气味和她的触摸。当她的哭喊声"叩——嗨——嗯——哩"慢慢停下来的时候，她的"治疗"也结束了。妮萨离开我开始给下一个人治疗了。

我并没有看到天堂，这也不是一个奇迹，更像是一场梦。事实上，她的治疗看起来有些敷衍了事，让我觉得很沮丧：我只是需要妮萨治疗的人群中的一员。即便这样，我还是很感动。过去的一周我都很紧张——我在一周之内离开家人，千里迢迢来到这个既熟悉又陌生的地方——现在这种紧张感消失了。眼泪顺着我的脸颊流了下来。

随着眼泪释放的不仅仅是紧张和压力。过去一年中我所经历的一些痛苦、恐惧和悲伤也随着泪水流走了。它们没有消失，只是我觉得眼泪洗刷了我的内心，治愈了我的心灵。意识到自己在过去一年遭遇了伤痛和艰辛，这种感觉还不错。

妮萨继续给周围的人进行治疗。我思绪翩翩，时而拍手，时而又陷入沉思。没有人注意到我。但是这次我并不孤单了。我因为自己能在这里而心存感激——我感激自己能够沉浸在舞蹈和音乐中，感激自己能闻到柴火燃烧时散

Return to Nisa

发的香味，感激自己能听到我所热爱的语言。最重要的是，我享受自己坐在这里的时间，随心所欲地看着周围发生的一切。在场的人对我表示了支持，但他们没有向我提出任何要求，至少现在是：我不需要笑，不需要履行任何社会职责，甚至不需要和别人交谈。即使这样，他们还是让我融入了他们的团体，而这正是我想要的。夜里的空气透彻清新，我深吸了一口气，抬头望向天空，头顶上的星星在漆黑的夜空里闪闪发光。

妮萨来到了坎特拉的身边。当妮萨还是个姑娘的时候，他们两个人就已经是情人了。其他人是否知道当妮萨跪在坎特拉身后，整个身体靠在坎特拉的后背上，双臂环绕抱着坎特拉的时候，他们的拥抱其实并不陌生？是否知道他们的拥抱体现的是过去将近 55 年的爱情？如今的坎特拉声音已经浑浊，身体干瘦，面色憔悴，带有病容。当妮萨给他进行治疗的时候，坎特拉低声和别人讲自己哪里病了，哪里疼。妮萨柔声地唱着歌，温柔地环抱着坎特拉消瘦的身体，把疾病从坎特拉体内拉出来，把治愈之能引入他的体内。妮萨在坎特拉身边待了很久，然后回到了她侄女奈的身边。

雏果（Chuko）是三名女治疗师中的一位。她来到篝火边加入妮萨。雏果比妮萨大概小 15 岁，但是少了妮萨身上那种特有的优雅。雏果身体棱角分明，当她给人群中的每一个人逐一治疗的时候，动作显得有些急促激烈，甚至是疯狂。当雏果触摸我时，我能感觉到她坚定的双手在我胸口上颤抖，然后她开始摩擦我的两侧。雏果大哭一声，表明对我的治疗结束了。她开始给下一个人治疗，然后回到妮萨身边，帮着妮萨给奈治疗。

当大家一起拍一个节奏的时候表示这首歌要结束了。空气中响起大家的谈笑和聊天声，这是大多数舞蹈的伴奏，只是当下一首歌曲的前奏响起来的时候，谈笑声又被湮没了。妮萨和雏果丝毫不受音乐暂时中断的干扰，继续给奈治疗。然后，妮萨又开始了新的一轮治疗。

妮萨到我这里后，双膝跪在地上，身体倾向我。她身体左右摇摆，一边唱着歌，一边伸出手触摸我。当她的脸靠近我的脸的时候，我请求她："姑姑，仔细看看我的身体里面发生什么了。我们国家的医生找到了非常严重的病。他们尝试帮我消除疾病，但是他们不知道我是否已经被治愈了。他们说这个病还是有可能会让我死去。"

妮萨好像没有听明白我在说什么，也许是我自己没有表达清楚，也许是她在治疗的时候听不懂正常的语言。不管是什么原因，她给我治疗完后就很快开始给下一个人治疗。但是，因为她的碰触，因为我刚刚说过的那些话，泪水又夺眶而出。昏暗的光线下，没有人看到我眼中的泪水。它们顺着之前的泪痕，肆意而又悄无声息地流了下来。

降灵舞快结束的时候，妮萨又给我治疗了一次，其他两位治愈者也来了。她们每一次来到我身边给我治疗的时候，我都会闭上眼睛，完全沉浸其中。她们每一次离开的时候，我都希望她们能再次回到我身边。

凌晨两点钟的时候，我觉得非常疲惫。尽管降灵舞的劲头不减，我还是让波给我指一下回帐篷的路。波觉得我可能会迷路，要亲自把我送回去。他拿上手电筒，走在前面给我带路。当我们在静谧的黑夜里越走越远的时候，歌声、舞蹈声、治愈之声渐渐在我们身后消失。

回帐篷的路上，波说我仁慈大方，感谢我送给他们的牛和烙铁。他告诉我说他们用很多头牛换了一匹马。有一天当马长得足够大的时候，就用它去狩猎。他甚至提到了我之前托人捎给他的一件厚毛衣，他当时就穿着那件毛衣。他感谢我对他们的关心和帮助。波说得很慢，也很清晰，我觉得自己和波以及妮萨心意相通。当我觉得自己又成为他们世界中的一员的时候，一路上的陌生感消失得无影无踪。

四、妮萨在里面

我一直梦想着重返非洲。但是在这个梦想里，我还有另外一个梦想：希望能像以前一样，带上一群人去非洲丛林里狩猎。我想和男人们去打猎，和女人们去采集食物。我想在人迹罕至的地方，在悄悄延续着过去的地方，在只有动物和植物、风和天空的地方一英里一英里地走下去。我想在这片干焦的沙土地上寻找动物留下的足迹，想通过地面上稀有的藤蔓寻找地下多汁的根茎。我想和昆人在果树园里宿营，那里空气清新，声音温柔悦耳，灿烂的星光直达地面。

我希望能在我即将离开非洲的时候开始这样的旅行。这也说得通：那个时候我和妮萨之间的工作已经结束了，我对村民的生活有了新的认识。但是这个计划在我到多比地区的第一天就被打乱了。到我营地来的军官不断催促我告诉他们我的计划，他们不断地问我："你计划什么时候开始……这个旅行？"我最终回答了他们，但答案并不是我最初的计划。我听到自己和他们说："如果你们觉得没有问题的话，我想尽快去，或许在接下来的几天里就去。"然后我又加了一句："当然，我必须要先和村民们讨论一下这件事。"

到多比地区的第一天早上，军队的卡车开走后不久，我就和村民们开始讨论这件事了。马上要去丛林里狩猎采集这件事情也很快在村子里沸腾起来。出发前有一堆问题需要解决，既有后勤方面的问题，也有社交的问题。譬如，我们什么时候出发？（第二天。）我需要给丛林里的村民提供食物吗？（经过充分讨论后，我要给村民提供食物。）需要我给他们报酬吗？（不需要。）我需要带多少水？（很多。）重要的一个问题是，都有谁参加这次狩猎活动？

我租的卡车只有 13 个座位，我提议多比地区的五个昆桑村每个村子去两个人。所有人，包括我都不喜欢这个提议，但是最后大家还是接受了。通常情况下，各个村子里的人不会在一起宿营，这样聚集在一起的小组的社会动力是一个未知数。尽管如此，这看起来仍然是当下最好的解决方案。

剩下的三个位置留给我、妮萨和司机。我邀请波作为第 14 位成员加入我们，但是他拒绝了。他解释说家里还有牛需要人照料。然后，他问我："你不在的这段时间难道不需要人帮你照料营地上的事情吗？"他很自然地把我们的离开变成了一项工作：白天波会帮助我的营地助手图玛料理一些事情，晚上当图玛回到自己村子的时候，波会露宿在我的营地上。他说他去年曾帮助多比村的其他人类学家做过类似的事情。

每个村子都同意派一男一女两位村民和我一同去丛林，男村民去狩猎，女村民去采集食物。但是因为家里有无法脱身的事情，如喂养牛羊，照看地里的农作物，准备集市上要卖的手工艺品，照料家里的孩子和老人，其中有三对不是夫妻，他们需要留一个人照顾家里。猎人昆沙和他的女儿克霞茹（Kxaru）凑一对，克霞茹把她 3 岁的儿子灯（Dem）也带上了。后来有一位男村民退出，昆沙便带上了他另一个女儿的丈夫托马（Toma）。托马也是一位能力较强的猎人，年龄和他的老丈人差不多，比他的妻子大了将近 30 岁。

当我们围坐在营地上商讨出行方案的时候，奈和德贝朝我们走来。奈走得慢且小心，她面色苍白憔悴，和我前天晚上在篝火旁看到她时没有什么区别。我和他们说："我很高兴你们能来找我。这是不是说……?"德贝点头示意是的。"这样的话，我就在我们出发去丛林前让司机开车带你们去诊所看病。"

奈和德贝，及村子里其他需要去诊所看病的人在车上坐下后，村民们挤过来争抢余位，现场一片混乱。贝特森克和图玛往车上装了一些空水箱，我递给奈一张捎给护士的便条，然后他们就开车走了。

　卡车开走之后，我和妮萨开始了两个人的聊天。"多年前，我们上一次聊天的时候，"为了确保录音机已经开始工作，我重复说，"多年前，我告诉你我想把我们的对话写下来。"

妮萨说："嗯，是。我在听你说呢。妈妈哟①。"她的语调听起来像个孩子。

"但是我离开的时候，我并不知道我自己能否写好。"

"你写得非常好!"

---

① 妈妈哟：说话者强调所言是事实的一种表达，和"我认真的"或者"我发誓"相似。——原注

"很多年过去了，我没有……"我停了下来，脑子里开始搜索那个正确的表达方式。

"你没有来……"妮萨试着说我在想的词。

"我没有……完成它，"我继续说，"只是很久之后，很多年后，当我生了小妮萨之后，我才把我们的对话写完，然后把它编成书出版了。"

就这样，我和妮萨的第一次交谈就在这个泥屋里开始了。探访护士每个月来一次这个泥屋，在这里给病人们看病。泥屋的木板门紧紧地关着，圆锥形的茅草屋顶优雅地向上延伸，高出屋子四周的圆形围墙，最后汇成一个点。远离了周围的村落，远离了我营地周围的喧嚣与混乱，避开了他人的目光，我和妮萨面对面地坐着，开始再一次了解彼此。我们中间放了一个录音机，身旁各放了一杯热茶，她的茶里放了很多糖，甜得很。我们就像很久以前那样开始聊天。

我问她："你读过那本书吗？"

"嗯，理查德给我看过。"妮萨说，她指的是理查德·李。

"嗯，我这里也有一本给你看。"我边说边把书递给她。

我们一起看书的彩色封面。我说："我想和你说件事情。我在马翁城见到了会讲英语的罗佑。"

我向妮萨描述我和罗佑之间的对话。他问我:"是你写的这本书吗?"

我说是我写的,希望他没有认出妮萨的身份。我问罗佑:"你知道这里面写的女主人公是谁吗?"

他回答:"我知道是谁。"

我心里一沉,因为我希望没有人能够认出妮萨。我接着问他:"写的是谁?"

罗佑指着封面上的照片——照片上是塔莎,不是妮萨——然后说:"是她,这个女人。"

～ 一开始考虑把妮萨的故事写成一本书出版的时候,我很自然地想到应该隐瞒妮萨的真实身份。毕竟,在特定的时间和空间里,在特定的思维框架里,在一个隐秘的泥屋里,妮萨和我讲述了她生活中的隐私。虽然毫无疑问妮萨是自愿这样做的,而且妮萨也同意我把我们之间的对话录下来。而且,很明显妮萨理解,甚至很自豪我选择将"她"的话讲给我祖国的女同胞们听。但是这是否意味着妮萨足够了解外面的这个"现代"世界?她是否明白将来有一天可能有成千上万的人读到她的话?

另外,在我还没有想着把书出版之前,妮萨本人就已经表达了她对隐私的一些担忧。多年前，当我们开始第一次访谈时，她就和我说："把我在机子上的声音调一下，让我的声音听起来更清晰一些。我年龄大，经历了很多事情，有很多话要讲。我会讲我做过的事情、我的父母和其他人做过的事情。但是不要让生活在我周围的人听到我说的这些话。"

我和妮萨第一次访谈的四年之后，当我再次回到非洲时，将妮萨的人生故事出版成书看起来也将成为可能。当时，妮萨的故事已经获得了一些认可：有一些学者的评论非常鼓舞人心；我也在一本学术期刊上发表了相关论文；我获得一笔（由拉德克利夫学院彩旗学院颁发的）小额奖学金，对我翻译和编辑整理我与妮萨之间的 15 次原始访谈录音内容时所付出的精力和时间以示表彰。

我担心妮萨和我之间的访谈会给妮萨带来困扰。所以为了不让"生活在我周围的人听到我说的这些话"，我和妮萨商量不用她的真实姓名，也把妮萨讲述的故事中提到的所有人和地方的名字换成其他名字。她对"妮萨"这个名字很满意，我提议这个名字是因为它读起来很好听，但是妮萨说这个名字也是她"出生时候的"一个名字。她很热情地帮我给其他人选化名，当听到给她的丈夫们起的名字

Return to Nisa

时，她开心地大笑起来。

那一次我们也回顾了几年前她曾经讲过的故事，有"好听"的故事，也有"不太好听"的故事。我告诉妮萨，现在还有机会去掉一些事情或者细节，她则不假思索地告诉我："我们两个之间所有的对话——这个录音机，这个老东西所听到的所有内容——都要写在纸上。"

🖎 我们之间的对话确实都在纸上写了出来，而且也以书的形式出版了。我们用化名隐瞒一些人和地方的策略也卓有成效——只要昆人不会读英语。但是，在过去的20年里，许多昆人的孩子开始上学，还有一些像罗佑一样的人英语非常熟练，并且找到了有酬劳的工作。我意识到总有一天妮萨和我说过的知心话会被其他认识她的人读到，因此会认出书中主人公的真实身份。

想到有像罗佑这样的人可能读到这本书，我便如坐针毡。我的担心还有以下几个原因：罗佑会认为我如实反映了他们的文化吗？他怎样看待妮萨的故事呢？他会不会觉得妮萨说得太多？或者说得不够？

另外，我该如何继续保护妮萨的身份呢？罗佑没有认出妮萨来，是我的幸运。只要他没有读这本书，并且认为"妮萨"就是书的封面上那个漂亮的女人，他就不知道真正的"妮萨"是谁。但是下一位有文化的昆人可能就不会那么好糊弄了。除了认识英语外，识破妮萨的身份只需要一些好奇心就够了。了解这个地方的人很容易猜出谁是真正的"妮萨"。谁会有这么多丈夫？谁的女儿被自己的丈夫杀死了？谁没有孩子？谁和班图移民者住得这么近？哪个女人还能像她这般会讲故事？如果还是猜不到的话，只需要问一问哪个女人和我待在一起的时间最长，就能猜出谁是妮萨了。或者，谁从我这里得到了牛。

事实是我当然不能保证妮萨的匿名性。我想和妮萨聊一聊如果她的身份暴露的话会给她带来什么样的影响，但是我想先确认我把罗佑的事情讲清楚了，我继续说："因为你……它……她在封面上。"

总有些事情会打败你（这是昆语中的一个表达，现在看来很适合我蹩脚的昆语）。另外有些事情，不管你脑子想得有多好，你的舌头却怎么也不配合（昆语中另外一个非常实用的表达）。所以当我讲罗佑的事的时候，我不断在"他""她"和"你"中变换着。在昆语里，所有这些代词都是用一个看起来非常简单的相同音节"啊"（ah）来表示。

几年前这个音节就是我的死敌，如今它又来和我作对。

Return to Nisa

想一想，如果和别人聊天的时候你不知道他们在说你还是说别人的时候，交流起来会是多么糟糕。昆语里第二人称"你"和第三人称"他"或"她"其实是有区别的，但是他们不是用不同的词语表达不同的人称，而是用旁人很难掌握的语言的另外一个方面来区别不同的人称：语调。

例如，昆语中的"你"是用语调或声音比较高的"啊"来表示，用比较低的声音或语调来表示"他"或"她"。就是这么简单。我的大脑也觉得这很简单，昆人说话的时候，我也能顺利地区分他们说话时语调的高低。但是轮到我说的时候，我通常会以"他问她""你问他"或者"她问她"这样短语开始，这个时候听者眼中就会闪出一些恍惚，然后幸灾乐祸地看着我，然后我就知道我在交流上所做的努力和尝试又失败了。

当我最早开始学昆语的时候，我根本就听不懂不同的语调所要表达的意思，更不用说自己用了：我只能通过强调和谈话内容来理解别人在说什么。我慢慢地能听懂别人话中的语调，最后竟也能准确运用不同的语调了。

那个时候我的丈夫梅尔也完全不懂昆语。在一个令人难忘的早上，我们因为不懂语调而险些丧命。

我们在丛林中的营地建在了靠近纳米比亚的一个边境

缓坡上。下午，我和丈夫离开营地出去走走。从坡上走下来，我们就一路沿着边境溜达。把营地生活抛在身后和脑后，我俩之间往日的浪漫和温暖涌上心头。

我们走了一会儿便转身沿原路返回。一开始我们只是听到孩子们的叫喊声。然后当我们走到一个坡底的时候，我们看到了站在坡顶上的孩子们。他们看起来有些激动。我们继续朝前走，然后突然意识到他们的激动可能与我们有关。他们高喊着："小心 gxi！""小心 gxi！"

我和梅尔以为"gxi"是羚羊的意思。有些好奇，我们在草地里搜寻羚羊的影子。在傍晚的彩霞里，草地上的草都金光闪闪。"没有羚羊！"我们朝孩子们喊。虽然有些困惑，我和梅尔继续边聊天边朝我们的营地走去。

但是孩子们还是坚持不懈地大声叫喊着。他们在坡顶上上蹿下跳，试图吸引我们的注意力。"有一只 gxi！小心 gxi！"他们边喊边指着我们站的地方。我们抬起双手，摇摇头，朝他们笑了笑——用这个全世界都明白的动作表示我们不理解他们是什么意思。坡底下坑里的草长得又高又密，和山坡上长得稀疏的小草对比鲜明。穿过那片齐肩高的草，我们爬上山坡回到了营地。

回到营地后，我立即去找我们在当地雇的助手图玛。

Return to Nisa

虽然图玛不会说英语，但是他通常能够把昆语中复杂的表达翻译成我们能理解的简单词汇。我们也可以让他讲得慢些和仔细些。"图玛，"我尽最大的可能把话说明白，"我和梅尔在外面散步的时候，孩子们说他们看到了一只羚羊。羚羊就是那个长着角的动物，对吧？但是为什么营地旁边会有羚羊呢？还有孩子们为什么会这么激动呢？另外，如果他们看到羚羊的话，他们不该告诉狩猎者吗？他们为什么要告诉我们？"

图玛眨了眨眼睛。"孩子们说的是'gxi'？"图玛用较高的语调说"gxi"，"还是说的'gxi'？"这一次他说"gxi"的语调比较低。

我问："这有什么区别吗？"虽然我已经意识到答案了。

图玛一边比划着，一边说："呃，gxi，"图玛压低嗓音，"是羚羊。"

"那 gxi 呢？"我抬高嗓音。

"是鼓腹蝰蛇！"

最后我终于明白孩子们为什么会像疯子一样朝我们喊了：鼓腹蝰蛇是一种有剧毒的蛇。

➤ 20 年后的今天，当我和妮萨开始聊天的时候，我又开始和昆语做起了斗争。我努力想把语调说对，话却说得结结巴巴："因为你……它……她在封面上……"

妮萨看起来面色平静，就好像知道我要说什么一样，她说："因为我在那里面。"

"不。"我连忙反驳。她是说她在书里面吗（这是对的），还是说她在封面上（这不对）？我有些沮丧，说："不是，不是你（我说的是'你'还是'她'呀？）在封面上。"

"她……"妮萨附和着，或者她说的是'我'？

我迫不及待地想摆脱当时的窘境，于是又换了另外一种说法："因为人们不知道……"我想说"他们不知道是你"，但是最终我又被代词打败了。

"他们不知道，妈妈哟!"妮萨立刻说。

"嗯，"我又尝试说，"书的封面说的是妮萨。妮——萨。我忘记了吸气音。因为，很久前我们最后一次聊天的时候……"

"我来说，"妮萨突然打断我，"你，你听我说。"

"哦——嘿，好。"我说，担心我们会陷入另外一场混乱的对话中。

但是我们没有。相反，妮萨回忆并总结了我们很久之前给她起化名的那次对话：我们同意用"妮萨"这个化名，这是她乳名中的一个，因为有太多人叫她另外一个乳名了。

Return to Nisa

她清晰的解释着实让我吃惊，但是现在不能想这些。此刻保密性的问题更加迫切。但是，我们说得越多，我越觉得只是我在担心身份的保密性这个问题，妮萨好像对此并不关心。事实上，她用比较轻松的语调和我说，有一个陌生人和理查德·李来过这里。"一个高个儿白种女人和她的儿子女儿来过这里。她有这本书，是你送给理查德·李妻子的。你送给过理查德·李妻子一本书吧？嗯，她有这本书，这本叫《妮萨》的书。"

我觉得我有必要为自己解释一下。难道她认为我告诉理查德·李了吗？我中断了她的故事，我向她保证，我没有向任何人透露过她的身份，没有和理查讲过，也没有和他妻子讲过，没有和任何人讲过。"理查德知道你是妮萨。我没有告诉过他。他这么了解你。他读到你说的话时，就知道妮萨是你了。"理查德在多比工作了20多年，他很轻松就认出"妮萨"的真实身份了。"这也是为什么，"我告诉妮萨，"我为什么让他把钱带给你去买牛了。"

我们的话题转移到她用我托理查德带给她的钱买的那五头牛身上了。妮萨说牛还不错，数量每一年都在增长。但是有一年，有些牛在丛林中走丢了。人们出去找它们，但是一头都没有找到。负责放牛的那个男人说："哎，这个女人没有儿子。她也没有丈夫，因为他太老了。那些牛……她女儿（指我）帮她买了这些牛，但是它们死在了丛林里。"

妮萨和放牛人说："嗯，我没有孩子，现在这些牛也死了。这些牛是我女儿给我让我靠它们活的。她说我老了，所以给我这些牛让我靠它们活下去。现在，这些牛死在了丛林里，而我却只能在这里坐着。"

但并不是所有的牛都死在了丛林里，她也并不只是坐着。还有很多牛活着，我到这里的前几个月，她和波才刚刚用几头牛换了一匹马。现在她有六头牛：三头母牛和三头当年春天才生下来的小牛犊。妮萨告诉我他们最后会用换来的马去狩猎，但是现在马还太小，还不能用。下个雨季来临的时候（大概四个月之后），她会雇个人带着马去狩猎。说到惯例，妮萨有些兴奋："因为如果有人骑着它捕获到动物，动物的肉就属于马的主人。我可以这样告诉狩猎者：'给，这块肉是你的。我吃剩下的——因为这是我的。'"

妮萨买完牛的两年后，我又托理查德·李给妮萨捎了一些钱，妮萨用这些钱买了一个烙铁，用来给牛烙上印记。这样可以阻止人们把牛从丛林里偷走去卖掉。

Return to Nisa

"然后，理查德又来了，"妮萨用访谈过程中经常出现的批评口吻说，"我说：'玛乔丽让你给我带钱了吗？这样我就可以再多买些牛了。'理查德说：'玛乔丽没有让我带钱。这次，玛乔丽没有托我做任何事情。'我问他：'你说什么?!那可是玛乔丽呀！玛乔丽怎么可能这样对我？为什么我女儿不管我了？我不能采集食物，我什么都不能做。她给我的牛是我唯一的生计。'"

我试着换个话题，但是妮萨很快又把话题转了回来。她说："我现在缺的唯一一样东西是一头驴。当他们骑着我的马出去狩猎的时候，如果他们捕获到什么东西，我还得借用别人的驴帮我驮回来。但是他们会拒绝我的。我觉得如果没有驴的话，我还是不能让他们用我的马去狩猎。"

现在我知道她下一次想要什么作酬劳了。她的要求听起来也合情合理，她对为我工作所获得的酬劳提出质疑也是合理的。但是在我决定这次如何才能最好地帮助她之前，我需要更多地了解我之前捐给她的钱给她的生活带来了什么样的影响。我对她的提议不置可否地"嗯——哈"了一下，表示我听到了，但是暗示她我们稍后再讨论这个话题，我问她："其他人怎么想？他们有没有问为什么玛乔丽给你这么多钱……"

妮萨打断我："有一些女的说……"

我想说完我的话："或者……"

"我告诉你吧，妈妈哟。"妮萨接着说，我便停下来不说了，"他们说：'我们所有人都为玛乔丽工作了，为什么她只给你钱去买牛？'我告诉她们：'那是因为你们都有牛。我是唯一一个没有牛的人。'"

然后她的声音轻柔了许多，话也更有想法了。她仍然跟我学着当时她和其他女人们说的话："我的舌头……是我的舌头给我买了这些牛。所以你们就别在这里和我叨咕了。"

我附和她说："是呀，虽然我也和其他女人聊天了，但是你是最棒的。"

妮萨认为她们应该责怪自己。"嗯，我们都和你聊天了。但是她们没有用她们的舌头赚到的钱去买牛。是她们自己没有买牛，而是买了啤酒喝！"

村子里的一位长者也责怪是这些女人自己做错了，妮萨引用这位年长者的原话说："这个上了年纪的女人，她买了牛。她没有去买酒喝。你们所有人也都收到了钱，但是你们挥霍了那些钱。这个女人没有，她做得非常好！"

我和妮萨解释说几年前我给其他女人的钱太少了，根本不够去买牛，后来我又托人额外给她带了一些钱，只给她一个人带了些。"我到家后开始听访谈录音，你说的话超越了其他人。你用心对待了我们的工作。也许是其他人不知道该怎么做吧。你是最棒的！"

妮萨则这样解释："也许是因为她们没有和你开诚布公，隐藏了一些话。但是我，我不知道如何隐藏我知道的事情。我告诉你的就是我知道的。"

"是的，"我回答她，"住在我们那里的人听了你说的话。女人们说：'怎么这个女人，这个住在那么远的地方的昆族女人，讲起她所知道的事情的时候，听起来就像我们自己呢？'"

"哦——嘿。"妮萨激动地打断我，"那样的女人就在这里。一个高个子白种女人和她高高的丈夫跟着理查德·李来到这里。他们不停地和我打招呼！他们说：'你是一个好女人！你很好！你说的话很好听！'"

妮萨身份的泄露让我有些吃惊，但是妮萨看起来一点都不担心。事实上，她看起来还有些骄傲自己被认出来了。

我拿起书递给妮萨，问她："你第一次看到这本书的时候是怎么想的？"

"我希望它好好地讲了我说的话。"然后妮萨又补充说，几乎是耳语般轻柔，"这本书给了我生命……给了我生命。"然后她的声音变得更加生动："妮萨在里面。"

"你喜欢吗？"

"这本书里面有妮萨。我尤其喜欢这一点。"

五、礼物和酬劳

"理查德，我不要他了。"妮萨突然愤愤地说，"理查德不要我了，所以我也不要理查德了。"妮萨对理查德的抱怨就如滔滔江水一般开始了。理查德把所有的东西都给了别人。他把他的钱给了别人。他把他的衣服给了别人。他把箱子给了别人。他把装水的容器给了别人。"知道我为什么说他不要我了吧？理——查德！"妮萨恨恨地从嘴里吐出了理查德的名字，"理查德，他一点用都没有！"

然后妮萨开始指责理查德，后面她还多次提起这件事："我告诉理查德：'别去找玛乔丽。因为如果你去找玛乔丽的话，她会让你给我捎东西，然后你会把玛乔丽给我的东西送给别人。'"

妮萨让理查德的老婆给我写信。"我说：'告诉玛乔丽，让她回来。这样我就可以亲眼看到她了。我的眼睛要瞎了。玛乔丽会给我很多东西——她会给我衣服，给我珠子。因为现在我老了，玛乔丽会回来的，她会给我穿的，给我钱去买吃的东西。'我让她以我妮萨的名义给你写信，写给你婉特拉。"

听到妮萨把我当成她最大的恩人，我禁不住被她给逗乐了，虽然这反映的悬殊关系一点都不好笑：研究者们拥有大量的财富，而他们的研究对象却是一贫如洗。穷人们缠着富人想讨要更多的东西，富人们也并不会觉得这是什么好玩的事。我做田野调查的那些年里，也遭受过同样的指责，这让我很痛苦。

指责别人小气是昆人常用的一个典型表达，虽然强调点有些不同，但是他们就像说他们自己的亲戚一样说人类学家小气。这样的指责会让人类学家均分物质财产，也会打消他们高高在上的社会姿态。"哦哦，快看看那个"是昆人看到值钱东西时常说的话。通常还会紧接着说："你怎么不给我呀？你好长时间都没有给过我东西了。"取决于对话者之间的关系，人类学家有可能会当场把东西送给索要者。

我和妮萨聊天的过程中她不止一次生气地提起理查德。她列举理查德帮助过的人、给过礼物的人、付给过酬劳的人。"而他就只给我烟草。我不知道理查德，一个这么大的人了，我的亲戚呀，他为什么不管我了。为什么？我做错了什么让他这么恨我？"

妮萨受伤很深。和她身边的人一样，她们的需求也是真实的。尽管如此，我承认当听到理查德被抱怨的时候我还是比较满足的——理查德可是田野调查者中的调查者——过去那些年里我和其他调查者都遭到了昆人的抱怨，原来理查德也受到了同样的抱怨。

妮萨回忆往事的时候，声音变得柔和了些。"我就这样活着，我说：'玛乔丽什么时候来？哦，我不要别的白人！我就要玛乔丽。我要她来这里，这样我就可以再次看到她了。'当别人喊'理查德来了'，我就朝理查德跑去，想着你的车可能跟在他的车后面。'没有，玛乔丽没有来。'人们告诉我，'是理查德和他老婆。'"

妮萨突然一阵咳嗽，话都说不出来了，村子里烟瘾大的人都这个样子。妮萨摸到烟管，点着了，使劲地吸了一口。因为咳嗽，妮萨的身体还有些抽搐，她用她那沙哑的嗓音尽可能严厉地和我说："我咳嗽的时候，把那个录音机关掉。我不想让它录下我咳嗽的声音。"

妮萨再次说话的时候，她又是一连串地指责和抱怨。

她承认说我最初给她的礼物还算是慷慨的。但是几年后理查德回来的时候，她说她确信理查德把我捎给她的钱给了别人。理查德给别人钱了，但是没有给她，这还不够明白吗？理查德要走的时候才给了妮萨一些礼物，说是玛乔丽给她的，这个时候妮萨就肯定了她对理查德的怀疑。"不可能，玛乔丽不会就给我这么一点东西的，"妮萨坚持说，"玛乔丽不会这么吝啬的。"

妮萨不知道我的确想给她带和第一次相当的礼物，但是我最后让去做田野调查的理查德自己决定要给妮萨多少礼物。理查德见到妮萨的时候，说她已经是多比地区最富有的人了。理查德担心给她更多礼物只会弊大于利。所以"玛乔丽给的"钱不是很多，但依然是绝大部分昆人这一生所可能收到的所有礼物的量了。这些钱足够买一把烙铁和其他物件了。

✎ 该如何回报昆人付出的劳动，给他们多少酬劳，一直以来这都是个难题。在我做第一次田野调查时，比起金钱，昆人更喜欢我们给他们实际的东西。按照当地的酬劳标准，昆人每小时、每天甚至每周所获得的酬劳都不够他们买想要的鞋、衣服、布或者珠子——或者即使他们有足够的钱，这些东西也是很难买到的。尽管如此，酬劳这个问题在人类学家间还是引起了不小的争议。

　　有些人类学家担心西方物品或者金钱可能会腐蚀有数百年甚至是数千年历史渊源的昆族文化的有机结构，这一点确实不假。这些人类学家认为我们去那里是要去了解而不是去改变昆族文化，他们也因此恪守这个信条。但是烟草是个例外。他们认为除了烟草这个"必要之恶"可以随意进入这个区域之外，其他"施舍品"都是非法的。（当然，保护昆人的传统不受外界干扰对人类学家而言还是有利的：人类学家的学术名声——未来的生计——部分依赖于收集昆人"未受污染的"传统生活资料。）

　　其他人类学家则认为昆人没有必要免费让我们参观调查他们的生活。他们为什么要这样做呢？为了（西方的）科学研究？给昆人烟草或者提供医疗帮助还是比较受昆人欢迎的，总的来说，烟草和医疗帮助对大部分昆人而言也是足够的。但是如果人家工作了一小时、一天、一周或者更长时间，给钱作为酬劳才是唯一合乎伦理的选择，否则就是剥削。人类学家知道给他们钱作为酬劳可能会影响昆人的生活，也会影响研究者和昆人之间平等交换的微妙平衡关系，但是他们还是接受了这个风险。

　　昆人欢迎人类学家来多比，不仅仅是因为他们会带来烟草和礼物，也不是因为人类学家愿意（并出手阔绰地）购买他们的手工品，而是因为我们让他们感到骄傲。以前他们的文化从来没有受到过如此多的关注。以前没有外来者，来自"现代社会"的被认为聪明的外来者，会花时间去理解昆族的生活方式。和昆桑人有来往的其他群体，大部分是班图人和白人，而他们的主要信息可以总结为"该死的布须曼人"这个词。喝多了的白人张口就骂，一句接着一句，就像滴水的水龙头一样，一滴一滴绵延不断地掉下来。班图人和白人没有什么区别。他们认为昆人低贱，把他们与动物和物件归为一类，而不是像他们一样的人。

在给昆人酬劳这个问题上，人类学家从来没有达成一致意见。这就意味着不同的人类学家会以不同的方式来回报和他们一起工作的昆人。举个例子，有一对夫妇即将启程回美，走之前他们挖了一个大坑，然后烧掉并掩埋了他们所有不需要的东西——衣服、器皿、卡车零部件。我很难想象昆人看着这对夫妇把如此贵重（对昆人而言）的东西烧掉时候心里都在想什么。

这对人类学家夫妇是不是有些铁石心肠？他们可不是这样想的。他们笃信他们留下的遗产——留给昆人，留给后面的研究者的遗产——不应该是泛滥的西方商品。把这

Return to Nisa

些商品送给昆人会在村子里或者村子间引起冲突，会加速它们的权力斗争。最后，商品也会变成零散扔弃的垃圾，在这片土地上留下痕迹。人类学家们知道，在他们来之前昆人们生活得很好，人类学家坚信只要昆人不过度依赖在这里短暂出现的外来者，他们就能在最后一个人类学家离开后恢复以往正常的生活。

分发这些东西可能会影响昆人的生活，但是和当时正在改变昆人日常生活的其他巨大力量相比，这些东西的影响其实微乎其微。当时班图人已经来这里定居，现在和昆人共享最古老的水坑；班图首领开始在这里维护法律和秩序；纳米比亚和博茨瓦纳两国边境上建起的围栏把昆人传统的土地圈走了，影响了猎物的迁徙；当地有了购买班图人的牲畜同时也贩卖糖、盐、面粉、布和其他物品的贸易站，也有了如果不是两周一次也是每个月一次路过这里的车辆，这些都让昆人的生活发生了巨大的变化。

一开始我也是一位纯粹主义者，同时还有些浪漫主义。看到那对夫妇把东西统统烧掉的时候，我也有些心疼，但是想到昆人靠采集和狩猎为生的传统生活方式不应该受到任何外来力量的影响时，我又释然了。毕竟，昆人的采集和狩猎传统是人类学家所知的最优雅的——也是最古老的——传统之一了。采集和狩猎传统表现了昆人的力量、自由、简单和骄傲。虽然昆人的生活一直很困难，但是和我们复杂的生活相比，昆人的笑声来得更容易些。每当夜晚来临的时候，在每个村子里都能听到昆人的欢声笑语，彻夜不断。

和我自己生活中陈腐的传统相比，昆人的世界让我闻到了新鲜的空气。我迫切地想抛掉我生活中的旧传统：积攒、贪婪、虚荣、关闭的房门、封闭的生活空间、匿名、拥挤、污染、噪声和被高楼及开发区堵住的视野。是呀，我确实是一名浪漫主义者。是呀，只要我没有加速昆族的文化改变，我心甘情愿被他们指责说我小气。

另外一位研究者，一位考古学家，他并不担心这个问题。他需要找一些男人给他挖沟、筛土。昆人需要工作，于是他雇了他所住的多比村的男人。几乎每天早晨他的卡车都会装满多比村水井3英里之内的所有身强力壮的男丁离开，然后当天下午晚些时候返回。这位考古学家每周给为他工作的昆人现金结算一次酬劳。想想这件事情所带来的影响吧！但是这位研究者并不这样想。他说这里的人们乞求改变。他们想进入市场经济，而他很自豪自己能成为他们的资助者。"在研究所里，我就是个普通人。"有一次他和我说，"当我回到学校，我谁都不是。但是在这里……这里我就是国王。"

当然，多比地区不断涌入的现金流给人类学家进行某些研究带来了困难，同时也给这个传统平等的社会制造了混乱。但是我第一次到这里的时候对这些复杂情况一无所知。我高兴地来到这里，我也简单地认为对于昆人而言，人类学家的到来对他们而言是一个公平交易。但是不久后我就学到了宝贵的一课。

✎ 我去做田野调查时，知道必须要学习昆语。对人类学家而言，学会昆语就像获得了职业徽章，而在昆人间工作了很长时间的大部分人类学家都有这个徽章。但是，昆语里的吸气音和语调、声门塞音和闪音、内破音和爆破音——以及听录音磁带时，一些西方人说"这根本就不是语言"的词汇——让学习昆语成了一个巨大的挑战。

把我和我丈夫带到调查现场的人类学家先教给了我们一些词语和短语——以及可以用来写吸气音的标准拼字法。很快，当我们学会说"如果我这样做的话，你们用昆语怎么表达?"和"这个东西在昆语里叫什么?"后，我们就把我们笨重的舌头交到克肖（Kxau）和塔萨伊（Tashay）两兄弟手里了。克肖和塔萨伊都是昆人，他们非常有耐心，并且答应教我和我丈夫说昆语。他们每天都到我们的营地来，我们给他们一些东西吃后，他们就开始和我们交谈。我和我丈夫用我们所知的为数不多的几个词，给他们指我们要问的东西。我们试着区分发音，然后把它们写下来。

这样过了几天之后，之前说到的那位考古学家很随意地问我是否会给这兄弟俩一些酬劳。

"酬劳？"我有些不相信他会问这个。"给他们酬劳？"

现在很难理解我当时是怎么想的，但是给他们支付酬劳这个想法确实让我很吃惊。为什么吃惊？因为他们是我们的朋友。因为我们一起笑，我们在一起很开心。因为我们送给他们礼物，给他们吃的。因为我们给他们的烫伤处抹了药膏，因为他们病了我们给他们药。而且因为他们是我们营地上的工作人员。他们帮我们，有一天我们也会帮他们。朋友之间不就是这样的吗？他们也是这样想的，我确信。只是这位考古学家不知道罢了。

我吸了口气，最终还是问："你是说他们想要钱吗？"

"问问他们吧。"考古学家说这话的时候眼里闪过一丝笑意。

我当然有点看不起这位考古学家：他只研究过去，不懂现在；他干预了别人的传统经济；他想成为一个国王。

Return to Nisa

我愤愤不平地去了附近的村子，在克肖和塔萨伊的棚屋旁找到了他们弟兄两个。

见面后我们互道了下午好。因为有些激动，我的脸有些发烫。我开始问他们了，直接提到考古学家的名字："汤姆……"然后我意识到我根本就不知道该如何问这个问题。"钱……我们两个（我其实想说'你们两个'）……喜欢……钱?"

这弟兄两个熟知这里的人类学家，至少非常熟悉他们的言语方式。不管我们的语言多么支离破碎，他们总是能理解我们在说什么。当我的昆语流利一些的时候，我看到他们观察我们的面部表情和肢体动作，然后从中获取线索。我们把手指向远方，他们知道我们想说"过来"（虽然我们说错了）；我们点头，他们知道我们认可了被他们否定了的（用错的）词。所以我的需求也被满足了，我也被理解了。"是的，"他们面带笑容，慢慢地说，"我们很高兴你付给我们酬劳。"

是的？是的。我很震惊，话也说不出来（不过那个时候我知道的词反正也不多），我垂头丧气地回到了营地。我多么想说我当时当地就懂了，刚到这里两个星期就懂了，但是我并没有懂。当然，我和丈夫给他们支付了酬劳（也要把之前上课的时间计算在内了），可我还是没有放弃希望，没有放弃找到一种发自内心的交换机制，但最终也未能实现。

🖋 一个月后或者是更晚些的时候，这个问题又出现了。我想测试一下我蹩脚的词汇，便去附近一个村子做调查。奴克哈（Nukha），塔萨伊的老婆，正坐在棚屋旁给家人烤檬戈果。当时正是中午，奴克哈四个孩子中最小的那个正在吃奶，旁边没有别人。我和奴克哈打过招呼后指着一块地问她我是否可以坐下。奴克哈点了点头。我坐下来看她工作，看到她熟练简单的动作，我惊叹不已。她沿着一条短细的裂缝准确无误地把檬戈果坚厚的外壳砸开，然后取出里面仍热乎的坚果。

不久后她朝我伸出一只手，手里攥了一把檬戈果坚果，坚果的外壳和薄薄的内壳都被剥掉了。我谢过她后就开始吃了，慢慢品味坚果的烧烤味和浓郁的口感。

我坐在那里，感觉已经被奴克哈的动作韵律迷住了，然后我问自己："接下来该怎么做？"该如何开始聊天呢？那里就我们两个女人，我该说什么啊？我觉得有些尴尬了。我想离开，但还是劝自己留了下来。

回想我当时说的话，现在我觉得很好笑——也觉得有些难为情。我当时鼓励自己："想要什么就直接说吧。"我当时真正想要的是友谊和彼此间的亲密感。所以我该问什么呢？我和奴克哈说我们不妨聊一聊我们第一次"看到月亮"的时候发生了什么。"看到月亮"指的是来月经。

"告诉我发生了什么。"我迫不及待地问她。

奴克哈继续烤着坚果，砸开烤好的，然后去壳。她平淡无奇地回答我："什么事都没有发生。"（几个月后，我才知道这句话其实是说没有什么不同寻常的事情发生。）

我有些哑口无言。或许我先说才能引导她开口？我和她讲我妈妈是如何事先和我讲月经的，又是如何帮我应对初潮的。我尽可能详细地说，但是因为词汇匮乏，我的描述可能还是有些含糊其词。奴克哈一边工作一边听我说。"在我们的文化里，我们是这样做的。"我总结说，"告诉我你们是怎么做的。"

奴克哈没有搭理我。接着我又主动说起西方的习俗，希望能引导我们的对话。我们之间就这样反反复复没有什么进展。她什么都没有告诉我。最后，我有些气馁，我起身准备离开。这时候，奴克哈开始说话了，用的词比我们俩之间任何一次交流都要多，她问我："你不打算给我钱吗？"

和我与克肖、塔萨伊那次聊天一样，我又一次被击垮了。我觉得自己被忽视、被利用了。但是随着时间的流逝，我逐渐明白了。换作是我的话，我会和陌生人，和基本上不会说英语的人，和打听我个人生活的人讲我的私密回忆吗？很可能不会。奴克哈没有向我吐露心声也是正常的。毕竟，我是那个有个人目的的人。奴克哈身边有亲人和朋友，她不需要我的友情。她需要养活家人。我最终知道了，如果我想让女人们和我聊这些私密的话题，我需要提高我的语言技能，也需要找到更好的沟通方法。

✐ 学习语言只是个时间问题。至于沟通方法，我认为如果我需要占用别人的时间或者想让别人帮我的时候，最好是有个契约协议。几个月后，当我的语言稍好些的时候，我开始问："我想问问你怀孕时候的事情。""我会给你两先令或者价值两先令的油、珠子、火柴或者布。"有时候，酬劳会更高些。让我惊讶的是，我最终发现酬劳并不会贬低我和被问者之间的关系。相反，酬劳可以促进我们关系的发展。

但是我花了很长时间才意识到这一点。1970 年 2 月，也就是我们田野调查开始六个月之后，我写给一位朋友的信让我回忆起当时的困难。

Return to Nisa

我现在觉得很难过，非常伤心，都不知道该从何说起了。布须曼人这件事情进展得不是很顺利。我们失败了。没有什么特别的事情发生。只是我们意识到在我们与他们相处的过程中无法达成任何"人性的"妥协。

　　不管我们如何努力摆脱别的田野调查者离不开的舒适品，不管我们如何努力缩小文化差异和消除语言障碍，也不管我们做什么，我们永远都是富人，而他们是穷人。我们太强大，而他们太弱小。

　　这里的黑人看不起布须曼人，即使布须曼人是敬仰他们的。而黑人敬仰我们。布须曼人处于最底层，他们自己也知道这一点。他们也知道我们是上层人中的上层人。我们有卡车、衣服、食物和所有他们想要的东西。当我们试着和他们进行有实质意义的交流时，什么也没有发生。也就是说，好事没有，坏事一堆。

　　如果早晨有人过来和你友好地打招呼，可以肯定的是他是过来向你讨要东西的，抑或是指责你没有给他某个东西，或者指责你什么东西都不给。如果你提醒他说："我不是上周才给你什么东西吗？另外每隔几天你就从我这里要些烟草。我给过你这些东西，而你怎么什么都没有给我呢？"他会说他太穷了，而你有钱，你这样做就是个坏人。

然后他会和别人说你是个坏白人。

为了解决这个问题，我们试过很多方法。首先，我们什么都不给，因为这是另外一位人类学家的原则之一。但是这没有用。他们会说我们太小气，什么都不舍得给他们。然后我们又给所有人东西，平均分给他们，但是他们把这看成是一种施舍，因为如果每个人都有的话，就表明与个人情感无关。然后我们又试着选择性地给一些人礼物，这就是我们现在的情况。如果有人送给我们一份礼物，我们要准备高于这份礼物百倍的回礼。即使这样，没有什么人送给我们礼物。我们不在他们的平等交易名单中。

用钱很容易买来友情。如果你经常给某个人礼物，可以肯定的是他会告诉你他特别喜欢你；如果你离开几天的话，他会告诉你他很想念你。这里有个妇女对我特别好，我也会不时地送给她一些小礼物。然后有一天我发现她从来没有给过我任何东西，连个表示都没有。所以当我有了东西的时候，我没有给她，并问她为什么从来不给我东西。在那之后，她对我就不那么好了，也不再和我说当我离开的时候她有多么想念我了。

这简直就是一场噩梦。我就要了解"妇女"了。我就要学会该如何面对我自己了。我就要成为一个"外人"了。

Return to Nisa

我要坐在树阴下和妇女们聊天，然后她们会给我讲她们的童年和婚姻。我要听着她们兴高采烈地聊天，但是我还是一个人……

够了。就写这么多吧，再这样写下去太压抑了。这些足以说明这里的女人和别的地方的女人没有什么差别。她们太小气、太自私，她们逮住一切机会和我们要东西。如果有几个女人在聊天，我坐下来加入她们的话，她们就会立刻转身向我要火柴、烟草、水或者其他她们觉得能要到的东西。如果我问一些关于她们自己的问题，就是比较随意的问题，她们会说"我不知道"这样的话，或者"就是这样的，就是这样的"。如果我接着问，她们就想知道问完问题后我是否会付给她们酬劳。

所以，我最近在进行一个有关婚姻和相关话题的访谈。当我想弄明白某个问题时，我会去找个女人，然后说："我想问你一些问题。结束的时候，我会给你这些东西……"

✎ 当然，在我们想搞明白昆人的时候，他们也在费劲地琢磨着我们。有一段时间，昆人的要求（其实更像命令）看起来没完没了，我丈夫问弟兄两个中的弟弟："克肖，你们是不是认为人类学家的钱多得像这里的沙子呀？""可能吧。"克肖乐呵呵地回答。虽然克肖面带笑容，我们还是能够看出他是认真考虑过后才回答的。还有一次，克肖看到我丈夫正在一个笔记本上飞快地写着什么，他问我丈夫："你回家以后会把你写的这些卖了换钱吧？"克肖不知道他的想象和真相相差有多远，不过田野调查笔记最终确实是作品。

～ 我第一次和妮萨一起工作的时候，给她酬劳已经不是什么难题了。我给她的钱和礼物和我给其他研究对象是一样多的。但是当我意识到她具有异于常人的言语天赋时，我愿意多给她一些——只要这不会引起其他女人的抱怨。

看着我的保湿霜、香水、瓶子、丝巾，或者其他任何她想要的，妮萨会说："玛乔丽，这个访谈完了以后，那个东西就是我的了。"

如果我能给她的，我会当场就递给她："现在就给你吧，别让其他人看到，要不然她们会生我的气的。"

妮萨会悄悄地说："哦——嘿，妈妈哟，除了我们俩，谁都不会知道的。"她会把东西塞到衣服的褶层里，或者放到她的随身包里。

我永远都理解不了为什么这样做就可以了。不像那些不是很具阴谋性地给礼物的方法，我和妮萨的共谋起作用了：其他人很少提出要有和妮萨相同的待遇。

Return to Nisa

但是如果把礼物平分给大家又会怎样呢？我也试过这个办法。有一次，在另外一个村子待了几天之后回多比村的路上，还有几个小时才能到"家"，在路上我们看到两棵高大的猴面包树，猴面包树是沙漠环境里最大的生物形式。和我们同行的一对昆族夫妇让我们把车停一下，这样他们可以去采集一些猴面包树上的面包果。地上或者树上都是长长的面包果，果实最外面还长着绿色的绒毛。从形状和大小上看，面包果看起来像冬瓜。但是面包果果实里面非常干。果实里面樱桃核一样的籽粒被包裹在白色的果肉里，然后一串一串地像网一样坚固地附在果实里。变干后的果肉尝起来有些酸甜；一些西方人说尝起来像纯粹的维生素C一样，或者像塔塔粉。面包果挑逗了人的涎腺，洗干净了牙齿，它的味道非常丰富，像极了优质柠檬糖的味道。果肉可以直接食用，也可以取出籽后碾成细粉用水冲兑成饮料或者熬煮成粥。籽粒也可以带着果肉直接吞食，或者烤过后砸碎食用，这样就可以尝到籽粒丰富浓郁的干果味。

我自己捡了一个面包果，然后看着那对夫妇捡了六七个的样子。这时候我突然想到为什么我不多捡一些和多比村子的人一起享用呢？这样，我就尽可能采集了我所能找到的，争取保证每家都能分到一个果实，然后我把这些果实堆到了卡车上。我们开车离开了，天越来越黑，车前灯扫到了路上的深深的车辙。我心想与烟草、精制玉米面和糖相比，这些礼物更好。我非常期待赶紧到"家"。

　　到多比村后刚停下车，我就拿着面包果朝村子里走去。我走到第一个棚屋的时候停了下来，我尽最大的能力说："我在很远的地方采集了一些面包果，你一个人去不了那么远的地方。礼物虽少，但是我就想带些东西给你。"我从一家到另一家，重复说着这些话。我觉得自己很高尚，甚至有些得意。我想证明除了"被说小气"和免费给所有人东西外，还有其他办法和昆人建立友好的关系。

　　走了大半个村子的时候，我意识到有什么事情不太对。村民们没有微笑。相反，他们表现出来的是生气和苛刻。"三个不够，我家里很多张嘴等着吃呢。""再给我一个吧，我太饿了。"当我背着的袋子里的果实越来越少的时候，我听到抱怨则越来越多了。我内心的喜悦之情已经被一扫而光。我不再和他们说我很高兴见到他们。把最后剩下的果实尽可能均分之后，我逃回到我的营地。把礼物平均分给每个人？不，这样做人们并不会开心。如果每个人都收到相同的东西，他们是不会把这当作礼物的。

　　✎ 我第二次去做田野调查时，给妮萨酬劳还是相对比较

Return to Nisa

容易的事情。我们一共进行了 6 次访谈，我按照惯例付给妮萨一些钱作为酬劳，另外还给了她一些惯例之外的礼物。当然，那个时候我就已经知道妮萨的特殊性了。我把我们之前进行的 15 次访谈内容翻译成了英语，然后把她小时候的一些故事作为一章，编辑发表在一本书上。但是下一步——写一本关于妮萨的书——那个时候还只是个遥不可及的梦。

虽然写本书在当时只是个梦想，但我还是在第二次田野调查中认真和妮萨讨论了这件事情。我和妮萨解释说想要把她的故事写成一本书可能需要花费我几年的时间。就算书出版了，人们可能也不会买它。"人们可能会翻一下这本书，然后就又把它放回到架子上。"

"是呀。"妮萨说，表示她理解市场经济，因为昆人也正成为这个经济体的一部分。"他们会说'书不错呀'，但是他们并不是真心想买。"妮萨又接着说："但是如果他们帮助咱们两个买了的话，你要记着来帮我，我要买一头母牛。"

距第二次田野调查六年之后，书出版了。一年后，这本书的平装版也出版了。如果"人们买"的话，大概要有 10 年的版税才能平衡我这些年工作所付出的代价。不过，妮萨的故事丰富了我的生活，这本书的读者好像也受到了感动。毫无疑问，妮萨值得收到母牛。但是该如何把这些牛给她呢？

理查德告诉我，他计划再去一次博茨瓦纳。作为最早研究博茨瓦纳昆人的人类学家之一，理查德有时候也被称为昆族人种学"之父"。理查德和其他研究者一起描绘了昆人的生活，收集了重要资料，包括昆人吃什么，住在哪里，靠什么为生，和谁结婚，选谁做他们的领导，他们为什么而努力，他们什么时候去世。理查德采集了植物样本，并找到了它们的学名。他研究昆人的采集和狩猎，以及昆人如何利用他们身边的资源。他计算了男人和女人所做的工作，并就 9 个水坑周围居住的村民进行了人口统计。他挨家挨户地统计活着的和最近才逝去的人，并把他们的名字写了下来。到我第二次去非洲进行田野调查的时候，那里的人口已达到 1 000 人以上。

理查德从一开始就在那里。或者这样说，当昆人还在以传统的采集和狩猎为生的时候他就在那里了。他称赞昆人之间鲜有贫富差异，他认为分享是这个基本平等的社会的最大均衡器。我可以让理查德帮我给妮萨买些牛吗？但是就只给妮萨一个人买？

Return to Nisa

距理查德第一次探访多比村已经过去 20 年了，这期间这里发生了重大变化。1975 年我第二次去那里的时候，有牛的昆人虽然少，但不是什么新鲜事了。除了传统的草棚屋，村子里有了"现代的"泥棚屋。处于青春期的男孩手里握着弓和涂抹了毒药的箭在饲养着公共的羊群的土地上闲逛。许多人用卖手工艺品赚的钱买了驴子。昆人不再屠宰而是饲养家畜，这样就加速了家庭内部危机的出现，因为女婿们不需要再宰羊给闹"肉饥荒"的岳父母一家吃了。过去，男人们要猎捕到大只的羚羊来满足至亲的要求，以示尊重。现在野生动物都迁徙去了很远的地方，距离正在日益扩大的牛羊放牧区越来越远。现在的年轻人，小时候虽然喂养过家畜，但身上缺少父辈们的追踪和射杀技能。

我鼓足勇气去找理查德，问他是否愿意帮我捎些钱给妮萨。理查德说他非常愿意把钱捎给妮萨去买牛。我激动万分。如果有人能在完成这个任务的同时引起最少的争议，那这个人只能是理查德。后来听理查德的描述，事情进行得很顺利。现在我要听听妮萨是怎样说的了。

"理查德把我从住处带走。"妮萨告诉我，"他说：'和我去多比村吧。到了那里，我会把玛乔丽给你买牛的钱给你。'"妮萨的丈夫和她一位讲班图语的亲戚的丈夫一起谈妥了这个交易。最后他们买了五头奶牛！后来这些母牛生的小牛活了下来，还有一些丢了或者死了。但是到现在这么多年了，妮萨一直有牛奶喝。

✑ 妮萨留在了多比村，因为她的牛也在那里。妮萨说："我没有力气了。妈妈哟，我现在没有力气了。没有人给我的牛喂水，因为我自己没有孩子。只有我哥哥的女儿奈，她的手指头坏了……我只能对奈的儿子说：'照料好这些牛。为我照料好这些牛。为我。把它们赶到畜栏里。为我。给孩子们喝牛奶。为我。给母牛挤奶然后把牛奶端过来，这样我就可以喝了。'后来，他就过来了，说：'姑姑，给你牛奶。'然后我就喝了。"

"非常好！"我说，"这些牛在帮助你和你的丈夫。"

"哦，妈妈哟。我没病没灾的。我的妈妈哟。我挺好的。"妮萨指着我，又说："你……"然后，强调似的又说，"你……！"

"啊——啊，"我打断她，说，"是你的舌头帮你做了这些。"

"是这本书救了我。因为，即使人们大声吼我，也没有关系。我不受影响。你把我照顾得很好。妈妈哟！"

我回答妮萨："我们聊天的时候你也把我照顾得很好。"

Return to Nisa

后来我又问了问她有关母牛的事情，带着多年前聊天时的天赋和激情，妮萨回答了我。

我问："如果你没有收到那笔钱，没有买牛——你的生活会是怎样的？"

我就这样活着啊。你就住在别人生活的地方，不管人们有什么，他们就吃啊，吃啊，吃啊。如果你有那么一点点东西，你说："我就这么一点点，我不会给你的。我要留给自己吃。"你是唯一一个吃这点东西的人。

但是接着呢，那个人会说："你怎么了？你有吃的，为什么不给我却自己吃掉了？如果你自己吃完了，我吃什么呢？"很多人住在一起的时候就会是这个样子。

然后你说："你不是也有些吃的吗？你不也是自己吃了？当时我可没有说你。你现在怎么可以说我呢？"

但是理查德把钱给我了，我生活得很好。我很感激，非常感激。因为牛……就像一个真实的人！就像和一个人一起生活一样。牛哭了，走了，"哞——哞——哞"，然后你追过去告诉它："妮萨会照顾你的。"然后你和牛就开始聊天。牛是种神奇的动物。"妮萨，起来帮帮我。"牛说。然后你的心就满满的，都是幸福。

六、去丛林里

我们用了大半个上午的时间准备下面的事情：装水，装食物和日用物品（包括烟叶），决定谁去丛林。按照前一天的约定，多比地区的五个昆桑族村子每一个村子派两个人，这样我们可以平均分配在丛林里收获的东西——肉、蜂蜜和蔬菜类食物。

中午时分，卡车发动起来了。车斗内高高架起的"游猎观光"椅子上坐了 11 个人——10 个大人和 1 个孩子。椅子下面堆着我们的食物、水和装备。人们大声地告别，提建议，愉快地聊天。

贝特森克向西开去。我们路过了昆人和赫雷罗人住的村子、圈养的牛群和羊群、早已收割完的田地。卡车发动机发出的轰隆声一路都回响在耳边。距离多比地区 1 英里的地方是博茨瓦纳和纳米比亚两国的边界。贝特森克向北转弯，沿着一条和边界线平行的路开去。路上行人的足迹越来越少，午后的阳光映照在路边高高的草丛上——附近村子的人们不会到这么远的地方来放牧。

我和妮萨坐在驾驶室里，因为驾驶室空间狭小，我们在一起有些挤。当贝特森克开车路过崎岖不平的草地时，我和妮萨的身体时不时地会撞到一起。车窗外面的风景秀色可餐：它和我生活中的任何其他风景既相同又不同。这个地方美极了，又非常安静。最近几年，我经常来这里，但只是通过回忆来到这里——但现在我却真的在它的怀抱里了。优雅的金合欢树，雕塑般的白蚁丘，体积庞大的沙丘，颜色从深红到垩白变化不一的土色，土质也从柔沙到硬土再到坚硬的岩石变化不一，每一处都有自己的特色和独特的植物，这里所有的一切都是原始的，没有受到人类的破坏。这次旅行把我带到了我所热爱的地方。

🖝 确切地说，一开始我并不喜欢这个地方。我第一来这里做田野调查的时候，有点被这里的景象吓到了。要想看病，去邮局，或者打个电话，都要赶上两天的路，而这里基本上也没有紧急援助。村子外面的野地里有狮子、豹子、鬣狗和野狗。另外，沙土地里也生活着不同的毒蛇，包括鼓腹蝰蛇、绿曼巴和黑曼巴蛇、非洲树蛇、唾毒眼镜蛇。

遇到紧急情况的时候我们也有应急方案。方案 A 是开车去马翁城。马翁城是距离这里最近的一个既有医院也有医生的地方。顺利的情况下开大概 14 个小时的车就可以到马翁城了；如果装上东西（汽油、水、食物、卡车零部件和铺盖）再离开营地的话，时间就要长一些了。如果赶上雨季，或者卡车半路坏掉的话，14 个多小时的车程就要拉长成数天甚至数周的时间；没有什么交通到多比地区，更别提到我们营地的交通了。

如果真的碰到非常严重的紧急情况，还可以实施方案 B。方案 B 是我们把车开到 1 英里外的博茨瓦纳和纳米比亚边界，切断围栏，然后加速前往纳米比亚境内 30 英里处的昆人居住地卡姆魁。在卡姆魁我们可以找人给纳米比亚首都温得和克发去无线电消息，要求他们给我们派一架直升机。当然，这个方案的成功还要具备以下条件：计划执行过程中没有碰到困难（我们用什么切断边界围栏?），也没有耽搁任何时间（无线电坏了怎么办? 如果赶上周末没有人在那里怎么办? 如果直升机已经被派去执行其他任务了怎么办?）。这样的话，在我们得到帮助前可能已经过去几个小时的时间了。

Return to Nisa

因为一开始就知道我们获取外界帮助的机会非常少，所以在离开家乡奔赴非洲之前，我们很高兴有热带医学专家给我们做培训。我们也往行李里面装了大量的医疗物品，包括抗生素、抗疟药、止泻药和抗蛇咬伤血清，另外还装了一些润肤膏、药膏、药丸、溶液与不同大小和形状的绷带。这几乎是可以应对所有情况的宝藏了，里面的药物基本上可以治愈所有能被治愈的病。一旦到了调研现场，我们的医学参考书《默克诊疗手册》就不能离身了。如同《圣经》一般，《默克诊疗手册》或许是我们最贵重的财产了。

但是那时候我们还很年轻、天真，有勇气和信念——后来证明我们也是足够的幸运——我们并不担心可能会遭遇什么不好的事情，而是集中精力观察着我们周围发生的事情。在我们到调研现场的第一年，我所有注意力都放在发生在身边的事情上了。

现在的任务是要知道我是否还能像以前那样专注：是否可以不再细心观察自己的内心世界，而是接受外界的挑战。我来到这么远的地方，是想摆脱那种虽然奇怪，但是我已渐渐觉得舒适的情感麻木。在这里，我不需要去看医生，不需要做检查，这里也没有技术可以安抚我受到惊吓的灵魂，在这里顾虑和担忧也起不到任何作用。我不再摸着找皮肤下面奇怪的东西，也打消了内心的不安、痛苦和顾虑，我告诉自己："就一个月，不会有什么关系的。"

但是，一个月的时间当然会有影响，不是影响我的病，而是影响我的健康。我不远千里来到这片古老的沙土地，现在妮萨坐在我身边，我内心很安宁。干燥凉爽的空气透过车窗吹到车里，轻抚我的胳膊和脖子，吹跑了发动机散发出来的热量。卡车继续向前行驶，高低起伏的沙丘和坚硬的平地从我们面前（和周围）一直延伸到眼睛所不及的地方。

后来，我们到了一个叫盖英纳霍（Gaing Na Ho）的地方。快到沙丘顶时，贝特森克把车速降了下来并转换为四轮驱动，然后朝丛林开去。卡车往路堤上开去的时候，车内的人晃来晃去，就像坐在一个乘风破浪的小船里一样。高（Gau）在前面走着，指引着贝特森克避开前面的洞穴和多刺的高灌丛。

当车开到距离边界两英里多的地方，在一片高大的檬戈果树下，高示意贝特森克把车停下来。我们就在这个周围是一片荒野的地方开始安营扎寨。

在可能获取到肉和野菜的诱惑下，每个人的工作效率都很高。大家分配好各自的起居地后，地面上的灌木丛很快就被清理掉了。克肖和宝（Bau）是一对中年夫妇，他们把自己的毯子铺在了靠主火不远的地方，然后又在旁边生起了一堆小点的篝火。克肖的小姨子迪考（Dikau）的毯子挨着她姐姐和姐夫的毯子，但是她在中间的沙土地上插了几根棍子——这几根棍子是对他们彼此独立生活空间的捍卫。只有贝特森克一个人搭起了坚固的帐篷，表示他对丛林的尊敬和惧怕。剩下的人也都围着中间的篝火清理出了自己的地盘。中间的篝火已经烧起来了，燃烧的木头是一棵干枯的树木。这棵树很大，足够烧上一天一夜。树根先被拉进火里，而树干像时钟上的指针一样把我们十几个人围成的圆圈切开。

我的毯子和妮萨的毯子挨着，旁边就是我的卡车和贝特森克的帐篷，想着这样他们还可以保护我。妮萨的另一侧是昆沙，昆沙是个上了年纪的鳏夫，因为力气大、猎捕能力强而被称为"猎人昆沙"；昆沙边上是他的女儿克霞茹；克霞茹旁边是她的儿子灯，灯大概3岁，是这个营地上唯一的孩子；再往边上是托马（Toma），托马是昆沙另一个女儿的老公，昆沙的另一个女儿和她的儿子则留在多比村没来。昆沙是这个大家庭里温和的家长，昆沙本人和他所在的村子都一直按照他所熟知的古老传统生活方式生活着。

昆沙娶的是我女儿萨拉的同名者塔莎，他们在一起生养了三个孩子。但是漂亮体贴的塔莎在 30 多岁的时候就不幸去世了，很可能是死于肺结核。最近，也就是几年后，昆沙又结婚了，但是这个比昆沙小 35 岁（且比他的两个女儿都小）的新娘子在我来这里的几个月前就弃昆沙而去了。

挨着昆沙一家的是库玛村子的三个人：库玛精力充沛的妻子妮萨、库玛的侄女奴克哈和奴克哈的丈夫坎特拉。库玛是我儿子亚当的同名者，他还远在其他地方进行狩猎，所以没能和我们一起来丛林。这个圈子里的最后一个人是高。高个子高高的，人也很谦逊，他住在多比村的一个小屋里。算上贝特森克和我，我们一共是 14 个人，7 个女人，6 个男人，还有 1 个孩子。

我们煮了一些茶，加了很多奶粉和糖，然后把甜得发腻的茶分给大家。（天黑后我们会准备更丰盛的晚饭。）喝完茶后我们就出发了，女人们去采集卡玛可（kama ko）浆果，男人们则抱着碰运气的心态去打猎。

✎ 我加入了男人的队伍中。我迈着轻快的脚步跟在他们身后。他们仔细辨认沙土地上动物留下的踪迹，然后压低嗓音，用一个词或者短语商量着猎捕动物的策略。当附近有动物出现时，大家都变得异常兴奋，周围的空气好像都静止不动了。有他们在我身边，我觉得自己也变得强壮起来，充满了活力，并且无所畏惧——我来到这么远的地方就是想再次感受到这些。

有个女人用传统的布包方式帮我把相机、水壶和笔记本紧紧包裹起来，我把布包挎在右肩上，跟在狩猎男人们的身后。我前面是昆沙，他同意做我的向导。男人们在野地上迈着轻快沉稳的步伐，穿过了檬戈果树林，爬过了沙脊来到了平地上，又穿过了长着稀疏树木的灌木丛和长满低矮灌木的草地。他们一边走一边聊着天，看到地上有动物踪迹的时候，他们会压低嗓音，但是碰到那些因为久远可能没有希望追寻到动物的踪迹时，他们会稍稍抬高讨论的声音。他们说话时发出的吸气音轻柔而又富有表达力，像折断细嫩的树枝时发出的声音。

他们继续在前面走着，我在后面跟着，尽可能地和他们保持一致的节奏，但是当我沉重的靴子陷进沙地或者老鼠洞时，我就跟不上他们的步伐了。阳光从西边照过来，洒在我们身上，脸和胳膊被晒得暖暖的。这里空气清新，土地一望无垠，没有人类的生活痕迹。我深深地吸了一口这里的空气，不由地一阵兴奋激动。

一只捻角羚——一种非洲大羚羊——从藏身之地跳了出来，它的脚步声从远处传来，而且越来越远。考虑到不可能跟得上它了，猎人们开始奔跑着追过去。这时我听到脑海里有人齐声和我说："玛乔丽，你做到了！""看，你来了，又回到了丛林里，和拿着真正的弓和有毒的箭的男人们在一起狩猎，来猎取真正的动物。"

我听出这是我的朋友、家人和我丈夫的声音——他们希望这次旅行可以治愈我，减少我内心的痛苦。我也在脑海里回答他们："谢谢你们，谢谢你们一直在我身边支持我！"

夕阳西下的时候，大家都回到了营地。女人们把她们在丛林里采集的卡玛可浆果和其他东西归置好后，就开始整理晚上睡觉用的铺盖。狩猎的男人们虽然无获而归，但他们仍在讨论着之前的动物、动物留下的踪迹和第二天可能要实施的策略。我们每个人都喝了加了油和盐的玉米粥（贝特森克没有喝，他给自己做了更丰盛的晚餐）。喝完粥后我们又煮了茶。我们烤了一些女人们采集来的桂根和沙根①，然后每个人都吃了些。我们 14 个人分成两组，各自围着一堆烧得很旺的篝火，我和他们分别待了一会儿。然

---

① 沙根：一种常见的根茎，是昆人饮食中的一种重要食用植物。——原注

Return to Nisa

后我又套了几件毛衣和袜子，把毯子叠好后放到睡袋上面，然后钻进了睡袋。

人们说话的声音越来越小，他们也收拾着准备睡觉了。为了取暖，我们把铺盖紧紧地裹在身上，腿在毯子底下也不停地变换着位置以获取更多的热量。我们 14 个人在一起——虽然在檬戈果树林下显得很渺小，在（看起来）无边无际的原始大地上显得更加渺小，在寂静浩瀚的星空下小得无影无踪——构成了一幅自人类存在起就有的一幅亘古不变的景象。

几个小时后，我突然醒来，周围无比安静。偶尔传来一些细小的声音——有咳嗽声，有柴火燃烧时余烬掉落的声音——这些声音很快就消失了，对周围的寂静没有任何干扰。我心里想："这就是我魂牵梦绕一直想来的地方。"看着美丽的星空、高大檬戈果树参差不齐的轮廓，呼吸着寒冷夜空里清新的空气，我又进入了梦乡。

第二天，我跟着昆沙和他的女婿托马一起去打猎，昆沙和托马两个人都 50 多岁了。太阳升起来一个多小时了，在冬日的天空中发出耀眼的光芒。我们今天又朝着树林外的平地走去。即使是离开营地几分钟的路程，我也找不到回去的路。

他们迈着沉稳的大步伐在前面快步走着。看到我们靠近，一条蛇又钻回到洞里；如果那条蛇没有钻回去的话，昆沙和托马肯定会抓到并杀了它。我们继续朝前走，然后在地上发现了大片的动物踪迹。"捻角羚，"昆沙悄悄告诉我，并用手势表示，"两只。"我背着相机、胶卷、食物和水壶匆匆跟在后面，尽可能保持安静，我庆幸自己几个月前就已经开始体能锻炼了。

半个小时过去了。昆沙和托马一直在用手势交流——他们沟通，提问，同意，质疑，最后形成策略。看不懂他们的手语，我只能观察他们的身体语言。他们也许说的是捻角羚发出的动静，或者是捻角羚的叫声。也许他们说的是刚刚发现的捻角羚的新鲜粪便，他们说粪便很新鲜，他们用手指揉搓粪便，并且把碾碎的粪便拿到离脸很近的地方仔细观察。

突然他们两个人都紧张起来。他们紧绷每一根神经，然后安静地一动不动。

他们行动的时候，动作就像突然发生的剧情大反转，和之前绵长的表演形成了鲜明对比。他们仍然用手语沟通，蹲伏着慢慢向前移动。他们几乎是同时把手伸向箭筒，从里面拿出为了狩猎新涂抹了毒药的箭。他们把抹了致命毒药的箭准备好后，继续向前行进，每一步都小心翼翼。

Return to Nisa

我知道自己只会拖累他们，所以虽然不太情愿，我还是落在他们后面了。这时候即使是踩到最轻的树枝都好像会发出比平时都要响的声音。我甚至不能拿出相机拍照：即使再不灵敏的动物，按动相机快门发出的声音也可能会惊跑它们。

昆沙和托马继续跟踪捻角羚，就像跳舞一样，他们有条不紊地控制着自己的动作，每一步都稳妥自信。突然一声响亮的声音，接下来又是一声。我站在离他们很远的地方，除了一点动静和一个一闪而过的棕色影子外，我看不到其他任何东西。然后捻角羚消失了，它们的蹄子砸在地面上，发出的声音像逐渐变弱的鼓声。

昆沙和托马有一些失望，但他们决定分开去追捻角羚。托马向西，昆沙示意我跟着他朝东追过去。

然后就剩下昆沙和我两个人了。我们一直跟着捻角羚行动。跟着它留下的痕迹，我们穿过时而茂密时而稀疏的树林，穿过长满低矮灌木丛的高地，然后穿过爬满藤蔓的沙土地，藤蔓上结着葡萄粒般大小的蒂茶根。蒂茶根和刺梨差不多，这些多汁果实吃起来非常酸，所以不到最后一刻，人和动物都不会选择吃它的。

不管捻角羚留下的踪迹指向哪，我们在追赶的路上总会磕磕绊绊陷进老鼠洞里。虽然这些老鼠洞工事复杂，但还是承受不住穿着靴子的人类的重量。一踩到老鼠洞里我的步伐就乱了，双脚歪扭，脚踝陷进沙地，像一个穿着大号鞋子的小丑失去了平衡。把一只或者两只脚从沙土地里拔出来后，我得赶紧跑上几步去追昆沙。即使就我们两个人，昆沙还是走得很快。

一个半小时过去了。就在我开始想我们什么时候——或者我们是否——还会转身回去的时候，昆沙突然蹲了下来，同时示意我也像他一样蹲下来。昆沙继续蹲伏着前进，他的肌肉紧绷，每一个动作都是经过深思熟虑的。他招手示意我跟上，用手指跟我表示："捻角羚……就在不远处。"跟在昆沙身后，他动一下我就动一下——动作尽量准确、安静。

几分钟过去了。又过去了几分钟。我还是没有看到任何动物或者听到任何动静。我继续跟在昆沙身后，但是感觉又累，又饿，又渴，还有些神情恍惚，都忘记自己在做什么了。

"呦呦"——一阵响亮的沙沙声把我带回到现实。然后又传来这个声音，这个声音听着就在附近，像西班牙乐器响板发出的声音。昆沙把他装着弓和箭筒的包放到地上，脱下了他的西部裤子和鞋（鞋上的洞比补丁还要多）、袜子

（也都是洞），然后只穿着皮质遮羞布赤脚站在那里。箭在弦上，昆沙朝着声音传来的方向走去。这一次他用手势告诉我，待在那里别动。

他消失在一棵树后面。然后他就好像从没有来过这里一样。我竭尽力气调用全身感官，但还是找不到昆沙的踪迹：没有任何声音，除了我之外也没有看到任何生物的迹象。听不到远处的脚步声，也听不到远去的蹄声，只听到风温柔拂过树叶时的沙沙声。

此时的我饥肠辘辘，我从身上背着的袋子里掏出葡萄干和薄脆饼干，从水壶里倒了些水喝。我在一片斑驳的树阴下歇息，很高兴能吃上一些东西，喝一些水。我来到一棵檬戈果树下，采集了一些坚果，但是并没有找到多少。我又坐了下来，然后觉得昆沙已经离开很长一段时间了。

我望向远处的灌木丛，再远一点的檬戈果树林和矮树林。我只看到一片飘落的树叶。那是什么声音？我站起来，全身的感官都警惕起来。我不能离开——我能去哪儿呢？——但是我也不能像之前那样完全放松地坐在那里了。毕竟，昆沙就那样悄无声息地消失了。如果有什么食肉动物正在悄无声息地接近我该怎么办？

我和昆沙或者其他人在一起时所感觉到那种无条件的

安全感已荡然无存了。如果昆沙不回来了我该怎么办？如果有狮子、豹子、野狗或鬣狗——我的想象力不放过任何一种食肉动物——先发现我该怎么办？

以前我碰到过一只狮子。这件事情虽然已经过去 20 年了，但那一幕我至今记忆犹新。

那时我才刚到田野现场几个月，我发现田野工作比我想象的要更安静。大部分时间我都是待在一个地方不动：观察，记录，照相，学习昆语，问问题，整理笔记或者帮着做一些营地上的基本事务。抑或是很长时间待在卡车上：给水桶里装满水，采集柴火或者开车去别的村子。

另外这里的饮食也比较有限，我发现自己变胖了，身体素质也不如以前。为了燃烧卡路里，我觉得从营地到边界大路上来回溜达一趟是个不错的选择。这 1 英里的距离很合适，一是不会用太多时间，二是我不会迷路。

我在这条路上走了很多次，大部分时候是一个人。我一般会上午早点出门，这样可以避开中午的烈日；在干燥炎热的季节，这里中午的阴凉处温度通常都会达到 100 华氏度[①]。村子里传来有节奏的砰砰砸东西的声音——这被

---

①　约合 37.8 摄氏度。——中译注

称作"炮语"——是村里的女人们在砸坚果或者蔬菜，最后砸成酱吃。当我穿过最后一个村子时，"炮语"的声音就渐行渐远了。我在卡车轧出的车辙里走，看到里面有碾碎的草或轧平了的土壤，说明这里经常有车经过。

路面硬的地方我就走得快些，路面软而重的地方我就走得慢一些，就这样一直走着。一路上空气清新，阳光温暖。走到边界的时候我就停下来休息一会儿，摸着那个把博茨瓦纳和纳米比亚两个政治对立的政府隔开的5英尺①高的铁丝网围栏。

在散步的路上我很少想到会有什么危险：猎人们通常都是单独或者一两个人一起行动，采集者们也是这样。离营地也就是1英里的距离，我觉得没有什么好担心的。

有一天早上，当边界的围栏刚刚映入眼帘时，有什么东西吸引了我的注意力。那个东西很大，是棕黄色的，而且它还在动。站在远处，我看到它从灌木丛里钻了出来，等它来到大路上，我也可以看清它的形状了。走到半路的时候，它突然停了下来，并把头转向我。它没有角。它走路的时候身体距离地面很近。是一只母狮子！

---

① 1英尺约合0.30米。——中译注

"如果你在灌木丛里看到一只狮子，离开它时要倒着走，而且要慢慢地走。"这是旅行中别人曾经给我提的忠告，"见到狮子后不要扭头就跑，这样做只会激怒它。"我倒着走了两三步。

"慢慢走……"但是我发现，突然间我已经扭头拔腿跑起来了，我尽最大的可能以最快的速度朝营地跑去。

其实不是很快。不管我多么努力地跑，我脚底下的沙子就像胶水，黏住了我的双脚，跑起来的速度就像蹒跚学步的小孩子一样。

想到那只狮子随时都有可能扑到我身上来，我惊恐万分。我大口喘着气从路上跑下来，朝一棵树干笔直的细高树跑去。也许往树上爬是我唯一的出路。不知道为什么我竟然认为自己能竖直爬上那棵树，而狮子却不能。

从一棵树快速跑到另一棵树，一边跑一边向后看，偶尔停下来喘口气，然后继续朝村子跑去。离村子还有一段距离的时候，我听到了"炮语"，内心的恐惧少了几分。最后我一块肉都不少地安全到达了营地。

"边界附近有只狮子！"我试着告诉村民们，担心那只狮子可能会威胁到我们的营地。但是人们并不相信我。"城里姑娘，就算你看到狮子你也认不出它是只狮子。"这是他们说得最多的一句话。

最后，那天下午晚些时候，他们终于开始严肃对待我说的事情了，他们在意也只是因为听到三个外出打猎回来的男人说看到了我的踪迹。这三个狩猎者通过我留下的踪迹断定我先是步行，快到边界的时候突然静止不动，然后撒腿就跑。他们很好奇是什么让我这么害怕，于是他们开始观察周围的区域，便发现了动物的踪迹。当他们说到他们的发现时，三个人咧嘴笑了。他们说：是的，那是只狮子，而且是只体型很大的母狮子。而且是的，狮子是准备过马路。是的，它确实停下来不动了，朝我站的地方转了过来。"然后，"他们边说边哈哈笑起来，"当你转身开始跑的时候，那只狮子也开始跑了——但是和你跑的方向相反！"

在那之后，我不敢再散步了，也不敢一个人再去离村子或营地较远的地方了。而且即使在有人做伴的情况下，我也变得比以前警惕了。开始时我觉得自己坚不可摧，好像我的心脏比住在那里的人的心脏都要坚强一样，好像我是外国人就不会受伤一样，好像统管这片大地的自然法则，在我来这里之前运行的法则和我走之后还会继续运行的法则并不适用于我。这并不是我的世界，我只是一个旁观者而已。

看着事情在我面前发生很容易，但是我也只是一个旁观者，像写小说一样把我所经历的一切写下来："我们的女主角今天到了多比村，离开马翁城两天以后就到了多比村。"或者像照相和拍电影一样把视野定格下来："一位女性坐在她的棚屋旁，在篝火旁砸着干果，茅草屋在午后阳光的照耀下闪着黄色、橘黄色和红色的光。"

但是我的身体并不是坚不可摧，不管是仍在创作中的小说还是正在拍的电影，结尾并不为我们所知。我也是肉身。我也是脆弱的。而且像其他人一样，我的肉吃起来味道也不错。

✎ 20年后的今天，我一个人在树林里，担心周围可能有狮子，我又想爬树避险了。我打算去最近的一棵檬戈果树，想先练习一下爬树。我把周围带刺的灌木丛拨开，想找一个地方爬上去。但是树干太粗了，我的胳膊根本抱不过来；树皮也太光滑，根本站不住脚。树干分叉的地方又特别高，在我头顶之上遥不可及。我一边留意听着树林里的声音，一边注意观察地面上是否有蛇，然后绕着大树慢慢转了一圈，想找一个可以落脚的地方，找一个能伸手抱住的地方。但是一无所获，我只能转身朝旁边的檬戈果树走去。但是所有的树都太粗了。

当我还正想着如何解决这个问题的时候，昆沙出现了——就像一个小时前他悄无声息地消失一样，他又悄无声息地出现了。他告诉我他跟着捻角羚走了好远（是呀！毫无疑问！），最后他觉得足够近的时候准备射杀捻角羚。但是他射出去的箭偏了，捻角羚跑了。如果他是一个人的话他会继续追上去，但是他回来找我了，任凭捻角羚跑了，那只抹了毒药的箭也丢在草地里不去捡了。

我们坐在树阴下，吃了些薄脆饼干和葡萄干，喝了点水。他继续说着那只跑掉的捻角羚，说他错失的机会，和丢在丛林里的箭。

我把话题转到 14 年以前，也就是我上次来这里的时候。我向他打听多比村里其他人的情况及他自己的生活，问到他妻子塔莎，也就是《妮萨》封面上的优雅女性去世的事情。昆沙先和我聊起他刚娶的另外一个漂亮女孩的事情。昆沙说那个女孩在她第一次来月经后就离开了他。虽然那个女孩和他在一起住了好几个月的时间，"但是当她回到她的女性亲戚那里参加完她举办的月经舞后，她就再也没有回来了"。因为她年龄太小了，昆沙没有和她发生过性关系。

按照传统，女孩第一次来月经时要举办仪式为她庆祝，参加仪式的女性载歌载舞，气氛欢快。至少仪式上其他女人都很开心。当她们在屋子外面兴高采烈地唱着，跳着，粗俗淫秽地展现她们的女性特征时，年轻的女孩安静地坐在屋子里，头上盖着东西，几乎不吃东西，也不说话。

女孩在第一次来月经前就知道该如何做了，其他人已经为她铺平了这条路。她知道自己要改变自己的行为。她知道要坐下来，盖住头，然后不要说话。其他人看到这些后会给她的头发系上珠子和其他饰品，然后在她的皮肤上抹上油。当她被"打扮漂亮"后，其他人就会把她带到为举办仪式准备好的屋子里。

男人们不能看到女孩的脸。按照传统，"如果看到她的脸，男人们打猎时会受伤"。因为女孩第一次来月经时会像跳降灵舞一样，产生巨大的神灵力量。有一个妇女曾告诉我："如果跳舞的女人发现有男人在月经舞仪式上看到女孩的脸，她们会拿走她们给女孩的所有东西，甚至剪掉她的头发。然后她们会告诉女孩她的仪式结束了。"

这就是为什么在月经舞仪式上女孩子的头要被盖住，而男人们为什么也要离得远远的。但是也并不是远得看不到女人们跳舞，他们一边看一边热烈地讨论着，包括女人们跳舞时露出的臀部。这个本来非常隐秘的女性身体部位只会在这个时候被公开暴露。

来月经的女孩会在屋子里待上三四天，几乎不吃什么东西，只是偶尔"去丛林里"（昆语中的委婉语，表示去厕所，如同英语中的"去洗手间"）。在这期间女性亲戚会持续不定时地唱歌跳舞，直到女孩月经结束。仪式结束后，她们会给女孩洗澡，在她身上抹药草和油，然后把她带出屋子。虽然女孩的行为举止仍然要"矜持"，以示她的新身份，在遵守新的饮食禁忌的条件下，女孩可以开始正常生活了。女孩第二次月经来临的时候，女人们会为她举行第二次月经舞仪式。在这之后，女孩要慢慢地——非常慢地——开始她的成人生活。

通常情况下，昆族女孩中有一半在第一次来月经前就结婚了，她们来月经的平均年龄大概在 16 岁半——比西方女孩初次来月经时平均 12 岁半的年龄晚了好久。至今还不清楚为什么西方社会的女孩来月经这么早。人们提出了多种解释：丰富的营养，缺乏锻炼，人造光。但是月经来得早也就是发生在最近 150 年里。在这之前，西方社会的女性——和今天大多数第三世界国家的女性一样——也是在 15 岁左右的时候第一次来月经。甚至在今天的社会中，许多有剧烈运动的女孩，如专业运动员，她们的月经来得也比较晚，而且经期时间不稳定。

✎ 对昆沙而言，月经仪式是一件伤心的事情，因为这标志着他婚姻的结束。他的新娘子离开后就再也没有回来了。两次月经仪式结束后，女孩和她的父母住在了一起，拒绝回来和昆沙一起生活。

昆沙看起来不知道女孩为什么要这样做。但是这肯定和年龄有关系：昆沙比女孩大概大 35 岁。昆沙最小的孩子都要比女孩大 10 岁。在昆族婚姻里，在考虑有激情和互相有吸引力的情况下，父母会在可选的人里面给孩子挑选最好的丈夫。把年轻女孩嫁给像昆沙这样年纪的人并不多见，但是也并不是没有。事实上，昆沙自己的女儿克霞茹就在 25 岁左右时嫁给了托马。托马和她父亲年纪相当，比克霞茹大 25 岁，但是他们的婚姻看起来还不错。

我们继续聊着。我上次来多比村的时候，昆沙还是个非常厉害的降灵舞治疗师。我问起他的治愈之能。他说："我现在没有什么能量了，以前给塔莎治疗的时候我几乎用尽了所有的能量。"他说起了塔莎的病，向我描绘塔莎是怎么从胸膛里吐出血来的。他一直都想治好塔莎，但是塔莎的病不断恶化。好几个晚上他彻夜不眠，一直都在跳降灵舞想治好塔莎。白天他也不做其他事情，只是跳舞和治疗，期望降灵舞能起作用。但是最后，"神灵没有帮我"，塔莎还是去世了。

我们站起来继续朝前走。走了大概半个小时，昆沙看到沙土地上有一些痕迹。他指着地上的痕迹一脸轻松地说："豹子。"听到这个，我的神经又紧绷了一下。但是有昆沙——有他的箭——在身边，我的安全感便又回来了。

很快我们就到了昆沙之前用箭射捻角羚的地方。昆沙在干草和疏落的灌木丛里找他射出去的箭。沿着之前走过的路，脑子里回想着之前的场景，昆沙双手做手势表示之前的失败。于昆沙而言这个场景有些令人失望，但是于我而言这简直是个奇迹。我惊叹于他对这片土地的了解，是他脑子里的那张地图把他带回到这里，就像之前他能回到丛林找到我一样。

昆沙花了很长时间才找到那只箭。我也跟着一起找了，希望自己能够指着掩埋在草丛里的箭，用轻描淡写但是恭敬谦虚的语气说："这是你要找的吗?"我仍然很喜欢他们几年前给我起的外号"千里眼玛乔丽"，是因为当时我先于猎人看到了丛林里的动物。

但是找箭这个任务我似乎是难以做到了。箭的下半段是用芦苇秆做的，颜色和草、干枯的叶子、藤蔓，甚至是沙子——几乎我们周围一切能看到的东西——混到了一起，这简直就是大海捞针。箭头虽然是用金属做的，但很可能已经深深地扎进什么东西里了，就像可能扎进了动物厚厚的皮毛里一样。

昆沙最终还是找到了箭，然后我们出发了，但这次不再是猎人的身份了。我们走到一片低矮的灌木丛，在那里找到很多多汁的沙根。我看到昆沙把身边一棵植物弄成尖状的棍子，然后顺藤摸瓜在松软的土地里挖出了地下的水根。他先用棍子把旁边的土壤拨开，然后用手把松软的沙土捧出来，最后地下的球茎露出来了。

球茎露出来后，昆沙顺着球茎上的根系继续挖下去，因为这些次生根还有旁生的球茎。昆沙把整只胳膊伸到洞里，然后把地下的战利品拉了出来：这是一个椭圆形的球茎，大小像一块红薯，下面还有三个小一些的球茎。昆沙把球茎上的土轻轻拍掉，然后把比较大的一个球茎拽下来递给我，这时我的口水已经流出来了。我已经很多年没有尝到过这清爽甘甜的味道了。球茎散发出泥土的芳香，我用牙咬开球茎外皮后，一股湿甜的味道瞬间涌了出来。

我向昆沙要了一根挖土的棍子，然后我们两个人开始一起挖。昆沙教给我如何从众多藤蔓中识别出沙藤，如何在根茎旁留下足够的空间，以免挖根的时候戳到下面的球茎，还教给我如何顺着根找到次生根的球茎。他告诉我有一些藤蔓根本就没有球茎：因为沙地上的洞说明有蜜獾或者其他动物已经捷足先登把球茎挖走了。

昆沙效率很高，很快他就把一块地彻底挖完了，然后又到了另外一块地里挖。不到一个小时的时间，昆沙已经挖了好几磅①重的根茎。和昆沙相比，我的劳动成果少得可怜：我挖出来的根茎上或者球茎上的白色果肉有伤口，这是被我挖土的棍子戳伤的，然后有沙子掉了进去。不管如何仔细清洗这些根茎，吃的时候还是能用牙齿感觉到里面的沙子。昆沙把他挖出来的一堆根茎递给我，然后我们出发了。这次是去看看那些檬戈果树。但这个季节并不合适，树上没有什么果实了。

有时候昆沙会在一棵树下停下来，然后仔细查看树根上或大树枝间的洞。我以为他在找蜂蜜，但是昆沙在一棵树下屈膝跪了下去，然后用双手捧出水来喝。我也把水壶里面最后一点水喝掉，然后把从檬戈果树里取出的略显棕

---

① 1磅约合0.45千克。——中译注

黄色的水装到水壶里。

我们继续走着，这次是朝营地走去。我带着沙根、昆沙挖的其他根茎、一些浆果、一些茶果，还有我在路上捡到的一只漂亮的捻角羚角（捻角羚角是要送给我的一位医生的，他说要一只捻角羚角做台灯用）。另外我还背着我的相机、胶卷、笔记本、水壶和食物。昆沙把他采集的食物递给我，我觉得这很合适，也显得很亲密，因为我是女人，而女人通常是背食物的人。我们穿过野地，这一天一半的时间用来打猎，一半的时间用来采集食物，这样的生活很舒服。我，就像个背着食物的昆族好老婆一样；我和昆沙像一对夫妻，一起经历大自然的变幻莫测，一起劳动谋生。

🖎 我们又在一片树阴下坐下来休息，然后把最后的食物和水解决掉。他没有问任何问题，但是认真回答了我问的问题，我听不懂的时候，他会慢慢地重复一遍。这次我问他昆族男人会不会打他们的老婆，并问他是如何看待这个问题的。

昆沙说会的，如果女人不听老公的话，或者太懒的话，男人们有权打她们。这是习俗。是的，他也打过塔莎。

昆沙仔细讲这件事情的时候，他的脸上划过一丝悲伤。"我们刚结婚时，我打过她几次。有一次，那个时候她还很年轻，我拿了一条皮带使劲抽她，因为用的力气太大，皮带把她大腿上的皮肤都抽开了。"昆沙继续说，声音很小。"后来，我看到我都做了些什么：我看到了她腿上的伤口，那个丑陋的伤口。我知道我再也不会那么做了。而且我真的再也没有打过她。虽然有时候我还是想打她，但我真的再也没有打过她。"

昆沙说年轻的男人比较粗暴。昆沙的声音突然响亮起来，他解释说年轻人的暴力——尤其是酒后的暴力行为——是他同意把女儿克霞茹嫁给托马的原因，托马当时几乎算是个老人了。

很多年前，塔莎和我讲到她和昆沙打架时说男人和女人的心不一样："男人的心很重要。女人的心不重要，因为女人没有力气去反抗。如果男人把女人打倒在地上，女人什么都做不了，因为男人的力气太大了。这是神灵的旨意。"塔莎继续说："女人的心和男人一样也很生气，但是她没有力气。所以，她生气是没有用的。因为我没有见过和男人一样力气大的女人，能用同样的力气把男人打倒。"

再有一个小时天就黑了，我和昆沙继续朝营地走去，太阳把我们的影子拉得很长。路上的树、草和灌木丛沙沙作响，说着人类听不懂的悄悄话。风吹过神秘而又不为人知的金色草地，地上摇晃的影子似乎在回答着什么。

回到营地后，和其他人一样，我们没有捕到任何动物的消息很快就传开了：所有的猎人都没有任何收获。但是有两个猎人发现了一个带通道的白蚁洞穴，洞穴入口处还有豪猪留下的清晰痕迹。他们打算明天再去一趟，看看能否找到那头豪猪。比起第二天再按照传统方式跟踪动物，这个办法可能更能有效地捕获到动物，以便减轻所有人对肉的渴望。

然而妇女们的这一天收获颇丰。她们采集了很多卡玛可果，以前大袋子装的是食物，现在装得满满的都是卡玛可果，豌豆大小的圆粒果实都从袋口冒出来了。每一袋卡玛可果都可以在市场上卖个好价钱——可能抵得上一个月的薪水。卡玛可果价值很高，多比村周围的村落不惜高价把它们买回来做啤酒。

太阳落了，黑夜很快降临了。我们做了饭，煮了茶。这一天走了六个半小时，我整个身体软绵无力，双脚被磨出了水泡，很疼。但是，除了现在很想吃到新鲜的野味瘦肉外，这一天还是很美好的。

那个晚上我在日记本上写道："这个地方有治愈的力量，即使它并没有真正地治愈我，这些天我还是很开心。

在真正的尊瓦人的引导下，周围的荒野成了我生活中的一大乐趣。于我而言，这里的安宁宽广而深邃。"

在寂静的夜里，人们围着篝火低声聊着天。我坐在自己的毯子上，身边围坐着其他人。我看着灯，他依偎在妈妈身边，享受着妈妈带给他的安全感，他是那么弱小安静，就好像不存在一般。我也渴望保护我的孩子，尤其是最小的萨拉，因为我觉得我的离开对她造成的伤害最大。即使在这么远的地方，我的孩子们好像还在我的面前。他们在我生活中比任何一个成年人，包括我自己占据的空间都要大。只有他们睡着的时候，他们的要求，或者我对自己提出的有关他们的要求才会停止。我经常会觉得很累也就不足为奇了。

我饶有兴趣地继续观察着小灯。他眼睛明亮，很少说话，只是很投入地看着大人们聊天。他不向大人索要任何东西，也不期盼别人来逗他玩。没有人问他问题，也没有人哄着他回答问题。别人给他食物的时候他就吃，他想喝奶的时候他妈妈就奶他，其余时间就是安静地坐在那里，看着他身边的妈妈、外公和姨夫在那里聊天。（在灯住的村子里，家里除了其他大人以外，还有个比他小一些的表弟。）大人们坐在那里不受灯任何干扰地聊天，灯的妈妈也完全投入其中。

这和我所生活的文化截然不同。在我生活的社会里，规矩是这样的：成人和孩子要经常对话，好的父母是要不断教育和督促孩子，要不断给孩子们年轻好奇的头脑输入知识。要不然他们该如何在这个竞争激烈的社会和他们的同龄人竞争呢？他们该如何学着相信他们自己的能力呢？

从这个角度看，小灯——就这样安静地坐着，他自己或者成年人都没有发起任何对话——将来注定在生活中是个失败者，无论生活中发生什么事情，他都只能被动地接受。但是篝火旁这群能干、善言又极具个性的成年人——还有村子里的那些人——推翻了这个肤浅的结论。大多数上过学的昆族孩子展现出的超群能力也是一个佐证。小灯如此安静地坐在那里或许是因为累了，或者是因为他是这个群体里面唯一的孩子，抑或是因为篝火照不到的地方太黑了。不管是因为什么吧，很明显我还有很多东西要学。我对家人的思念到了深夜的时候还没有褪去：我渴望触摸他们，渴望闻到他们的气息，但是不想听到他们的声音。

另外一堆篝火旁也围坐着几个人，我去那里看了看。回来后我开始抖毯子，怕有蛇或者虫子藏在毯子里。铺完毯子后我就穿着衣服爬了进去，然后准备睡觉了。夜里我醒了几次，看着美丽的星空，仔细听着周围的动静，确认一下是不是有豹子。我决定把自己的命运交给我身边这些人了，所以再次入睡前我已经不怎么担心了。

七、夜里的狮子

　　我们的简便水桶都空了，所以在丛林的第二个早上，贝特森克和另外几个男人就开车一起去找水了。他们第一站先去附近一个叫高查（Gautcha）的盆地；如果那个盆地是干涸的，他们会继续开车去多比村。他们回来后再一起去猎捕豪猪，因为发现白蚁穴的那个人也和贝特森克在卡车上。

　　我利用这段时间和妇女们一起去采集食物，这样能在狩猎——尤其是失败的狩猎——之后休息一下。妮萨和其他妇女从营地出发了，我跟在妮萨后面。我们穿过一片长满了高草和低矮灌木丛的沙草地，然后继续朝南来到一片林地，那里有我们想要的卡玛可浆果。我们接下来不会偏离边界大路，因为贝特森克他们开车沿边界回来的时候会接上我一起去猎捕豪猪。

整个丛林好像是被精心施了定量的化肥一样，到处都是卡玛可果。她们六个女人像个扇子一样慢慢散开。她们把长在枝杈尖上的卡玛可果一把捋下来，动作快而熟练；暗橙色的小球球很快就把杯子、小桶和布包装满了，然后我们再不时把这些浆果倒进大背袋里。

我也和她们一起采集果实，但是更让我感兴趣的是看她们采集，给她们照相，问她们问题。我把我采集的卡玛可果和另一种成撮生长的甜浆果拖梨果津津有味地吃了。我把一把浆果塞到嘴里，咬破果实的外皮，瞬间一股甘甜的味道滋润了我的味蕾。把果实嚼几下后，硬核吐出来，然后把味道鲜美、富含纤维的果肉咽下去。吃完一把，再抓一把放到嘴里接着吃；她们吃浆果的时候不吐核儿。

她们中有人突然大喊："狮子的脚印！""婉特拉，"她们朝我喊，"婉特拉，快过来看看！"沙土地上有动物的脚印，看起来像狗的，但是要比狗的脚印大上 10 倍。"有两只，"有一个妇女说，"它们昨晚就在这里了。"然后，跟着动物的脚印走了一小段，那个女人指着远处说："它们往那个方向去了。"

她们告诉我这些脚印是几个小时之前的了。她们又去了附近的卡玛可果灌木丛，还像之前那样辛勤地采集果实。因为是白天，又有她们在身边，我一点都不担心身边可能有食肉动物。她们在前面采果，我则跟在她们后面。

大概两个小时以后，我的速度慢了下来，天气也渐渐热了，我眼睛累得睁不开。我在她们前面找了块空地——虽然我并不确定她们到底会朝哪个方向走——坐了下来。斑驳的树阴几乎挡不住什么阳光。我头上都是汗水，我把帽子摘下来，想让干热的沙漠空气吹一吹头上的汗水。

✎ 她们专心致志地采集着浆果，踏实稳妥地从一块灌木丛挪到另一块灌木丛。她们一边干着活，一边兴高采烈地聊着天，气氛很欢快。只有克霞茹是个例外。克霞茹和她的儿子小灯陷入了一场意志的较量。对克霞茹而言，这一天的目标很明确。作为她所在村子的代表，她需要尽可能多地采集浆果。但是效率最大化要求有自由的双手和毫无负担的背袋。这也就意味着小灯要站在他妈妈身边，自己从较低的枝杈上摘浆果吃，或者坐在附近自己玩。

但是小灯不想站着，他也不想自己玩，而且，虽然他有时候自己会摘一些浆果吃，但是过不了多久他就开始痛苦地抱怨了。他要妈妈，他要妈妈背着他，要现在就背！

克霞茹会背一会儿小灯，一直到她觉得重得背不动的时候。这时候她就把小灯放下来。

通常情况下，克霞茹的亲戚会帮克霞茹背一会儿小灯，或者其他孩子会和小灯一起玩，分散他的注意力。但是我们的丛林营地里没有其他孩子，一起采集浆果的妇女里也没有克霞茹的亲戚。事实上，另外五个女人中任何一个人都可能会搭把手帮一下霞卡茹，但是她们每个人也都在为了自己的村子尽最大的可能采集最多的果实。这并不是说她们之间存在什么竞争关系，也不是说她们没有共享或者交换劳动果实：她们还给了我好几杯浆果，一个人传给另外一个人，这代表友谊和善意。但是她们现在正在做一件严肃的事。

克霞茹采集的果实没有她预期的多。一会儿小灯爬在克霞茹的背上，一会儿他又抱着克霞茹的腰。然后他又去拉克霞茹的裙子，抱着克霞茹的大腿，一直哼哼唧唧地闹着。"妈咪，抱我。妈妈，抱我！"

小灯刚开始哭的时候，已经善于拖延的克霞茹会安抚他说："嗯。"如果这个不管用的话，她会抓一些浆果给小灯，告诉他这些浆果很甜。克霞茹会指给小灯一片长满浆果的灌木丛，或者给小灯一根棍子和一个杯子当鼓敲。每个方法都能起一会儿作用，克霞茹可以利用这点时间多采集一些果实，但是该发生的最后还是会发生，小灯还会继续纠缠克霞茹。最后克霞茹会厉声朝痛哭的小灯喊："你这个孩子是怎么回事？你这个傻孩子以为我会背你一辈子吗？"虽然这样说，克霞茹还是会抱起小灯，把他放到背带里背着。开心的小灯会马上安静下来；而克霞茹则不得不又一次屈服于小灯的重量——至少暂时是这样的。这个场景看起来很熟悉。难道小灯只是在昨天晚上看起来和我的孩子那么不同吗？

✎ 这会儿她们六个人大部分都已经过了我休息的地方。她们的声音越来越小。我拿起袋子（和浆果）朝她们走去，然后在她们中间的位置找了个地方坐下来，这一次我坐在了两片灌木丛中间的一片树阴下。虽然我还打算继续观察她们，听她们聊天，但是我已经有些困顿了。

我不愿意承认，但是我还是觉得这个早上的活动有些太平常，或者说是有些无聊。和过去去比较远的地方采集果实相比，采集卡玛可果的过程没有什么惊喜。我怀念女人们可以采集各种植物的日子。那个时候她们可以一次采集多达105种可以吃的植物，包括干果、根茎、水果、蔬菜和豆类植物等，她们会把袋子装得满满的。那个时候她们的足迹遍及空旷之地、枝叶繁茂之地、小树林或者平地。

但是现在最重要的是效率，毫无疑问这里的卡玛可果大丰收可以为她们节省大把的时间。我躺在那里，周围是长满浆果的高灌木丛，这些灌木丛是这块地的女家长：因为这里没有任何坚果树。风把树叶吹得沙沙响。一只鸟儿正在欢快地唱歌，歌声里大概有五六个迅速降落的音符，唱完一遍后接着再唱，然后变换着音调再唱，或者唱完前三个音符就停下来。其他鸟儿则没那么勤快，只是一起叽叽喳喳地聊着天。

我静静地躺在那里，大自然的声音和女人们聊天的声音听起来像是我内心旅行时舒缓的低音伴奏。我深深吸了一口大自然清爽的空气。头顶上的缕缕白云轻轻触摸着明亮的蓝色穹顶，白云的形状变幻莫测，一会儿有熟悉的形状，一会儿又难以描述。我内心有个孩子，他通过改变我的视角，把可怕的云魔兽变成了可爱的好朋友，是他提醒我，我也可以影响宇宙，至少是我自己的那部分宇宙。我躺在地上，陷入了深深的沉思，我试着回想生病以前的日子、有孩子前的日子、结婚前的日子，以及我用"时间效率"这类词以前的日子。

"我觉得内心非常安宁，"我最后坐起来写下这句话，

七、夜里的狮子　153

"就好像我所呼吸的每一口空气都在治愈我——如果不是在治愈我的身体，就是在治愈我的灵魂。"但是这种舒适的感觉又提出了一些让我回答不上来的问题。我为什么来这里？来这里是为了人类学？为了摄影？是为了妮萨？我为什么如此热爱这片土地？为什么我觉得这里的传统生活方式就好像是我生命的一部分？我这次来这里又能学到什么？

～ 我朝妮萨望去，她现在已经 68 岁了，但还像那些年轻女人一样体力充沛，步伐稳健。我很喜欢妮萨，她是我这次来这里的第一天就喜欢上的第一个人。但是妮萨好像没有意识到我和她之间所独有的特殊关系，她第一天就有些让人无法忍受，不断地提要求，猛烈地谴责别人。

在我和妮萨的交往过程中，她让人难以忍受这一点并不是什么新鲜事。就像现在这样，20 年前她坐在我帐篷里不停地唠叨着，评头论足，要这要那，质问我。可以肯定的是，坐在妮萨身旁的人也有同样的想法和打算。但是妮萨的存在却让人难以忽视。即使她没有提出这样那样的要求，她的嗓音也很引人注意。

那个时候，连续听她唠叨了几天我的不是，我最后开始反击了。准确地说是我开始反击她说话的声音。我并不是堵住耳朵不去听她连续而多样的冗词赘语，而是专门要听她说话。我问她一些我想知道的事情。我问她有关影响生殖的药草问题，问她孩子们之间的性游戏。我问她成人之间的性关系，问她家庭成员之间的早期关系。我也问了妮萨的私生活。她则事无巨细，非常生动地讲给我听。

那时候就好像是"白人妇女终于看到曙光了！"，而妮萨对自己的新身份也很自豪，在同伴中出类拔萃。跟别人比，妮萨更愿意谈她自己和别人的生活，比任何其他人讲得都要开放、清晰。

现在我又回来了。她如何看待我实现承诺的力度？或者她如何看待我这么多年来把她细琐的录音内容翻译编辑成英文呢？也许她只是觉得自己是众多努力想获得我青睐的声音中的一个声音罢了。当然她不能否认，她确实用我给她的钱买了牛和烙铁。但那是过去。现在她可能要争取新的条件。

我脑子里想表达一些想法，但是舌头还是结结巴巴地说不清楚，我尽最大的可能告诉妮萨，说她是我回来的主要原因。我说如果她愿意，我还想继续和她一起工作。这可能让她觉得放心了，我坚持她和我们一起来丛林也是想表达这个意思。

即使这样，我刚到多比村的日子并不是很好过，我和妮萨很难像以前那样沟通。我刚到的时候，忙着搭帐篷，周围一片混乱。刚到多比村两天就动身来丛林了，这让情况更复杂了。另外，我还要花时间——和礼物——去和老朋友们重温以前的关系，同时也要结交新朋友。

如今在丛林里情况就不一样了。我们生活在一起，不用我去她的住处，或者她来我的帐篷。她不用再"等"我，我也不用去"看"她，不需要不自然地摆拍或者故意问问题。在这里，我们一起工作，一起吃饭，现在又一起采集果实，我们之间又建立起了新的信任关系。于我而言，我越来越依赖她。她呢，也开始和我温和地聊天了。

✎ 远处传来沉重的嗡嗡声，听起来像琴弓从低音大提琴最粗的琴弦上拉过时传出的微弱声音，这是卡车开过来的声音。当贝特森克最后从边界大路上接上我时，我已经等了很久了。

这是我第二次和他们去捕豪猪。我记得多年前男人们用了好几个小时挖走白蚁丘的土。他们把洞穴出口堵上，然后在入口处点火——接着就是坐在洞口边等了。当豪猪从地下洞穴冲出来朝它认为比较安全的丛林跑去时，现场就像上演了一场夸张的戏剧：男人们在后面穷追不舍，而豪猪也很难逃脱接二连三朝它扔过去的尖锐长矛和一齐射过去的毒箭。整个追赶过程大概会持续几分钟，然后，被逮到的豪猪很快就会成为当天的晚餐。

营地上的五个男人都参加了这一次猎捕活动。我们快速从光秃秃的地面上穿过，在太阳的炙烤下，天气热得让人难受。看到动物留在地上的清晰痕迹，猎人也不说什么，他们甚至懒得去追踪这些痕迹。他们自由自在地聊着天，传出的声音惊跑了周边丛林里本来可能会伪装——或者被追踪的动物。

我看了看表：已经过了半个小时了。我再看表的时候，半个小时又过去了。我再次看表时，才过去了五分钟。真难以想象我昨天是如何做到一刻不停地连续走上三个小时的。

丛林里的白蚁丘看起来很显眼，但是真正壮观的是建在村子旁边的白蚁丘：因为生长在村子周围的草很少或者几乎没有草，白蚁丘矗立在地面上格外惹眼。这些灰色的大楼（对白蚁而言，这简直是摩天大楼）表现的是复杂生物适应性。在沙漠炙热的自然环境里，这些白蚁洞穴内的隧道能够提供良好的自然通风条件，降低洞穴的温度，因此白蚁也可以生存下来。跳鼠、豪猪和其他穴居动物——包括蛇甚至是蝙蝠——很快就会找上门来，在这凉爽安全的地下白蚁穴里安家。

猎人们说最先来这里打洞的是一只跳鼠，但是现在里面住的是只豪猪。这个洞穴有四个主入口，其中一个有豪猪留下的痕迹：旁边沙土地上有一个湿乎乎的圆圈，是豪猪匆忙逃回洞前撒的尿。

接下来的三个小时是对耐心和毅力的考验，也是对大家想吃肉的欲望的考验。猎人们手里握着手电筒和火把，探查着洞穴里的情况。昆沙的女婿托马是第一个钻到黑暗狭窄的洞里去看个究竟的人。他身子在洞穴里，脚露在外面，我有些担心他的呼吸——里面这么狭窄能有多少氧气——而且他年纪也不小了。当托马出来的时候，他的皮肤和头发上都是灰尘。托马带来令人懊恼的消息：他完全不知道豪猪在什么位置。

进入这个狭窄的洞穴去找一只受惊，并且随时可能会发起进攻的困兽是需要勇气的。但是这也是猎人的生计——如果他们幸运的话。昆沙是第二个钻到洞穴里的人。他非常仔细地在洞穴的隧道里搜寻着，不断地从洞里扔出土来，然后接着往深处钻。我钦佩昆沙的勇气、体力、决心和他在困境中行事有效的能力，我自己最近也开始面临这样的挑战。

Return to Nisa

猎人们轮流在最有可能找到豪猪的隧道里搜寻着，如果没有结果，他们会接着在其他隧道里找。昆沙刚进了其中一条靠近土丘顶部的隧道后不久就跳了出来，身后紧跟着飞出一群受惊的蝙蝠。最后，豪猪的位置终于被确定了，在最深的一条隧道内。

　　接着猎人们开始从上面往下挖土，打算直接挖到豪猪藏身的那条隧道的顶部。之前肯定有其他猎人来过这里：在土丘里面有一个大概 8 英尺深的圆洞。但是在矛杆还没有挖到隧道前他们就放弃了。

　　猎人们又努力挖了一会儿，但最后还是坚硬的土地赢了——豪猪也赢了。他们又挖了另外一个洞，还是一无所获，这时他们就放弃了。就这样工作了三个小时后我们开始往营地走了。

　　这一次狩猎又失败了！我很好奇是哪里出了问题。五个男人连续工作三天可是不小的劳动量。但是捕获的动物蛋白却是零。有关昆人狩猎的一项研究结果显示，一般情况下昆人狩猎时每四天会有一次狩猎是成功的。他们的猎物可能比较小，有蛇、乌龟，或者野兔。有时候猎物比较大，如跳鼠、豪猪，或者疣猪。有时候甚至是大羚羊。

　　但是这一次，他们没有捕获到任何猎物。是最近动物少了，还是他们不再那么饿了？是疏于练习，还是这一次运气差？不管怎样，现在的年轻人肯定是不会抢着学习传统狩猎之道。让人更沮丧的是，村子里现在也没有年轻的优秀猎人了。

相反，女人们今天收获颇丰。她们每一天都能采集到几袋子浆果和几磅重的根茎。

✎ 我想起 20 年前的一次狩猎活动，猎物是一只长颈鹿——但并不是传统的狩猎方式。我们沿着边界大路一路朝南开去，还有半天的路程就可以赶到布须曼人的营地了。太阳炙烤着周围的一切，大地干焦，空气炎热。卡车的发动机嗡嗡地响着，在沙土地路上发动机的声音沉重一些，在硬一些的石块地上声音就小一些。边境围栏上的柱子一根根地消失在车后。

卡车驾驶室顶棚上突然传来一阵急促的敲打声。我们减慢车速，最后停了下来。"长颈鹿……长颈鹿……"车斗里坐着的男人们压低声音说，手指着我们左边的一片灌木丛。离大路几百码①的地方站着一只正看着我们的长颈鹿。车上的男人们又用拳头敲打了几下车顶，然后卡车继续朝

---

① 1 码约合 0.91 米。——中译注

Return to Nisa

前面慢慢开去。

如果长颈鹿再朝灌木丛里跑进去一些，它是能安全脱身的。但是，慌乱的长颈鹿朝着它可以跑得更快的地方去了：我们卡车前面的大路。坐在车斗里的男人们一阵骚动，他们抄起弓箭瞄准长颈鹿。长颈鹿细长的大腿和硕大的腰腿拖着它沉重的身体在前面以最大的速度奔跑着，卡车在后面紧追不舍。

"不要！这不公平！"我大声喊，"而且，猎捕长颈鹿是犯法的！"但是人们太想吃肉了，所有人对我的疾呼都无动于衷。所以，最后我也放弃了。"这不是战利品狩猎，"我提醒自己，"这是食物。"

前面不远处就是我们要去的营地。我们人还没到，卡车沉重的轰隆声就已经传到营地了，很多人跑出来看热闹。他们先看到一只长颈鹿从营地跑过去，又看到后面紧跟着一辆卡车，车上的猎人们表情激动迫切。

射到长颈鹿身上的毒箭很快就发挥作用了。原来还在奔跑的长颈鹿很快就只能走了，然后从大路拐到了灌木丛里，这可能是它所知道的唯一安全的地方吧。卡车熄火后周围变得异常安静。每个人都在盯着这只即将死去的长颈鹿。为了纪念这个庞大动物的生命的最后一刻，好像整个世界都安静下来了。长颈鹿挣扎着不想倒下，它长长的脖子开始左右晃动。当它倒下的时候，离生命的终点就很近了。它躺在那里，一动不动，对站在附近、手持矛杆的猎人不再有任何危险了。然后它死了。

我几乎和昆人们一样，欢欣雀跃起来。长颈鹿的肉，切成条后晒干，可以吃上几周甚至几个月。到时候整个长颈鹿都会被吃光或者用光，什么都不会剩下。骨头烤过后砸碎，取出里面的骨髓；长颈鹿的皮太厚，不适合鞣革，晒干后保存起来可以以后吃；人们也会把长颈鹿的蹄子砸开，然后取出里面可以吃的东西。

这次的追猎和其他几次都是我在这里受到的早期教育的一部分。几个月后，当我看到非洲最漂亮的丛林动物——有着线条优美和白色细竖纹身体，有着帝王范儿的头颅、大大的眼睛和硕大的旋角的大捻角羚——我的口水就流出来了。

猎捕豪猪失败后，我们赶在黄昏时回到了营地。那天我走了大概四个小时，再加上前两天大概走了 10 个小时，回到营地时我已经筋疲力尽。我的脚疼，身体疼，各个感觉器官也迟钝了。能来这里，我很激动——但是现在激动的程度已经降下来了。也许吃上一块汁多鲜美的野味肉可

Return to Nisa

以缓解一下我的疲劳和迟钝。

也许吧。但是我也有些坐立不安——而我并不是唯一一个有些紧张的人。一整天，人们的对话都是有关狮子的：女人们发现的狮子的痕迹让我们每个人都有些坐立不安，还有踪迹证明，这些食肉动物在晚上我们熟睡的时候会从我们这个脆弱的群体附近经过。我从他们快速的谈话内容中听到最多的一个词是"狮子"，好像每个人都在说狮子的事情。

营地上燃烧的篝火似乎也感到不安了。风不停地吹着，篝火与前两夜相比更亮、更旺。我们把树干、树枝和枯树堆在一旁，以便随时都可以把它们扔到篝火里增强火势。然后我们又点了第三堆篝火，是目前最大的一堆篝火。

除了这些，其他方面看起来还算正常。我们做了晚饭，烤了根茎然后传给大家吃，喝完茶后，大家铺开毯子准备睡觉。8点钟的时候，天已经黑了两个小时了。在第三天结束了一天的剧烈运动后，我的身体也很疲劳，人也困了。

其他人还在聊天的时候，我钻到了毯子里，闭上眼睛，风不停地吹起我睡袋的皱褶。然后我突然睁开了眼睛。我看了看周围，打量着我的铺盖和周围其他人的距离。难道我真相信卡车和帐篷可以给我提供保护吗？我在我们这个群体的最外面，在女人队伍的最末端，在我看来我是所有人里面最易受到狮子攻击的。

事实上，我认为卡车和帐篷是最好的屏障，可以挡住在黑暗中接近我们的危险动物。我感觉到丛林里有偷偷靠近的脚步。我们散发的气味就是一个信号，空气中传来的信号，引导着食肉动物开始它凶猛的猎食生涯；就像人类散发的气味引导食肉动物找到我们一样，烹调过后的诱人肉香味也让我们垂涎不止。

🖋 当库玛还是个孩子的时候，他的父亲被狮子吃了。库玛的父亲是在深夜被狮子从棚屋里拉出去，然后拖走的。是库玛的妻子告诉我们这些的，另外别人也讲了一些狮子咬死人的故事，每个故事都不相同。

两天前，当我们的车停在一个赫雷罗族村的时候，我也听了一个狮子吃人的故事。这个村子的女族长责怪我说："你怎么没有早点来看我？"这么多年来，她对来这里的人类学家都很好，这样大家都可以受益。"你给我带什么来了？"

"给，看看！"我边说边从包里掏出一个装着布和珠子的包裹递给她。

"嗯……"女族长很快收起了礼物，看起来还算比较满意。然后她面带痛苦地说："你听说过我儿子的事吗？他是被狮子咬死的。"

女族长的第一个儿子一生中杀死了大概 30 只狮子，还杀了一头在村里搞破坏的大象。她儿子和另外三个男人带着他们的狗一起去猎捕一只狮子，他们四个人只有一把步枪。他们的狗根据地上的踪迹找到了狮子，但是，狮子没理会狗，反而冲他们扑过来。

枪在女族长儿子手上，所以他开了第一枪，但是没有打中狮子。狮子突然扑过来攻击他。他设法开了第二枪，但是又没打中狮子。狮子咆哮着往后退了几步。女族长的儿子说："我已经是个死人了，你们拿着这把枪杀死这只咬死我的狮子。"他们中有个人把枪拿过来后朝狮子开了一枪，但是也没有打中。狮子在他脖子上咬了一口，然后这个人当场毙命。另外两个人藏了起来。狮子找了一会儿后离开了。他们用驴子把女族长的儿子和那个被咬死的人驮到了附近最近的一个村子。当天晚上女族长的儿子就死了。①

✎ 我们几个人坐在一起，就像一个有人类生存的小岛，

---

① 本故事细节由亨利·哈本丁（Henry Harpending）提供。——原注

岛的边缘是燃烧的篝火。边缘以外是我所知道的荒野——荒野里有根茎和浆果，有温顺也有凶猛的动物，有白蚁丘和隐蔽的隧道——还有我不知道的荒野。

我躺在地铺上辗转反侧，觉得离我们这群人的中心太远，就好像在半岛最远的一端。我觉得，如果狮子来的话肯定是先把我叼走，狮子会紧紧咬住我的腿，然后把我拖到黑暗的荒野里。或者会直接咬住我的脖子——就像咬住库玛的父亲那样——在几秒钟之内就一口咬断，然后穿过草地把我柔软凉爽的肉带给它那些想吃鲜肉的伙伴们。

我的日记就是我留下来的所有东西吗？

那是什么声音？是风，还是像风一样能够快速移动的东西？我起来把我的铺盖挪到两组人的中间。在这个位置，我身边既有男人也有女人，这样我觉得就离危险远一些了。如果我被拖走的话，至少别人也会知道；他们或许可以帮我。

然后，我有了一个既让我内心抵触又让我难以抗拒的想法：我可以睡在卡车里。如果狮子夜里偷袭我们，睡在车里要比睡在地上安全。当别人还处于危险之中的时候，我却可以脱身。

对我一个局外人而言，这样做其实是有道理的，也是

Return to Nisa

合乎情理的。我也很容易说服别人：他们熟悉丛林生活，我不熟悉；他们更容易战胜内心的恐惧，我却不能；他们和狮子打过交道。另外他们如果觉得睡在这里危险，他们也完全可以说：我们马上开车回多比村吧。

但是这样的想法属于叛变。它违反了人类学最神圣的信条之一：参与和观察。想全面了解所看到的，就一定要参与其中，入乡随俗。这样做也违背了我个人想全面探索昆人生活的决心——不是为了人类学，而是为了我自己。所以我怎么可以在遇到困难的时候退缩呢？不，我坚定地告诉自己，我不能，也不会这样做。

✎ 当然，贝特森克可以这样做，而且他确实也是这样做的。他没有必要像昆人一样生活，事实上他也没有兴趣了解昆人的生活方式，而且他也不担心被别人看到他对昆人和昆人的生活方式知之甚少。晚饭后，贝特森克检查了他帐篷的支架，加固了绳索，然后钻进了帐篷，拉上了拉链。他的蓝色尼龙帐篷孤立在沙地上，像个太空时代的蚕茧。

贝特森克是从我和昆人那里听到有关狮子踪迹的事情的：这里大部分人讲茨瓦纳语，这是贝特森克的第一语言。多年来贝特森克已经听过很多有关狮子的故事了。报纸、电台会经常报道危险动物，尤其是致命性动物袭击人的新闻，其余细节人们则会口口相传。人们对其中大部分故事深信不疑，而且这些故事确实具有一定的真实性，这些真实的故事增强了听者对丛林的警惕性。

贝特森克本人——一名带着游客来回穿行的受雇司机——就是一个主要的信息来源。"我听说狮子闯进了一顶扎在莫瑞米野生动物保护区的帐篷，把里面的一个游客拖了出来。"贝特森克有一次和我讲，还特意突出了"游客"这个词（而不是"居民"）。他还讲过："以前有只狮子袭击了一个坐在卡车驾驶室内的人，狮子直接撞碎了卡车的前挡风玻璃，然后袭击了他。"

但是，贝特森克此刻正舒服地待在他那像有墙一样的尼龙帐篷里。我们则暴露在外面，成为狮子可能袭击的目标。

✎ 我没有墙，但是有那么一会儿我觉得我身边也有墙，这让我觉得很舒服。我躺在毯子里，听着风的声音。我躺在摇曳的树梢下，心里想："我什么时候都可以去卡车里睡。"

我之前已经有过这个想法了，但是担心其他人可能会嘲笑我。"也许我应该睡在卡车里。"我之前说过这句话，但是声音特别小，别人并没有认真听，所以没有笑我。这句话听起来其实挺随意，也不是具体说给谁听，但是别人还是能听清：昆人自己也会这样做。

譬如，一个人即使讨厌自己的姻亲也不能直接抱怨。亲戚间的彼此"尊敬"的关系不允许发生冲突。但是，用泥和草堆成的墙挡不住声音，而且人们并不认为在自己屋子里大声嚷嚷算是失礼，尤其是话说得还算得体的时候。"他们太小气。"一个女人可能会这样说，小心避免提到人名，"我工作这么努力，并且尽最大的可能把我的东西都拿出来分享了，但是却得不到任何回报。"

即使本该听到这话的人没有听到，他最终也会从别人那里听到这句话。把自己的痛苦公之于众的那个女人很有可能会得到别人的支持。即使再小的争论，旁人也会分为几派，每一派都持有自己观点，每个观点都有拥护者和批评者。最终，人们会找出一个方案，让争论停止——通常是在争论原始参与者没有直接参与的情况下解决的。这一切都是在昆人可以接受的行为范围之内完成的。

所以，即使是我和一个人说话，所有人也都会听到的。而且，我也得到了别人的支持，这是和昆人生活在一起最让人欣慰的体验之一。（昆语里有一个重要的词 wi，是专门来描述这种状态的。）"或许你应该去卡车里睡。"有几个女人做出了回应，对我表示"wi"。

但是库玛的老婆不同意。她知道我现在很害怕，但是她并不支持我的想法。"不行。"她说，然后抓起我的垫子和毯子，坚决地把它们放回到我原来睡觉的地方，"我们几个女人要睡在一起。"

✎ 现在，几个小时过去了，他们还在围着篝火聊天——在晚上这个时间，这有点不同寻常。恐惧在两组人之间互相传递，就像风在树梢间吹来吹去一样。我往睡袋底下缩了缩，心想："这是他们的世界，他们最应该知道该如何处理了。"我坚定地告诉自己，他们是有计划的。也许他们晚上会轮流守夜，捅篝火。他们没有说撤退，所以我也不应该撤退。我不再想东想西了。我们睡觉的空地上响彻着他们的谈话声，就像保护我们的结实的盔甲，也像一首舒缓的催眠曲。听着听着，我就睡着了。

几个小时以后，一个声音吵醒了我：托马还坐在那里说话。其他人躺在地上，身上盖着毯子，旁边篝火柔和的火光洒在他们身上。风还在继续吹着，一会儿吹起一块布，一会儿掀起毯子的边缘；躺着的人们都面朝着温暖的篝火。一个男人坐了起来，给其中一堆篝火添了些柴，他手里还攥着一把抢眼的矛。跳动的火光洒在远处围着我们的树干上，留下了斑驳的影子。

最后托马也躺下了，但还是轻声说着什么。他的故事——像背下来的一样——是关于狮子的。躺在托马附近的高是个年轻的猎手，托马每说几个词，高都会咕哝着说个"嗯"或者"哦"，不知道是出于尊敬还是出于兴趣。然后高说"嗯"或"哦"的时间拉长了，最后只听到他均匀的呼吸声了。托马继续说着，不知道他是没有注意到，还是并不关心他在一个人自言自语。然后他的声音也停了下来。一会儿又偶尔蹦出一两个词，接着他也睡着了，他的故事就这样终止了。

过了一会儿，他突然被沙沙作响的树叶惊醒了。"是风吗？"他咕哝着。"嗯。"高躺着回答。他们两个人的呼吸声又变得缓慢低沉，像一曲轻柔的二重唱。

但我还醒着。我遥望着空中的星星，它们那么远，那么无动于衷，即使向它们许愿，它们也帮不上什么忙。我又开始仔细观察周围那些移动的影子和远处深不可测的黑暗。我的心开始怦怦跳起来。那三堆篝火灭了吗？守夜人在哪儿？

我坐了起来，别人都躺着，就我一个人起来了。风被一片低矮的灌木丛挡住了，叶子被风吹得沙沙作响，穿过了灌木丛，风继续吹着。风带过来的是什么声音？那里是什么？

风把篝火的烟顺着我这个方向吹过来，然后篝火迸出跳动的火苗。参差不齐的影子投射在树上。我的眼睛和脑子都不再听使唤，安静不下来。我来守夜吗？除了混在一起的呼吸声和微弱的篝火偶尔发出的声音，整个营地很安静。这一次没有人起来去添柴火。灰色蕾丝状的灰烬下火光正在逐渐消失。

轻柔的影子飘忽不定。风呼呼地吹着。星星看起来对地面上发生的一切都漠不关心。我想摆脱掉风的声音，仔细听周围的动静。如果有什么危险在靠近我们，我也想听到它的动静。还在睡梦中就瞬间死去，这听起来像是对我过去所有经历的一种嘲弄。最后我终于能够欢呼："我不是因为癌症死的，我是被狮子咬死的！"

传来一阵咳嗽和布摩挲的声音。是妮萨醒了，她因为咳嗽哆嗦得厉害，像个大烟鬼一样在沙地里摸索着她的烟斗；人们认为吸烟可以缓解充血症状。无情的风不断吹灭她刚刚点着的火柴。最后，妮萨倾身从旁边的篝火里取出一块小小的炭火。她小心翼翼地把炭火放到烟斗里，然后深深地吸了一口，把烟含在嘴里，感受着它带来的效果。

Return to Nisa

最后妮萨的咳嗽慢慢平息了。

我很开心有人陪我，尤其是妮萨的陪伴。"嗯。"我说话的时候妮萨把一根木条插进了烟斗里，这样烟就不会灭了，味道也会更强烈。我停下来，确保妮萨在听我说话。"为什么……"我接着说，表示我在想什么事情。然后我用昆人既熟悉又礼貌的表达方式说："为什么今晚睡眠不来找我了呢？"

"嗯，"妮萨立刻回答我，"妈妈哟……"她又深深地吸了一口烟，然后在沙土地上吐了口痰，精确熟练地用沙子把地上的痰盖住。

我又开始说话，之前的开场白已经结束了："不知道为什么我的眼皮就是合不上。睡眠就是不理我。"

"嗯。"妮萨说，表示她在听我说话。我等着，但是她没有再说什么。她把烟斗放下，然后弯腰把烟斗头埋在沙子里。

看起来她很快就又接着睡觉了。然后就又剩下我一个人了，继续在这个无尽的长夜里煎熬。我鼓足勇气，尽量让自己听起来不是很在意："或许我应该到卡车里去睡……"

"嗯。"妮萨继续用之前的声音说，听起来恭敬但又不是很热心，她已经准备睡了。"也许你该去车里睡。"我坐在那里一动不动，不敢承认我多么渴求卡车可以带给我安全感，不敢承认我内心多么恐惧。然后我又说："睡……"

在我哼哼唧唧说完这句话前，妮萨打断了我。"所以，去吧，去车里睡吧！"她坚决地说。

"好，"我回答，就像回答命令一样，"我会这样做的。"
我把我的铺盖卷起来抱到卡车里。卡车驾驶室不长（我两条腿一会儿斜着从座椅上悬到驾驶室底部，一会儿蜷缩到胸部），也不够宽（巨大的方向盘占据了很大的空间）。但是从我铺完毯子，躺下，自用从未有过的小心轻轻地把车门关上的那一刹那起，我就觉得有一股强烈的安全感把我包围起来了。就在一周前，我好像还不知道什么是安全感。和我生活中的恐慌相比，我好像几乎是更盼望死亡的来临了。但是在这里，此时此刻，我觉得很安全。

但是昆人会怎么想呢？我把驾驶室的车窗打开——稍微打开了一点——随着空气进来的还有各种各样的声音：只有我可以听到的声音。它们跑到这个狭窄的空间里，互相推搡着，戏谑地笑着。"你真该看看她是怎么惊慌地跑到卡车里去的。"有一个声音大声说，"她像一只躲避卡车的鸵鸟一样朝卡车门跑过去！"

在我的想象中，这些大笑的声音响彻夜空。如果有卡车追赶，受惊的鸵鸟会逃跑。但它一般会朝哪个方向跑呢？它通常会沿着畅通无阻的大路跑。但是仓皇逃命的鸵鸟身后紧跟着什么？卡车。鸵鸟小小的脑袋像大风里的风向标一样左右摇晃着——鸵鸟的大眼睛看起来比脑子都要大——它是否足够聪明，转个身离开大路朝丛林跑去呢？不会的——因为鸵鸟在丛林的奔跑速度没有在大路上快。

我心里想："我看起来肯定特别滑稽。"脑子里的声音继续着："她得吓成什么样子，以至于跑到卡车里去睡！"接下来几年的时间里，人们会不断夸大其词地讲这个故事。我还记得以前他们模仿一位离开了的考古学家。他们横眉嬲嘴，声音抬到很高，绷紧全身达到最高程度，大声喊："你们在干什么！"他们不断喊："你们在干什么！"因为考古学家经常会大发脾气（通常是因为他所雇的人还没有筛分上面的一层土，就开始接着往下挖了）。

但是也有其他人的声音让我觉得心安。他们说我做得对。如果我发生什么意外，我的家人、我的孩子们会怎么想？我独自离开一个月就已经让他们付出太多了。但是如果我永远离开他们呢，尤其是当我本来能够找个安全的地方保护自己的时候？如果我因为冒不必要的风险而导致自己永远地离开他们，他们是不会原谅我的。

卡车驾驶室的四壁把我包围起来，让我觉得很舒适，就像是待在一个用钢铁和玻璃铸成的子宫里一样。我躺在那里听着风的声音。然后另外一个想法又开始折磨我。每个人都在睡觉，连妮萨也非常轻松地又睡着了，好像危险只是我的想象。

但是当我朝窗外望去，发现他们根本就没有在睡觉。他们在给三堆篝火添加柴火。他们坐在那里聊天，就像中午时候大家坐在一起聊天一样。他们的声音听起来紧张响亮。他们到处活动着——就好像太阳忘记升起来了，但是人们还是开始着手干白天该干的事情。这让我又开始担心另外一件事情。是因为我到卡车里面来睡导致他们现在这个情况，还是这只是对丛林生活一无所知的我认为他们是害怕了？

人们慢慢地又都钻回毯子睡觉了。然后传来一个我永远都不会忘记的声音：一个女人的声音。称它是可怕或者原始的哭喊和哀嚎都远远不足以描绘出它的力量。它听起来像是带有韵律的呻吟和一连串痛苦的哀鸣。声音不断地重复着，带着颤抖的呼吸声，听起来像是来自人内心深处不设防的地方。

几分钟过去了。那个声音还在继续着，响彻夜空。没有人加入、阻止或者安抚这个声音，也没有其他人敢这样做，因为她的声音是如此急迫。是噩梦，还是害怕？是因为我吗？我是不是该提醒一下这个哭喊的女人——和其他人——到卡车车斗里去睡？我们是不是该收拾一下离开这里？

声音最终慢慢消失了，但它却留在我脑海里，挥之不去。多亏了驾驶室给我带来的安全感，我最后也睡着了。

✎ 我在天亮前醒来，外面漆黑的夜空已经微微露出一点鱼肚白。篝火灭了。每个人都还在熟睡中。貌似危险已经过去了。我悄悄地把毯子从车里抱回到我原来睡觉的地方。

天慢慢亮了，人们也一个个醒了：有人把毯子理平了，有人伸出一只胳膊，有人坐起来了，他们在迎接早晨的到来。"我昨晚到卡车里去睡了。"我主动说了出来，但并不是针对某个人说的，只是声音大到他们都可以听到，这样他们就不会认为我从卡车搬到地上是为了故意掩盖什么一样。

"嗯，是呀。"妮萨说，她现在已经醒了，烟斗也点上了。

我以为他们会笑话我，但是没有人说一句玩笑话。而且，他们好像和我一样，因为漫漫长夜终于过去了而如释重负。我去找克肖，他是我的老朋友了，肯定不会和我说谎的。"狮子昨晚没有来，"我谨慎地说，然后又加了一句，"但是我从未如此害怕过！"

"我也是，每个人都很害怕！"克肖说，话语中带着对我们所共同经历的磨难的尊重。

听完这话，我受到了鼓励。为了能让克肖接上我的话，我半开玩笑地说："我差点被吓死了。我跟老天爷请求快点让我睡着，但就是睡不着。最后我跑到卡车里去睡了。"

"你那是明智的选择。"克肖说，声音里没有一点嘲弄的语气，"我们都吓得发抖。你没有听到我老婆宝的声音吗？她都要吓死了，最后吓得喊了出来。"

"是呀，我听到了，但是不知道她怎么了。她做噩梦了吗？"

"不是，不是做梦。她就是被吓成那样的。被狮子吓的！"

八、村庄印象

　　我们本来可以再继续过几天丛林生活，但是没有人愿意再像昨天晚上那样过一夜了。于我而言，我已经在丛林里走了三天，看了三天，经历了狩猎和采集生活，我的需求已经被满足了，至少我目前的需求是满足了。另外，我的身体也已经非常疲乏了。我浑身都疼——后背、双腿、双脚都疼。因为几天来不断地奔走，不小心踩到老鼠洞里，被荆棘刮到，还要在硬地面和软沙土地上走，我的左胯也出现了淤青。

　　猎人昆沙和托马离开我们去狩猎了。其他男人放弃了狩猎，但是他们让我和贝特森克沿着边界大路往南朝多比村开车，说那里有一片檬戈果树林。他们说那里的檬戈果树可能比我们营地附近的果树结的果实多：挂果量一直都不一样，因为降雨量、降雨时间和位置都会影响果树的挂果量。晚一些，我们会在回多比村的路上接上他们。

女人们给自己采集的卡玛可浆果已经够了（终于啊!），但是她们还想再去给营地上"没有带老婆来的"男人们去采集一些。他们没有肉，檬戈果也没有多少，但是至少他们可以带一些卡玛可浆果回村里去。和昨天一样，我跟着她们穿过高草，但是我现在的步子比较慢，精神也比较疲乏。她们采浆果的时候，我就拍照，吃浆果，然后采集一些浆果——虽然我的采集速度非常慢——送给别人做礼物。

时间过得很慢。大概过了一个半小时的时候，我坐了下来，周围有一些狮子留下的旧痕迹。听他们说狮子就再也没有返回来找我们。周围一片祥和。鸟儿、苍蝇和蟋蟀发出的叫声和正在采集浆果的女人们欢快的聊天声融合在一起，听起来像一个独奏队合奏的一场室内管弦乐。但是我内心一直都难以安静下来。焦虑——我最忠实的伴侣——又不可避免地涌上心头。我身体的疼痛一直都没有消失，这引起了我内心深处的恐惧。这种恐惧感时刻提醒着我，我的生活岌岌可危。另外，我胳膊肘上的疼痛怎么也不见好呢？

我累了，心理的防线也放了下来。坐在沙土地上，我感觉自己像是活在另一个纪元里，我又想了一遍我比较关心的问题。我身上的疼痛越来越严重。回到多比村的生活——回归乡村生活，回到有牛群、羊群和瘦骨嶙峋的狗群的地方，回到农业和过度放牧的生活，回到有卡车嗡嗡作响和有持枪士兵巡视的恐惧中，回到不公平和有物质渴求的地方——想起来有些艰难。在丛林里的生活是自由的：这里视觉纯净，身体、思想和精神有足够的空间。丛林是我去过的最远的地方，也是我最想去的地方，即使在梦里。当我受伤，当我想寻求慰藉或者当我需要一个人安静一下的时候，我的精神世界再也找不到比丛林更适合的地方了。虽然这片土地上有狮子，有豹子，有豪猪，还让人足底生出水泡，让人筋疲力尽，但是这些丝毫没有削弱它在爱它的人眼中的魅力。

回到村子里的生活像是钟摆的下摆动作。它朝着——不是离开——我一直以来迫切渴望离开的生活更近了一步。我的非洲之旅还没有进行到一半，但是最好的时光好像已经过去了。纯粹的自由，纯净的空气，荒野里大家对我的支持，简单得不能再简单的生活——经历了这些之后，我怎么可能回到我"原来的"生活？我又该如何回归我的家庭生活？

✎ 我的家庭：想到这些我就觉得很复杂。我和他们现在的关系是怎样的？我是如何在 9 000 英里之外做到对自己的生活如此专注的？这是患癌压力之下的虚假自我，还是这才是真正的我？以前那个尽职尽责的慈母现在看起来是如此的遥远和不真实。以前我所做的一切都是假的吗？以前的我做错了吗？

我回想起我的第一个孩子。我还记得曾和朋友们说，在 32 岁的时候拥有了她让我的生活有了一种快乐，这种快乐是我以前从未体会到的。我还记得通过我肚子上的听诊器听到她神奇心跳声时的感觉。记得当时我像一个昆族女人一样，充满了虔诚的奉献精神，然后在没有任何药物帮助的情况下生下了她。记得我即将临盆的那个早上，在乡下一个安静的池塘边，看到一只昂首阔步的加拿大黑雁，身后跟着一群小雁——这是预示多子的一个神奇征兆。当然我还记得她出生后我看到她时的惊讶，这个小小的孩子竟然是从我身体里出来的。

我想起了我的第二个孩子。医生告诉我羊膜穿刺结果显示孩子很健康，听到医生的话我激动地泪流满面，如释重负。虽然我并没有想着要提前知道孩子的性别，但是当技术人员问我："你想知道是男孩还是女孩吗？"我的心怦

Return to Nisa

怦跳了起来。我低声说:"想知道。"当我知道我怀的是个男孩时,我又哭了。我回想起我儿子的顺利出生,想起他温柔得如同唱歌般的声音,想起他还不认字就滔滔不绝地说话的情景。

我当时已经有一儿一女。其实那个时候我本可以不再要孩子了。但是,五年后,我又渴望孕育生命的感觉。除此之外,还有什么样的感觉会如此强烈,让人如此满足和充满激情?我41岁的时候,也向那只昂首阔步的黑雁一样,高高昂起了我的头——我又怀了一个女孩——我为体内流淌的血液感到骄傲。小女儿15个月大还在吃奶的时候,我被诊断出了癌症。我要做乳房切除手术,小女儿也在一夜之间被断奶,这伤透了我的心。我们之间还有什么样的对话能和我们以前常常练习的二重唱相匹配?我又怎么可以放弃自己要做一个布须曼女人的想法?布须曼女人通常会给孩子喂奶到5岁为止,这时通常是孩子自己选择不再吃奶了。

不——孩子们不是问题。他们填补了我原本空虚的生活,这也是我一开始没有意识到的。他们挑战了所有的极限,在我不知道的情况下,把原来带棱角的生活变成了现在圆满的生活。这就像一个充气气球,原本是扁扁的一片,充满气后就变成了一个球。他们让生活充满了温柔和激情，他们既给予也索取，我们保护和培养他们，他们也给我们的生活带来了欢笑和泪水。不是的——有他们在的生活一点都不虚假。

但是我还是不想回到原来的生活。余生一个人生活对我的诱惑力让我震惊。孩子们带给了我心跳、歌声和二重唱，让生活从扁扁的一片变成了一个球，但是他们也让生活充满了责任，他们不断提出要求，抱怨，争吵，我也要不断计算和分配资源。孩子们的喧闹声是如此之大，以至于我听不到自己的声音。还是喧闹声刚刚停止了？在这里，我终于也能听到他们的喧闹声了，即使声音听起来非常微弱。但是这个声音是如此好听，我害怕再也听不到这个声音——我甚至愿意不惜一切代价守住这个声音。

采摘的女人们早就走远了，只有远处传来的说话声告诉了我她们的踪迹。我本来是要跟着她们走完这一天的，但是克霞茹，小灯的妈妈，打算回营地。她一边采集浆果，一边要应付捣乱的小灯，半天下来已经筋疲力尽。我和克霞茹一起回了营地。回去后我看到早早结束狩猎的托马正在和贝特森克聊天。

天气热得让人喘不过气来，我躺在卡车的阴影里，很快就睡着了。醒来后，托马和克霞茹帮我完成了之前的一份人口调查，他们告诉我都是哪些人住在哪个村子。我还问了他们有关我采集的人类自然饮食中含有维生素 E 的植物。他们告诉我这些植物可食用的部分以及该如何食用这些植物。

几个小时之后，出去采集浆果的女人们也回来了。她们每个人都背着装得满满的袋子——六个半小时的劳动成果令人惊叹。猎人昆沙回来的时候太阳已经开始降落，昆沙显得很疲惫，身上落满了尘土，他这一次还是空手而归。我们开始收拾打包，往卡车上装了数百磅重的浆果、干果和根茎，然后驱车离开了。身后的营地到处都是我们来来往往的踪迹，给能识别踪迹的人留下了一片可以辨识的痕迹：有在草地上碾压过的痕迹，有没有烧完的木头，有浇灭的火堆，有清扫过的地面，还有我们野餐后剩下的东西。即使是最普通的昆人也能想象出我们的大部分活动：对他们而言，我们的日常活动就像写在沙地上的字迹一样清晰可辨。

⟋ 我们的车行驶在边界大路上，太阳也一路追着我们。太阳洒下的长长的橘黄色阳光照耀在高高的草尖儿上，连路边的树皮也有了斑驳的影子。每个人看起来都心满意足。

女人们在卡车上高兴地唱着《卡车之歌》，很多年前我也唱过这首歌，现在还能清晰记得这首歌："我们住在果树林里，哦哦啊呀哦啊。"她们一遍遍地大声重复着副歌部分。我也和她们一起哼唱着——这个曲子也让我想起过去的美好时光。我把头探出车窗，风吹拂着我的头发。我深深地陶醉在这一天即将结束时的美景中。

在路边等我们的男人们见到我们时深深地舒了一口气。他们看起来好像很兴奋——是太兴奋了。他们没有找到檬戈果树，但是他们找到狮子了，或者说是狮子找到他们了。克肖——前天晚上被狮子吓得直哆嗦，他老婆也因为害怕狮子而大声叫喊出来——给我们讲了他的故事。

早上，男人们从贝特森克的车上下来后就分开行动了——男人们狩猎时经常会分开行动，而女人们采集时却很少分开。到了大上午的时候，克肖已经是孤身一人了。他先是听到声音，是一个从嗓子里发出来的让他魂飞魄散的声音。然后他看到一头公狮从草地里走出来，并朝他走过来。克肖边挥舞胳膊边大声叫喊。狮子站在那里不动了。克肖接着大声叫喊，连骂带咒，想让自己看起来和听起来都很强大的样子。狮子没有动。它们就这样面对面地站了很久，后来狮子慢慢朝后退了几步，然后转身回到了丛林里。

克肖还没有来得及细细品味成功就听到两头狮子的怒吼声，这两头狮子就在离他不远的地方转来转去。克肖和狮子就这样僵持了几个小时，他不知道狮子是否会突然攻击他，他也不知道自己是否还能活着出去。远处传来的卡车声把狮子吓跑了，克肖也最终被解救了。

克肖颤抖着把他的经历讲完。我们站在空地里听克肖讲的时候也禁不住哆嗦起来。克肖和其他没有碰上狮子的男人们把袋子扔上车，然后我们开车走了。

✎ 我想起我第一次见到克肖时的情景，那是 20 年前我到多比的第二天。那一天克肖在丛林里找到了他父亲的鞋子，鞋子上沾满了血。克肖当时很担心。他的担心也是很正常的：几天前一头受伤的大水牛在附近被杀死了。

和美洲水牛或者野牛相比，非洲水牛体格更大，力气也更大。这是一头黑色的水牛，有向上弯曲最后成尖的宽大牛角。水牛角——让人想起 20 世纪 60 年代的一种叫做"跳跳"（flip）的荒诞发型——悬在水牛硕大的身体上。水牛这种动物看起来像是某位古怪艺术家手下的作品，艺术家故意把水牛画得看起来和大千世界上的大部分生物很不协调，但是水牛角却是经过精心设计、能够保护这种高贵动物的武器。

　　一位赫雷罗族牧民在借步枪去狩猎的时候把水牛的故事传开了。他说他在离几个村子几英里远的季节性水池边击中一头水牛。但是他并没有一枪打死水牛，受伤的水牛逃跑了。这位赫雷罗族牧民那天一直在找这头水牛。但是第二天，他说水牛看起来"好像消失了"。

　　有丛林传说和欧美狩猎传统说，受伤的水牛是最危险的动物之一。水牛的体格、速度和它那巨大牛角的宽度和锐度足以佐证它的危险性。另外，水牛狡猾和精于算计的报复之心也让它们成了一个传说。受伤的水牛会蜷伏在高高的草丛中，或者躲藏在灌木丛里，等着它的袭击者——或者任何可以接受的替代物——过来找它。水牛就这样静静地躺着，一动不动，不为人知。它会慢慢消耗它残留的力量，一直等到它的追随者找到它。那个时候的水牛通常是具有致命危险性的。

　　受伤的水牛身上充满了怒气，它们会袭击村庄，有时候也会杀死随机撞见它们的人。昆人害怕水牛的凶猛，因此很少猎捕水牛。他们也不吃水牛的心脏，因为水牛"怒气太重"。

　　那位赫雷罗族牧民多次尝试找到那头受伤的水牛。有一次他真的看到了那头水牛并朝它开了枪。但是，和之前一样，这并不是致命的一枪，水牛又逃跑了。

水牛逃跑的消息让每个人都忧心忡忡。昆桑人请两位有枪的人类学家帮他们去射杀那头逃跑的水牛。他们的计划是：先去水牛晚上可能去过的一个水坑，然后猎捕大军——两位人类学家和八位昆人——会从那个地方开始跟踪水牛。

当然我也想和他们一起去。这才是我到多比地区的第二天，但是昆桑人的神秘世界就已经展现在我面前了。

那是个8月的上午，当时的天气预示着即将来临的季节又热又干，我们一行人爬上卡车，然后朝水坑开去——这是一块比较宽阔平坦的岩石地，周围有低矮的灌木丛和荆棘树，岩石地中间凹下去的地方装满了水。一只走失的牛在水坑的另一端饮水，因为牧民是不会这么早把牛群赶出来喝水的。

我们在这片荒凉如月球表面的坑地边缘搜寻着受伤的水牛的踪迹，每个人看起来都有些紧张。男人们找到一片动物踪迹后停了下来。这是受伤的水牛留下的踪迹，还是一头体格壮大的牛留下来的？经过一番激烈的讨论后，他们最后总结那只受伤的水牛晚上根本就没有来过这个水坑。

那位赫雷罗族牧民当时也加入了我们，他提议说带我们去前天他射中水牛的那个地方。我们驱车沿着边界大路朝北开去，然后停车让猎人们下车。卡车载着人类学家紧紧跟在猎人身后。他们找到了受伤水牛的踪迹，但这是一天前的踪迹了。他们通过踪迹判断出水牛之前在什么地方躺了下来，站起来，然后又躺下了。又走了半英里，一个猎人通过手势告诉我们："有新足迹！"他通过手势告诉我们，这些足迹还不到一个小时。受伤的水牛很可能就躺在前面的灌木丛里。

猎人们朝前面的灌木丛走去，他们身体紧绷着，精神处于戒备状态，也不再说话了。卡车发动机的嗡嗡声，以及前进的卡车压倒灌木和细小树木时发出的断裂声盖住了其他更小的声音。猎人们继续朝前走。然后，一刹那间我们在高高的草地里看到了水牛那黑色的宽大牛角！卡车停了下来，周围的一切又恢复了以往的声音，男人们向四处散去。猎人们爬到了附近的树上，从较低的树杈上传来他们激动的低语声。

一位人类学家从卡车爬到了树上，想着开枪时可以清晰地看到猎物。随着枪响，水牛仓皇而逃。人类学家再次瞄准目标开枪。这一次水牛一瘸一拐地跑了，逃到比较浓密的灌木丛里藏了起来。

有些人站在地上，其他人站在树上，我站在卡车车顶上，迫切想看到和知道发生了什么——然后决定性的一刻来了。这个过程就好像是慢镜头一样，每一个动作都被放慢了。这时候背着人类学家步枪的赫雷罗族牧民有些犹豫地朝灌木丛走去。他沿着灌木丛边缘朝一个方向走去，返回来的时候身边还有另外三个昆族猎人。他们把箭放到弦上，然后沿着灌木丛朝另外一个方向走去。他们消失在灌木丛里。周围安静得有些令人不安。一声枪响后，周围更加安静，然后突然传来人们激动的声音。这场好戏就这样结束了。水牛死了。

当男人们分割牛肉的时候，他们开始找击中水牛的那几枪，讨论着每一枪给水牛带来的伤害，尽最大的可能判断哪一枪才是致命的那一枪——这对决定谁来分配牛肉至关重要。他们效率极高，很快扒掉了牛皮，切掉了牛腿，然后把牛肉切成长条。除去对他们毫无用处的牛角外，水牛的其他部位都会被分掉。

当他们把牛胃切开时，一股恶臭窜了出来，他们在胃里找到了第一颗子弹。几天以来，胃上的伤口已经化脓，糜烂部分也开始冒泡——这是动物防御系统抵抗感染和疾病的症状。眼前的场景让我作呕，头也开始发晕，于是我去远处找了块阴凉地躺了下来。

突然从离卡车不远的地方传来一声急促的喊声，痛苦的声音打破了当时的庆祝气氛。是克肖的声音，他手里握着他父亲沾满血迹的鞋子。不远处的地上撒落着老人的袋子和珠子，好像是被扔在地上一样。沙土地上有老人和水牛搏斗过的痕迹。

我们爬上卡车，留下赫雷罗人一个人在那里继续分解牛肉，然后赶紧驱车回多比村。如果我们在那里没有找到克肖的父亲，我们还会回来根据地上的踪迹寻找他。当我们快到村子的时候，人们朝我们跑过来，边跑边喊着什么，声音很激动。是的，他们告诉我们，克肖的父亲被水牛袭击了。但是老人家还是回到了多比村。有一位人类学家帮他清洗并处理了伤口。考虑到老人家所经历的一切，他当时的状态还算不错。

卡车在开往克肖所住的村子的路上，我想起我前天晚上见到克肖父亲时的情景。老人家看起来庄严自豪。他大概 70 岁，是多比村最受敬重的人之一。他是一个"传统"人：他有两位妻子，一年中有九个月在丛林里谋生。和他的儿子们不同，他对人类学家敬而远之，而且他也从来不找他们帮忙。

我们看到老人家躺在那里，满身伤痕，双腿也用绷带包裹了起来。但是他脸上宽厚的笑容表明他还活着，身体也没什么大碍。老人家和我们讲述了他的经历，听起来条理也很清晰。那天早上，他早早离开营地到附近的一块地里采集果实。他确实看到一只庞大的动物躺在草地里，但是，由于上了年纪，眼神不好，他以为躺在那里的只是一只赫雷罗人的牛。他继续朝前走。然后躺在那里的动物突然站起来并且攻击了他，把他一下甩到空中。

老人家被甩出去大概 15 英尺远。受伤的水牛又立刻追上去，用头顶他，还试着用牛角戳他。不知如何老人家从水牛的腿间滑了出来，然后当水牛后退准备再次进攻的时候，他也开始后退。预想着水牛攻击时可能做出的动作，老人家成功地避开了锋利的牛角。最后，水牛放弃老人回到了丛林中，并躺了下来。老人家悄悄地爬走了。他腿上的伤口是水牛的后腿划开的，他的胳膊肿了。另外因为被水牛强有力的牛角扔来扔去，他的头上也有淤伤。

当赫雷罗族牧民听到这件事情的细节时，他放弃了对肉的所有权。我们把水牛肉搬到卡车上拉回多比村，然后把大部分肉分给了昆桑人。

✎ 从营地回多比村的路上我和妮萨再没怎么说话。但是我们坐在卡车驾驶室里，身体晃来晃去不由自主地撞到彼此的时候，妮萨说到我的胸碰到了她。可能她觉得不舒服，更或许是，她认为我可能会觉得不舒服。

我调整了一下坐姿，告诉妮萨："那不是真的乳房。"我们在丛林里的这几天让我更加信任她了。但是我相信妮萨其实早就知道这件事情了。几个月前梅根·比塞尔已经把这个消息告诉她了，还告诉妮萨不久后我也会来这里。

"梅根和你说过我生病了吗?"我问妮萨。

"嗯，梅根和我说了。"妮萨简单平淡地回答我。

"是啊，"我说，"我的医生在我右侧乳房里发现了非常严重的疾病，我病得太重，医生便把我的乳房切掉了。"我不知道妮萨能听懂多少我说的话。昆族妇女中还没有发现乳腺癌这种病，而且他们对这种病也没有任何概念。事实上，我们称为癌症的那一全套疾病在他们的语言中并没有相对应的词语。

"现在呢，我的右侧就像个男人一样。"我继续说，想让她知道我的病，"之前你碰到的是其他东西，是我放的别的东西，这样人们就不会看出来。"

"嗯，我也是，我乳房里也有病。"妮萨指着她的左侧

Return to Nisa

乳房说。

妮萨怎么能懂呢？因为生病切掉乳房听起来肯定特别野蛮，甚至原始。妮萨肯定很难理解我对我的病的解释，就像我也很难理解她对她儿子死亡的解释："是神射出的精神之箭把他带走了。"

"哦，这可不妙。"我说，"但是我的病当时也没有好转。我当时很可能会病死。"然后我又补充了句："我现在还可能会死。"

"我和雏果会在跳降灵舞时给你治疗的，让我们看看是哪里有问题了。"

妮萨的话很简单，但这正是我一直以来所渴望听到的。她会帮我。过去一年的痛苦和恐惧一下子涌了上来，我的眼睛湿润了，声音也变得柔和。"过去的一年很糟糕。"我向妮萨吐露心声，"我觉得特别痛苦。"

没有鼓励我继续说下去，妮萨说："我会试着帮你的。"

回到多比村后，一个昆族送信人给我送来一封来自梅根的信。梅根现在在纳米比亚工作。我们从纳米比亚边界经过几分钟之后，梅根就到了那里。梅根把信给信使一个小时之后，信使才把信送到我手上——对1英里的距离而言，这速度实在是太慢了。我赶紧朝边界跑去，希望能看到梅根，但是我们错过了彼此。边界围栏上有一张新别上去的纸条，上面写着："我等到了6点，然后走了，很快我会再过来一趟的。希望到时候能见到你。"

卡车上的人早就背上了食物，带着旅途上的发生的故事回到了他们各自的村子。我是多么想听听他们是如何给村里人讲这些故事的啊！我和贝特森克回到了我们的营地。图玛和波正坐在那里，篝火上煮着晚饭和烧着洗澡用的热水——我们会趁着夜色在一个浅盆里洗澡，热水会暂时驱走晚上寒冷的空气。晚饭后，波回到妮萨那里，图玛回到了他父亲的村子，图玛在受雇期间睡在他父亲那里。像往常一样，贝特森克早早钻进了帐篷。

冬天的风穿透了我紧紧裹在腿上的毯子。这几天刚刚"击中"出现的（昆语中的一种表达，箭射中目标，如成功射中动物时也会用到这个词）月牙早就落下去了。我又一次坐在了篝火旁。我又是孤身一人了。我觉得自己可能有点太孤单了，尤其是过了几天群体生活之后，这种感觉更加强烈了。黑夜里传来豺的叫声，但是我并没有害怕，别人也告诉过我不用害怕。黑暗的夜里某些地方还有狮子。但是即使狮子就在附近，我也不用担心。周围有牛群、羊群、驴子和马给它们吃，它们不会来找帐篷里的我的。

Return to Nisa

还有两周时间。最初的调整都过去了，我来这里的重头戏还在前面。剩下两周的时间：我要采访妮萨，和老朋友联系，结识新朋友，观察人们的生活，看看我能不能帮上忙，拍照片——检验我旅行中其他的梦想是否可以实现。

猎人昆沙是我见过的最勤劳的一个人，他将是我的模范。昆沙热爱灌木丛，喜欢从灌木丛中获得生计。他是多比村唯一一个拒绝给邻居班图人喂牛的人。可以肯定的是，当政府分发食物等救济品时，他也会领取：有玉米粉和混合粥等"抗旱救灾"的救济品。政府在旱灾结束后还会继续分发这些救济品。但是他不会放弃他的独立性——即使这样做的其他人已经算是相当成功了。他的女儿和女婿们也以他为榜样：他所在的村子是多比地区唯一一个在经济上并不依附于班图族牛群的村子。

与他的独立性相比，我更多是被昆沙的坚忍的毅力打动了。在刚刚过去的丛林之旅中，虽然昆沙是年纪最大的一个男人，但他从来没有早退过。在那次猎捕豪猪的行动中，昆沙在蚁穴中连续工作找了好几个小时后才放弃。昆沙狩猎的时候会去一整天，并且是每天都去——虽然最后一天除了昆沙和托马之外，其他人都放弃了。另外，那天托马大概中午就回营了，而昆沙一直到天将黑才回来。昆沙想要肉，他想猎捕到动物。即使面对一次又一次的失败，他也不轻言放弃，而且他每一次都会不遗余力。他的毅力和技能让他成为这个区域里最成功的猎人之一，也给他带来了"猎人昆沙"的昵称。

我的昵称是什么呢？以前我的昵称是"千里眼玛乔丽"，因为我能很快找到动物，有时候甚至在昆人之前就找到了动物。现在呢？"珍惜每一天的玛乔丽"？或者是"冒险家玛乔丽"？"人类学家玛乔丽"？"摄影师玛乔丽"？抑或是"自我治愈者玛乔丽"？或许在未来的两周就会有答案了。

天还黑的时候公鸡就开始打鸣了，好像这样做天就能快点亮起来似的。我躺在毯子里，觉得帐篷里很安全，很开心自己不用马上起来。几天的群体生活让我现在觉得隐私更像是一种奢侈品。

我还在吃早饭的时候士兵们就又来了。"你的丛林之旅怎么样？""你们具体都做什么了？""你现在的计划是什么？""你是否还有其他的旅行计划？""你打算在这里待多久？"他们虽然友善，但他们的目标也很明确：我会被严密监视的。另外同样明确的是，我的任何行为都不能逃过他们的雷达。我尽力做到坦诚友善，希望接下来的两周自己还可以留在这里。最后他们终于离开了，我长舒了一口气。现在我可以开始这一天的生活了。

我拿上文件和相机，朝村子走去。我计划每天去一个不同的村子。这样我可以联系上多年前的老朋友，认识新的朋友，而且我也可以亲眼看到村子里的现状。前一天碰到狮子的克肖会做我的向导。他早上过来想让我帮个忙：问我是否可以让贝特森克开卡车去离村子不太远的地方，把他和他老婆宝割下来的草拉回来。他们要用这些草来盖屋顶。"不太远"指的是走路单程大概需要两个小时；村民们只有走这么远才能找到没有被牛羊吃过的草。我告诉克肖："没问题。你们准备好后，指给贝特森克草地在什么地方，他会开车把草给你们拉到村子里的。"

我跟在克肖后面，沿着沙土地里的被人踩出来的路走着。这些纵横交错的路像迷宫里的路一样，在这个迷宫里我不知道自己怎么来的，也不知道该如何回去。走了大概半英里的路程，前面出现了一片空地，空地上的树很少，一大片沙土地被杂乱低矮的荆棘丛覆盖着。空地上的三个村子如果不能够看见彼此，也能够听见彼此的动静。

这些村子变化可真大！20 年前，多比地区的村子没有篱笆，没有泥墙，也没有修葺整齐的茅草屋顶。那个时候村子的地面也像现在一样是光秃秃的沙地，因为这样可以防止蛇或者其他生物在这里藏身。但是当时，在简单的茅草屋后面有生机盎然的自然植被，这些绿植生命力旺盛，村民们不得不定期清理，否则它们很快会长满整个村子。几个茅草屋围成一个圆，每个茅草屋的门都面朝圆心，村民的生活也就在圆周上和圆圈内流动发生着。村民们没有个人物品，所有的物品都是按照个人意愿或者被强制共有。在离得比较远的地方可能很难看到村庄，因为村庄和周围的灌木丛都融为一体了。

现在我眼前的村庄并没有和灌木丛融合到一起。村舍周围有齐肩高的柱子围成的篱笆，篱笆里圈住的是个人财产。柱子的底部堆放着割下来的荆棘，这样可以保证鸡或其他家养小动物只能在指定入口进（出）。能够提供阴凉的树被留了下来，但是篱笆附近的其他植被清理得干干净净，在这场人与植被的战争中，村民们早已取得了决定性的胜利。篱笆里面圈着四五间屋舍，坚固的房屋砌的是泥墙，盖的是茅草屋顶——这些如果不是几个月至少也是几个星期的高强度劳动成果。原来的几个屋舍的圆形构成已变成现在的弯折线，每个屋舍的门都朝着院子的出口方向。

我们路过了两个村子，我和村子里的人大声打着招呼，干热的空气里传来村民的回应，然后我们在克肖所住的村子前停了下来。这个村子的篱笆墙里有四间修葺整齐的泥棚屋，旁边是两个传统的棚屋，分别属于依赖克肖生活的姐姐和姐夫，和克肖精神有些异常的弟弟和弟妹。传统棚屋屋顶上盖的是布，不是草。与泥屋相比，传统棚屋光线强，透风性也好。虽然现在传统棚屋可能是贫困的象征，但我还是很开心能看到这样的棚屋：因为它们代表了过去，即使它们现在有问题，但是它们的过去是完整庄严的。

我和克肖的老婆宝坐到了篝火旁。她和三个最小的孩子在吃在一个三足铁锅里煮了好几个小时的玉米粒。作为他们的客人，我也吃了一些坚硬的如同利马豆般大小的玉米粒粥。我送给他们一些茶叶、奶粉、糖，另外还有我从家里带来的一些衣服。我拿出一份人口调查单，然后让克肖带我到处转转。

克肖满脸自豪地带我去了院子最远的一端。那里有一个一些褪色的红色 44 加仑①水桶，水桶上面有标记和凹痕。克肖把手伸进桶里，然后抓出一把玉米粒，就是我们之前刚刚吃过的那种玉米粒。克肖告诉我这是他在自己园子里

---

① 1 加仑约合 3.785 升。——中译注

种出来的，他说这话时喜悦之情溢于言表。当年的雨水还不错，地里的庄稼收成也很好。后来我们在另外一家比较能干的人的院子里看到了相当大的一堆瓜，个头和西瓜差不多，但是没有西瓜甜。

看着这个"现代"的村子和这个成功的家庭，我不禁想起20年前我第一次看到克肖和他老婆时的情景。我第一次来这里的时候很快就认识了克肖。事实上，塔萨伊，克肖的哥哥，是我认识的第一个布须曼人。有一位人类学家来马翁接我和我丈夫，马翁是我们飞机之行的最后一站，也是我们卡车之行的第一站，和人类学家同来的还有来自多比地区的塔萨伊。

克肖一家完全靠猎捕野生动物和采集浆果为生，他们一半时间在丛林里，一半时间在多比地区的村子里。克肖他们就是人类学家所找的"传统"昆桑人，他们是和讲班图语的邻居分开住的那群人。克肖和他的家人——他的父亲、母亲以及他母亲的平妻、他哥哥、他姐姐，还有他们各自的家庭——是欢迎外来者的人，也是早期研究对象中的核心群体。

但是他们这个村子不久也会失去其独立性。多年来这个村子没有受到打扰，部分原因是那口干井的保护——这口井是一块岩石露头，在干旱季节给村民提供的水少得可怜，更别说给牛羊喝了。但是人们辛苦劳作在附近区域深挖了几口井，多比地区将来也不会是个例外。但是这个村子的位置至少能让他们再独立一段时间。这个村子离纳米比亚有1英里的距离，它离边界太近，赫雷罗人对它并不感兴趣。赫雷罗人是昆人人口最多的邻居，也是最有可能定居在昆人传统土地上的人。

赫雷罗人并不是不喜欢纳米比亚。相反，他们把纳米比亚看成是他们心中的故土和文化之乡。但是双方政府都不允许赫雷罗人带着他们的牲畜和财产穿过边界到纳米比亚定居。这在政治上也是不可能的：在纳米比亚，边界线以西的区域是昆桑人的合法区域。巡逻的纳米比亚警察如果发现边界另一侧有牲畜会当场射击，也会定期检查路上的足迹和其他活动印记。因此，如果赫雷罗人在靠近边界线太近的地方定居，那他们有失去牲畜的危险。

但是自1964年两国之间树立起边界，控制班图人在博茨瓦纳传统昆人土地上定居变得更加困难。到1989年我到这里的时候，牛群——以及它们讲班图语的主人——已经深深扎根在多比地区了。

✎ 那天晚上我一个人坐在篝火边，手里捧着日记本。黑夜里传来牲畜身上的铃铛响。牛群在远处哞哞叫。猎人昆沙的村子里传来妇女们的歌唱声。贝特森克花了他月收入的很大一部分请四位昆族女人唱歌和请昆沙做神抚术。看起来，贝特森克也像我一样内心很害怕。

妇女们的歌声停了下来，然后又开始唱起来了，但是听起来没有什么生气。黑暗中有人从我的营地旁边经过，用当地的吉他弹奏着一首茨瓦纳曲子——可能是一位"阴凉地所有者"，当地人这样称呼年轻的男子。白天早些时候听说往北几英里的地方有四头狮子。可以肯定的是，营地附近的牲畜太多了，狮子是不会过来吃我的。

还有两周我就要离开这里了。我想念我的家人，特别想念他们。我旅行结束前还有很多事情想做，但是我发现我已经开始盼着回家了。我在这里做什么？做研究？是啊，但是为什么？妮萨看起来不关心我。其他人也不关心我。

我不想一个人孤零零的，也不想坐在这里自怨自艾，于是我顺着歌声去了昆沙的村子。舞蹈规模并不是很大。毫无激情的参与者只是做了贝特森克让他们做的事情：四个女人唱歌，昆沙跳降灵舞。另外还有几个女人也加入其中，但也有些敷衍了事。昆沙给几个女人、贝特森克和另一堆篝火旁的几个坐着聊天的男人实施了神抚。等我走到那里的时候，贝特森克看起来准备要走了。这是贝特森克第一次体验布须曼人的治愈仪式；不管贝特森克有什么样的预期，他看起来还算满意。但是舞蹈仍然继续着，好像没人知道贝特森克付的钱够他们跳多少降灵舞。我问贝特森克是否被治愈了，他说："嗯，还可以。"晚上有点冷，柴火也快烧完了。我告诉唱歌的女人们贝特森克和我说的话，几分钟以后，大伙就散了。

回到帐篷里，我把煤油灯点上挂到帐篷外面的门帘上。我的手电坏了，贝特森克的手电也坏了。如果我点一夜的煤油灯，老鼠们或许就不会过来骚扰我了。前一天晚上，有一只老鼠钻进了我的帐篷，然后到处乱窜。我想把它赶出去，但是黑乎乎的，我也不知道它在哪。我把帐篷的门帘掀开了一会儿，然后在里面狂折腾了一阵，心想这样也许就赶走它了。但是接下来整个晚上，那只老鼠不断吵醒我，有一会儿它甚至开始咬我的头发。

早晨起来后我去了另外一个村子，给他们带了一些礼物，和住在那里的人聊了聊他们都吃些什么，他们是怎么过日子的。然后我去了妮萨和波住的地方。他们住的地方干净整洁，和旁边的人家有一定的距离。高高的木头棍子把他们的院子围了起来，院子里有两间泥棚屋——屋顶上盖的是晒干的丛林草——和一个烧火做饭的区域。两只公鸡正全速在柱子间奔跑，它们卷入了一场激烈的斗争，一会儿停下来，一会儿又继续奔跑。一只瘦骨嶙峋的狗在离我们坐的不远的地方趴了下来，然后慢慢地朝我们爬过来，想着可以讨要一口吃的。妮萨朝着狗"嘘"了一声，狗一边往后退一边哀叫着。妮萨和波把我当成客人招待，他们给我端来茶水，然后还抱歉地和我说没有牛奶了；妮萨的侄女奈还没有把奶带过来。我们聊了聊他们的生活现状，听起来他们对目前的状况大部分都很满意。他们唯一的亲戚是奈，从奈住的地方走到妮萨家大概需要 20 分钟。如果妮萨他们需要帮助的话，还是找住在邻村的人比较合适。

妮萨他们的第一个棚屋是用来睡觉的，里面设施比较标准：地上铺着几张毯子，有一盏煤油灯，还有另外几件物品。第二个储物间里的东西让我震撼了。屋子里装着一堆几年前都难以想象到的东西：上着锁的箱子，从屋子一侧墙上拉到另一侧墙上的绳子上挂着毯子，各式各样的容器和工具，我们从丛林里带回来的一堆檬戈果，珠子穿成的扎头带（降灵舞上戴的），装着政府救济粮的袋子，包括一袋 25 磅重的豆奶谷物制品（全蛋白食品），还有一袋差不多大小的干玉米粒（要花上几个小时才能煮软）。

Return to Nisa

不久后我和妮萨坐下来开始进行访谈，虽然有些压抑，但是整体进行得还不错。我们谈到了老年，谈到了她的未来。

没有子女是让妮萨觉得非常遗憾的一件事。我们对她未来的讨论好像进一步强调了她的损失。

等我老到快死只能坐着的时候，没有人给我倒水喝。我就躺在那里。也没有柴火。我旁边没有篝火。那就是我将来老了的样子……我没有吃的。然后我会冻死、饿死、渴死。等我一点力气都没有的时候，我也没有任何脸面了。就这样结束了。我会躺在那里，又饿又渴。旁边也没有取暖的火。我就是这样冻死、饿死、渴死的。因为我孤身一人，无儿无女。

还有我的牛啊。我坐在那里，喊人过来给我的牛挤奶，这样我就可以喝到牛奶了。那个人本该是我的儿子，我的儿子是我生的，他是吃我的奶长大的……上帝太无情了……如果我的儿子还活着的话，我不会这么痛苦的。但是今天我就只能这样坐着，想啊想啊想啊想。

妮萨觉得有一两个远房亲戚可能可以帮忙，但她还是觉得没有安全感。

别人会来看我们，他们会说我们太老了，快死了，说我们不是他们的亲戚……他们不会给我们带柴火过来，不会给我们生火。他们不会给我们打水，不会给我们水喝。只有你自己生的孩子，吃你奶长大的孩子才会给你做这些。

我，没有孩子。我和波老了以后，我们两个就坐在一起，然后死去。如果上帝可怜我们，我们两个人中有一个人先老了，快死了，另外一个人还有力气照顾对方。

即使妮萨现在的心情非常沉重，她的牛给她带来了安慰。她有时候说起那些牛就好像说自己的孩子一样。

当我和波都老了，我们就坐在一起，将来就是那个样子。因为没有其他人会帮我们。只有我们的牛和我们在一起，它们会"哞——哞"叫。这些牛就是我们的孩子。

我很感激。因为如果你有牛，你就好像是和一个人生活在一起，一个真正的人。牛会哭叫，"哞——哞"。你听到它叫的时候，你会站起来把它领走。你们两个会一起聊天。是的，牛是个好东西。你会很开心地把它带走。哦，妈妈哟！真是这样呢！

我又像几天前那样问她，如果没有这几头牛的话，她的生活会是什么样子的。她说她就会待在她原来的村子里，会和别人讨要一些吃的，自己也会去采集一些吃的。

但是我会不开心的。我会看着那些有牛的人，说他们

Return to Nisa

不愁吃喝。而我呢，我要去采集食物，我会难过。如果你不采集食物的话，就没有吃的了吧？身上会不会疼啊？身体会不会累啊？而且就像我现在一样，我的眼神不好使了，这样的话我怎么能找得到吃的啊？

虽然这一天的话题都比较沉重，但是和妮萨聊得很愉快。她还像以前那样，每一句话都那么富有感染力。每谈到一个新话题，我都想和妮萨聊上 50 次，而不是 10 次，这样我就可以把所有的细节都录下来了，我也能够理解所有的细微差别。然后我就开始担心我回到家后要有多少个小时的磁带录音需要翻译。第一本书花了 10 年的时间才完成。

下午博茨瓦纳的国防军又来我的营地了。像往常一样，我竭力讨好他们，给他们端来茶水，但是他们很少喝。和他们礼貌交谈，问他们的生活，当然只是轻描淡写地问了问。我们之间的交谈很礼貌，我也没有期待他们回答我，问题也都无关痛痒。他们本可以轻而易举地把我赶出去的。他们疑心很重。他们最终离开的时候，已经日落西山了。当士兵汽车引擎发出的嗡嗡声在远方消失后，营地上一片寂静。

然后又传来不同的声音，声音从远处传来，越来越近，也越来越重。人们从村子里跑出来，来到大路上，人群里一阵骚动，他们肯定知道一些我不知道的事情。在晚霞里，女人们载歌载舞。受到这种热闹气氛的影响，孩子们也到处欢快地跑着。然后，从丛林里出来一些男人——有赫雷罗人、茨瓦纳人和布须曼人——其中有人骑在高高的马背上，有人骑着驴子，还有一些人走着。这一队人刚刚成功捕获了一只狮子，他们身上的步枪闪闪发光，他们的弓和箭筒也高高挂着，他们的步伐稳定有力。当他们从人群中经过的时候，他们身上散发出一股高超的技艺和力量感。大路边上站着祝福的人群，有人用约德尔调高唱着贺曲，这是一种传统的祝贺方式，人们一遍遍地唱着应答式的副歌，一会儿一个曲子。

故事是这样的：有一只狮子前一天咬死了一头驴。早上加入猎捕大队的人都知道这次猎捕活动是很危险的。前一年，他们中曾有两个人——包括我最近刚刚拜访过的赫雷罗族女族长最大的儿子——就是在这样的猎捕行动中被狮子咬死了。他不是第一个被狮子咬死的人，也不会是最后一个。但是今天这些男人们成功了：他们捕杀了一只母狮子，另外有一只公狮子逃跑了。

✎ 有人把一张外面写着"玛乔丽"的小便条送到了我

手上。

我在纳米比亚边境上。我会等你一会儿。如果你来不了的话，我明天路过这里的时候还会尽力等你。大概是下午3点钟。希望到时候能见到你！你现在怎么样？梅根。

我赶紧行动起来。贝特森克正在休息，他不想开车过去，所以我只能自己开车了，这是我继马翁城的尝试后第一次开车。这是一种什么样的感觉啊！我把卡车开出营地，车上坐满了聊着天、大喊着、争论的人。碰到低垂着的荆棘树杈时我就减速慢行。车窗外吹进来的凉风搅动了驾驶室内逐渐上升的引擎热量。为了穿过深深的沙土地，我把车转换成四轮驱动，齿轮发出摩擦声。高高的草丛上散落着太阳的余晖。

这一次，卡车上的人是来看和梅根一起工作的人的，顺便聊聊彼此的近况。像往常一样，有人开始唱起《卡车之歌》，歌声悠远，卡车扬起的沙尘慢慢落入车后的车辙中。

我急转弯把卡车开到边界大路上。有一条围栏把博茨瓦纳和纳米比亚分开了，围栏两侧是两条平行的大路。这条人造围栏两侧的风景是相同的，在它绵延不断的生命之脉中丝毫没有受到任何影响。

让我失望的是梅根已经离开了。我已经很多年没有见过她了。我们第一次见面是在博茨瓦纳，那是 18 年前，在我进行田野调查的最后几个月，她也来博茨瓦纳开始进行田野调查，那时的我身体疲乏，内心苦闷，而且也做好了离开这里的准备。梅根温柔细腻，心思缜密敏感，我当时很敬佩她。她满怀热情地研究当地代代相传的故事，她对村民们的承诺——学习他们的语言，并且帮助他们保护他们的土地和文化——鼓舞人心。没有人比梅根更适合做我的交流对象了，我们分享经历，互相扶持——是梅根告诉我，在这片陌生的土地上，我究竟是谁。

但是我又错过梅根了。梅根的信使并没有把及时送信给我当成紧急事情去做。我第二天还会来这里。

正当我们要离开的时候，一辆卡车从纳米比亚一侧的大路上开过来，后车架上迎风飘着一块布条，上面用硕大的字母标示着联合国的英文缩写 UN。车上是一群非常年轻的芬兰士兵，他们从车上跳下来，和我们打招呼。他们说他们在纳米比亚，目的是为了确保选举能够顺利进行。

✎ 那个晚上我给梅尔写了一封很长的信，希望梅根能帮我把信寄出去。我觉得我和家人太久没有联系了。我之前曾成功给马翁城发去一条无线电消息，告诉他们我一切都好，但是无线电另一端的接线员没有收到他们的任何回复。

下面是我写给梅尔的信的一部分：

现在是星期六的晚上9点50分，这里还是很热闹——驴子身上的铃铛发出叮当叮当的立体声，旁边的篝火也噼里啪啦地燃烧着，清理脏盘子的老鼠踩出了节奏声。这里一切都令人兴奋。哦，对了，黑夜里不知道什么地方还有一头公牛在哞哞叫。月亮已经出来好几个晚上了，但还是很小，所以也没有什么月光。天空中的银河系，天蝎座（在中空，非上升）还有南十字座限定了空中划破黑暗的亿万颗星星的界限。

我不知道该从何说起。时间过得如此之快。我已经离开家两周零两天了，我好像又开始了另外一种生活。回到这里就像是重拾旧生活——就像另外一个世界的完整一部分，但是又知道这是不可能的。愿真正的玛乔丽·肖斯塔克站起来！

我现在工作很好，感觉一切都在掌控之中，另外精神也很好。孩子们不在身边简直是一种解脱，虽然我几乎每一天都很想念他们。

我和布须曼人之间的关系也不错——他们需求不高，很少纠缠和抱怨。只有我一个人类学家在这里就像中了奖一样——他们不会为难我，要的不是很多，也不期待我不断地帮他们。我觉得这些变化部分是源自他们自身：他们不再像我们第一次来这里时那般饥饿或者贫穷了。这并不是说他不是经济体中的最底层的人了，但至少他们已经开始"行动"了。还有部分原因来自于我：我知道期待什么，比以前更慷慨，不像之前那么有压力，而且我也和过去的旧相识建立了联系。

妮萨现在精力充沛，状态很好。我正准备详细记录一下她现在的生活。她身体健康，对我提出的问题，反应清晰。我们已经交谈过五次了，内容都是有关现在的生活的，我想不久之后和她一起回顾一下过去。

情感上而言，我已经融入了这里的生活。我也有过很多情绪低落的时候，但是那些时候都过去了。大多数个晚上我都是一个人，我每天都会写日记（写在你买给我的那个日记本上）。虽然我不知道从这里回去后我又将何去何从，但是我现在真的很开心。我非常享受现在一个人的生活。（过去在一起的 21 年里我什么时候能像现在这样集中精力地给你写过信呢？）

我依然担心我的健康，这种担忧一直在幕后嗡嗡作响——我胳膊肘上的疼痛没有任何好转的迹象。但是我已

Return to Nisa

经成功压制住内心的恐慌了——这里除了我之外没有人可以帮我。另外，这里的环境很好，有益健康。空气清爽怡人，一整天都在室外的感觉很美妙。

不管我能否战胜癌症，这里的经历会让我终生难忘。也不管我在这里的工作会发生什么情况，余生我都会珍视这一个月的时光。

这里的人也向我问起了你——这里也有你的根。我经常会想起你和孩子们，想知道你们在做什么。我怀念在苏珊娜睡前和她躺在床上的安静时光，或者是白天和她单独出门的时候；怀念晚上亚当躺在床上和我悄悄吐露心声的时光；我也想萨拉了，想抱抱她，听听她的小脑袋里都在想些什么事情。我也想你了，我的支柱和战友。我唯一不想的是把我紧紧包围的空间——满足他们的需求，解决他们的争吵，照料他们的朋友和活动。如今在这么遥远的地方，我觉得我离开的生活压得我喘不过气来。但是这里的营地生活的基础就是家庭。妮萨没有家人，她也备受煎熬。

我不想就这样酸酸地结尾——因为我的心里装的都是你和三个孩子。我只是想告诉你，来到这里的我非常成功。我希望自己能够学会如何把这些认识运用到我作为一个母亲的生活中。

现在11点半了——就写到这里吧。我每天都穿着你给我买的旅行夹克和鞋子——它们是非常棒的礼物，是我在这里生活的基础。我如今能来到这里都是因为你让我去梦想。整个世界我再也找不到像你这样的灵魂伴侣了。让你承受这么多，希望你一切都好！我爱你！

九、妮萨记得

我问妮萨："你可以和我讲一下我离开后你的所见所闻吗?""我不是说所有的人,我是说你这些年过得如何。我们还没有说过你现在怎么样。"

妮萨一脸迷茫。"你能明白我在说什么吗?"妮萨还没有说话,我又道歉道,"哎,哎……我是怎么了?我今天笨嘴笨舌的。你能听懂我刚才在说什么吗?"

妮萨表示她听明白了,她想教我该如何说。她慢慢地,一个字一个字地教我,她第一句话是这样说的:"几年前我们分开了。"

我毕恭毕敬地重复:"几年前我们分开了。"

"我没有回来。"

"我没有回来。"

她说完了我要说的话："我今天才回来。你，我的姑姑，这么多年你过得怎么样？你的心是否一直都很冷静（和暴躁、愤怒相对）？你过得可好？是否还在做你平时做的事情？"

"对！"我兴奋地说，"对，这就是我要说的。"

"对啊，你应该这样说。"

妮萨回答了我的问题。她说她这些年经常生病。她病了，然后好了，接着干活。然后她会又觉得不舒服，就躺下休息。有时候她会病很长一段时间。当病好了以后，她会继续工作。"现在，我是个老人了。就是现在这个样子，我老了。我做事情的时候，眼神不好了，看不清东西。我做其他事情的时候，腿会疼。"

她说她会经常想起我："玛乔丽很久前就离开了。她还会回来帮助我，给我带一些维持生活的东西吗？我的眼睛看不清了。玛乔丽和我分开很久了。也许是政府不让她来，这就是她为什么没有回来的原因了。"

当村子里的生活让她很烦恼的时候，当生活让她"丢脸"的时候，她和波就会去丛林里。"打一只跳鼠或者一只豪猪来吃。"妮萨告诉波，"现在，我的嘴死了！对肉的渴望正在杀死我！"但是波会说："我就一只眼睛是好的，怎么才能射到猎物啊?"妮萨想想也是,就说:"嗯,是呀。没关系,那就不吃了。"

有一次她和波带着一只狗出门,路上波射死一只跳鼠。妮萨把跳鼠放到她随身背着的袋子里。他们来到一个地方,在这里发现曾经有一只豹子咬死了一匹马,他们仔细地观察了地上的踪迹,想知道豹子是怎么咬死马的。那个晚上他们就待在丛林里,他们剥掉跳鼠的皮,然后把跳鼠烤掉吃了。第二天早上,他们采集了一些檬戈果,然后去了坚果林的另一个地方。天黑的时候开始下雨了。他们在夜里开始往家的方向走。他们走了很多个小时才到家。

第二天早上,妮萨的弟弟昆沙说他要搬走了,要搬到赫雷罗人的村子。妮萨告诉昆沙:"你可以和赫雷罗人一起住,但是我是不会去的。他们会让你不停地干活,但是他们不会给你任何东西。只有白人才会给你报酬。他们会给你钱去买吃的。我是不会搬到赫雷罗人的村子的。我就住在我现在住的地方。"所以昆沙搬走了,妮萨留了下来。

妮萨开始咳嗽。"我咳嗽的时候,"妮萨提醒我,表情严肃地盯着录音机,"关上那个东西。别让它录下我咳嗽的声音。我不想让它听到我的咳嗽声。我只要它听到我说话的声音。"于是我关掉录音机,然后等妮萨准备好后再开始录。

"昆沙搬走后，就我和波住在玛霍帕（Mahopa），我们两个人就这样住着，一直到现在。"

"现在生活怎么样？"

"我们就主要吃象牙棕榈树的果实。"妮萨回答，然后她又说起理查德的到来，这一次她讲得要比上一次更详细。

我们靠吃果实为生，因为我们很饿。我们饿得要死，所以就吃果实。我们把果实从树上摇晃下来，砸碎，然后吃里面的果仁。

后来理查德来到了多比村，他是来找我的。他说："我在找妮萨。我特别想找到她，我都要急哭了。"人们告诉他："你哭什么啊？妮萨就住在玛霍帕。明天我们一早就去找她。你别哭了。"那个晚上他们就睡下了。

理查德的孩子们也跟着他。第二天早上，他们来找我了。我当时正在树林里砸象牙棕榈树的果实。波在村子里。他告诉塔莎："去找你姑姑来。理查德在找你姑姑，找到后理查德会把你姑姑和我们带走的。"塔莎找到了我。我把象牙棕榈树的果实收起来，然后朝村子跑去。我们到了那儿后，理查德说："妈妈……我的祖母……妈妈，妈妈。玛乔丽让我来找你，让我把你带走。她给你的钱在我这里。这是她给你的钱。我现在给你，你可以买几头牛。"我感到很欣慰！我说："我的侄女啊，我的侄女在帮我。"

理查德说："赫雷罗人可能不会把牛卖给你。让缇米纳（Timina，一位赫雷罗族小伙子）去给你买吧。"但是我说不。"缇米纳不会帮我买的。我不会让赫雷罗人拿着我的钱的。你把钱给我，我自己拿着。我，我自己，去买牛。"理查德说："这样的话，收拾一下你的东西，把它们放到卡车上。"

理查德建议妮萨他们去多比村买牛。妮萨解释说搬回多比村是波的主意。她对波说，虽面露不情愿："好吧，既然你这么说，那我们就搬到那里。"所以他们把收拾好的东西放到理查德的卡车上，然后一起回了多比村。回到多比村后，玛孔苟（Makongo），一位娶了昆族女人的茨瓦纳人，帮他们买了牛。

妮萨和波照料着牛，这几头牛后来都怀了小牛仔。最初，小牛仔生下来后，是波在挤奶，然后妮萨把挤好的牛奶倒进容器里。但是"疾病进入波的身体"后，他就不再挤奶了。

✎ "你的两个侄女呢？"我问妮萨，心里纳闷为什么就妮萨和波两个人住在这个院子里，为什么没有其他亲戚，"我们第一次聊天的时候是你在抚养她们。"

"是啊，我们最开始聊天的时候，是我在照顾小塔莎和小奴克哈。她们还是小孩子，我们养着她们两个。"妮萨说，这个"我们"还大方地包括我。"你和我养着她们，吃着你给的食物。但是她们长大以后，她们的妈妈就不再让她们跟着我了。她把她们带走了。"

妮萨继续说："我弟弟也不让我和她们在一起了。大一点的那个孩子就像是我自己的亲闺女一样。但是昆沙抛弃了我。他说她们不是我生的。我是个外人。我把她们照顾得这么好。她们就像我的亲闺女。"妮萨的声音听起来有些难过："我觉得很难受。很难受。因为我自己无儿无女。我丈夫，他是我唯一的亲人。我们彼此照顾，这一辈子就这样了。"

波也没有孩子。"他从来没有结过婚，也没有孩子。他和我在一起的时候，我们没有生孩子。我和别人生过孩子，但是孩子们都没能活下来。上帝对我太不公平了。波和我在一起的时候，上帝也不同意，然后没有让我们生孩子。"

"你住的地方有你自己的亲人吗？"

"我，我没有自己的亲人。如果我弟弟对我好的话，他会帮我的。但是，他把孩子们都从我这里带走了。奈是我哥哥的女儿，她是唯一一个帮助我们的亲人。"

"你们为什么不去奈的村子里住？"

"当你把你的侄女嫁出去后，你就不要去他们的村子住。他们两个不会打架，不会谩骂彼此吗？如果你听到的话，你会不会去和他们理论？"

妮萨说她很满意现在就和波两个人住在一起，因为他们的院子旁边有两个小村子，那两个村子里有她的几个远房亲戚和一些朋友。她不去她弟弟家，因为她弟弟会朝她大喊大叫。

他说我没有给他牛。他要过，我没给他！我不会给他的。我不会给他牛的。他是个瞎子。如果我给他牛的话，他会拿牛去换啤酒喝的。但是这些牛是我粮食的来源。

我告诉他："玛乔丽给我这些牛让我去挤奶，然后喝牛奶。她不希望我再去丛林里采集食物。她说因为我老了。这就是为什么玛乔丽给我买这些牛了。她没有说让我把这些牛给你。不会给你的，你就会坐在那里，只管你自己。我今天就把话说清楚了，这是我的牛。我不会给你一头的。"

自那之后，他就抛弃我了。

后来，就像做总结一样，妮萨大声说："哦……哦……

他的眼睛坏了。""滚吧,"她边说边吐了一口烟出来,就像是吐出了什么坏东西,"他在慢性自杀。我说我会去看他的,然后我们住在一起。但是他说:'我要把孩子们带走了。'所以他就把孩子们带走了。"

昆沙很生气,因为妮萨买到牛后没有搬到他住的康瓦村。"你为什么还住在多比村?"昆沙问。但是妮萨告诉昆沙:"我就住在我现在住的地方。就住在这里。我会把我的牛养大。当我有足够多的牛的时候,我再搬到康瓦去住。"

"说完这些话,他就开始骂我了,和我打架,然后又骂我。然后他就把孩子们都带走了。"

妮萨提醒我,她回多比村的时候是理查德用卡车把她和她的东西拉过去的。在没有卡车的情况下搬到康瓦村是比较困难的。"我现在唯一缺的是头驴子。如果我有头驴子就好了。我会把东西收拾一下,然后搬到康瓦去住。但是我没有驴子,这也是我为什么现在还住在这里。"

然后妮萨说她一直都想搬到康瓦去住。如果她搬到那里的话,她就会把牛留在多比村,然后喝别人给她的牛奶。当她的牛生了小牛仔后,她侄子就会给她带几只牛去康瓦村,然后把其他牛留在多比村。她甚至可能会把牛带到丛林里的营地去。

Return to Nisa

但是，妮萨抱怨说："我丈夫不同意！他说他想待在这里照顾牛。我说我们应该搬走。但是他说他是不会离开牛不管的。"妮萨承认，即使她有驴子的话，波也不会搬走的。"他不同意而且说服了我，即使我还是很想搬到康瓦去。"

"你为什么想去康瓦村？"

"我很难从多比村的水井里打到水。必须有人帮我把水从水桶里倒进我盛水的容器里。如果我孤身一人的话，我会渴死的。到了康瓦村，那里有个水龙头，我可以自己把水倒进去。"而且如果她搬到康瓦村去住的话，她弟弟可能会与她和好。

"如果你住到康瓦村……"我开始问她。

"我不会觉得难过的。"还没有等我说完，妮萨就立刻回答我。但是她永远都不会知道她会不会难过，因为她的丈夫想留在多比村照顾这些牛。另外，她现在眼神也不好了，不能再到处去采集食物了。所以即使她有一头驴，"我也只能就这样坐着。我会把牛给我侄女的孩子，让他们给我弄些吃的来"。

"但是，"妮萨又直接说，"我没有驴。"

我再次绕开驴这个话题。"你弟弟的孩子……她们不过来看你吗?"

"她们看我。她们喜欢我!"妮萨坚定地说,"只是她们的父亲不想让她们来看我。哦,是真的,他就是这样说的!但是那些孩子们,她们喜欢我,她们真的喜欢我。但是她们的父亲把她们带走了。"

访谈快结束的时候,我问妮萨:"你和波住在这里,日子过得怎么样?"

"挺好,我们生活得挺好。即使我是一个人,我也过得不错。"

"如果你没有牛的话,"我接着问,"你觉得你和你的弟弟还会反目成仇吗?"

"会的。如果我没有牛的话,他还是会恨我的。他就是恨我,恨我和我的丈夫。昆沙那个东西,满腹牢骚。唯一不会骂我的是我的哥哥。但是如今,我哥哥也生病了,他的身体很差。我丈夫答应让我哥哥和我们一起住,这样我们就可以照顾他了。"

"你搬到多比村来之前,"我在另一次谈话中问妮萨,"你的生活是怎样的?"

"你走后的那几年,我都是出去采集食物吃。我身体还好,我丈夫的身体也不错。如果我们生病的话,我们也能照顾自己。我们从丛林中采集食物，然后靠吃这些食物为生。我丈夫，他作为一个男人，有时候会带肉回来，然后我们一起吃。"

"但是，"妮萨补充说，"昆沙那个时候总是骂我，然后我们就开始打架了。他就是恨我！"

"我记得我上次在这里的时候，你们不是相处得还好吗？"

"也不怎么样。我喜欢他，但是他不喜欢我。他满口的脏话，然后大声骂我。我告诉他：'我养大了你的孩子。我帮着你们把她们生下来，然后养大她们。但是你为什么要把她们从我身边带走？'"

妮萨想让她的侄女们和她一起住。她们可以帮她弄些食物、柴火和水。但是昆沙不同意，告诉妮萨说是他而不是妮萨生了这些孩子①。他说这些孩子是从他老婆的身体里出来的，而不是从妮萨身体里出来的。"我为什么要把孩子们给你？"昆沙在搬到赫雷罗人村子之前要求妮萨把孩子们还给他。

事情原本不是这个样子的。早在将近 20 年前，昆沙和

---

① 男人和女人都说"生孩子"。——原注

他的老婆就已经基本上是把他们的一个女儿给了妮萨了。孩子叫小奴克哈。我记得我和妮萨第一次聊天的时候，我还听到小奴克哈管妮萨叫"妈妈"。那个时候，妮萨是这样描述这件事情的。

不久前，我弟弟昆沙和他老婆把他们的一个孩子，奴克哈，交给我照顾。他们把她交给我，让我帮忙养她。他老婆怀了第三个娃，想给奴克哈断奶。但奴克哈不肯，总是哭。我弟说："姐姐，为什么你不帮我们照顾照顾她呢？"我答应了，把她接过来跟我住。现在我还在照顾她。是我在养她，是我在她长大时陪着她．她叫我妈妈。她说，她的亲妈是别人，不肯到她屋里睡。有时候，她白天在那边，晚上过来跟我睡。

照顾她让我非常幸福，虽然我没有生她。我爱孩子。所以，我弟弟有了新孩子以后，我把她接过来和我一起生活。

这个安排持续了 20 多年。"我带走了她，给她吃的，把她养大。我还操持了她的婚姻，把她嫁给了她的丈夫。"小奴克哈——现在是三个孩子的妈妈——仍然叫妮萨"妈妈"，妮萨管她叫"我的女儿"。奴克哈管她的生母叫"塔莎的妈妈"，塔莎是她的一个妹妹，然后把那个比较亲密的称呼"妈妈"留给了妮萨。很明显，妮萨看起来很享受这个称呼，几年前她就和我说过这件事。

妮萨和波也照顾了奴克哈的两个妹妹很多年。但是奴克哈是唯一一个他们一手养大的。妮萨说，脸上露出满意的笑容："奴克哈从我们村子搬到她丈夫的村子去住，但是她从来没有回过她父母那里。"是妮萨，而不是奴克哈的生母，在奴克哈生第一个孩子的时候给奴克哈接生的，是妮萨把这个刚出生的孩子抱到她父亲那里去的。

妮萨很乐意让她侄女继续和她住在一起——而且奴克哈也愿意和妮萨住在一起。但是奴克哈的丈夫不同意。他给赫雷罗人放牛，他说他不愿意放弃他的工作。但是妮萨认为他不想让奴克哈住在这里的真正原因是嫉妒。有一次奴克哈过来看妮萨，奴克哈的丈夫过来接她回家，在那之后他就不让奴克哈再来妮萨这里了。"他说奴克哈非常喜欢我。他担心如果奴克哈再来的话，她就不会跟他回家了。"

"我还是不明白你和你弟弟之间的事情。"我说，"我记得你说过你们小时候非常喜欢彼此。"

"我们还是小孩子的时候，我们就已经恨彼此了！"妮萨纠正我，语气激动，听起来近乎于喊叫了，"你听明白了吗？当我们还是小孩子的时候，我们就已经恨彼此了。那个男人太坏了！我们打架。我会咬他，他也会咬我，然后我接着咬他。昆沙！他现在还是那么小气刻薄。"

妮萨停了一会儿，然后继续说："但是我哥哥就很好。他一直都对我很好。"

妮萨说昆沙已经抛弃了他们的哥哥道（Dau）。"昆沙告诉我：'我要离开道搬走了。'"道仍然住在一个荒废的村子里，在那里还住着另外一个人，一个老人。妮萨没有办法把道搬到多比村来。但是听到我要来这里的消息，妮萨喜出望外。我们丛林之旅结束的第二天，我就让贝特森克开车帮着道搬到了多比村。

因为这一点，妮萨对我心怀感激，赞不绝口。妮萨的丈夫也很感激我。"即使妮萨生病了，"波告诉我，"她还是想让她哥到这里来住。"

道本人身体虚弱，现在极其需要别人的照顾，他也不断夸我，称呼我是他的女儿。"是我的女儿把我带到我妹妹这里来的。我得谢谢她。妮萨会给我做饭吃，而我会躺在她的篝火旁取暖。"

～ 我还是不明白妮萨和她弟弟之间发生了什么事情，会让他们之间产生这么大的裂痕。他们究竟因为什么闹翻了？是因为嫉妒吗？是因为妮萨运气太好，昆沙承受不了才会尽最大的可能伤害她——不让她接近他的孩子吗？那昆沙抛弃他哥哥，把他一个人留在一个废弃的村子的理由又是什么呢？

虽然我不断重提这些话题，但是到最后我对这些问题还是一知半解。不过最后的结果还是很清楚的：完全的疏远。后来妮萨说到她弟弟生活中的其他问题时，我才有了新的认识。也许是因为昆沙心理上太过贫瘠，不能有效地和妮萨交流。

问题在于昆沙的婚姻，妮萨甚至在几年前就发现他的婚姻出现了问题。妮萨现在告诉我，当昆沙的第三个孩子还小的时候，昆沙的妻子雏果就离开昆沙和一个"戈巴"（Goba）跑了，戈巴指的是住在这个国家比较偏远的地方的讲班图语的人。这对情人私奔了，雏果抛下昆沙和他们的小女儿不管了。于是昆沙去找妮萨求助。

太阳快落山的时候，昆沙带着小姑娘来到了妮萨的村子。他简捷地说："雏果……那个戈巴把雏果带走了。"

"哪个戈巴？"妮萨和波问昆沙。

"那个手指头短的戈巴。短指戈巴，就是他。"

妮萨说："哦，昆沙！你眼睛都看不清，你要怎么养小塔莎啊？既然你们都来了，就和我们住在一起吧。"所以他们就在一起住了很久。但是对于雏果抛弃昆沙这件事情，波一直耿耿于怀。有一天波说："这样不好。妮萨，我们去警察局吧。"所以他们去了警察局所在的那个村子，说："我们在找雏果。"

雏果一直在丛林里住着。她回来后，波告诉警察："就是那个女人。她就是雏果。短指戈巴把她带走了。我，我就像雏果的父亲。我希望你们把她绳之以法，然后我会把她带回家。"

警察告诉雏果："你看到了吗？是你父亲波把你带到我们这里来的。你今天就要坐牢了。"然后他们把雏果关进了监狱。而那个戈巴只是被处以罚金。他给了昆沙几头牛，然后离开了这个地方，再也没有回来过。

雏果从监狱里被放出来的时候已经过去了很多个季节。但是随之而来的，还有麻烦。

雏果回来的那个晚上就开始喝啤酒了。那里有个赫雷罗族男人——你知道那个叫卡萨伊（Kashay）的人吗？嗯，就是那个男人一把抓住雏果，把她摁倒在地上，按住她，然后强暴了她。我的侄女、她丈夫，还有另外一个男人看到了，然后他们赶紧去找昆沙，"叔叔，"他们哭喊着，"卡萨伊正在和你老婆做爱！"

昆沙一下跳了起来，然后朝卡萨伊跑去。他抓住卡萨伊，然后把他摔到地上。卡萨伊一直大叫着："我在搞你老婆！让我继续搞她！"昆沙想要杀死卡萨伊。他的手紧紧抓住卡萨伊的脖子，但是人们把他拉开了。接着，昆沙带着卡萨伊去了警察局。他们到了警察局后，警察把他们两个人都关到监狱里了。

"警察为什么把他们都关到监狱了？"我问妮萨，满面疑惑，"难道别人不该去告诉昆沙吗？"

"安静！"妮萨严厉地说，她因为被打断有些生气，"你听着就行。"

他们都被关到监狱里了。警察问卡萨伊："你是否用暴力带走了这个女人？""是的，"卡萨伊承认，"我用暴力弄到她，并且和她做爱。"

警察问雏果："这个男人，他是否对你用暴力了？""是的，"雏果回答，"他用暴力弄到我，并且和我发生了关系。"

警察然后问我侄女的丈夫："这个男人是否对这个女人用了暴力并强行和她发生了性关系？""是的，"他说，"他用暴力弄倒她搞她的时候，我们都在一起。"

警察问了我侄女和第三位证人同样的问题。"是的，"他们说，"他对她实施了暴力并且强行和她发生了关系。"

所以事情就是这样的。警察说应该给证人一些钱，然后把卡萨伊关到了监狱。雏果回来了，回到了她丈夫身边。但是她对昆沙并不好。昆沙，他的眼睛看不见。因为，卡萨伊出狱之后，雏果就立刻去找他了。卡萨伊在监狱里待了很多年，但是他一出来，哇，他俩就又凑到一起了！这个雏果真不是个东西！她现在还在私会卡萨伊。

妮萨停了一会儿。"是啊，"她慢慢地说，"这就是我在你离开之后看到的事情。"

"你刚刚和我说的这些——男人对女人实施暴力——经常发生吗？"我问妮萨，我记得有人类学家曾写到昆人的生活中基本上是没有强奸事件发生的。

"太糟糕了！这是一件糟糕的事情！"妮萨肯定地说，"男人对女人实施暴力这件事情太可怕了。如果男人事先问你或者你问男人，另外如果你们两个都愿意的话——这是好事。但是如果男人没有问你就把你抓住，摁倒然后和你发生关系，这简直太恐怖了！太糟了！因为你本人并不想和他发生关系。"

"有没有男人对你实施过暴力？"

"我？我？没有，没人对我实施过暴力。"妮萨说，然后她又换了一种回答，"有一次，我还是个小女孩的时候，我的乳房已经长大了，往外凸出了，我经历过这个。"

"那个男人是谁?"我问她。

住在丛林里的一个男人。那个男人，自从那次之后就死了，你不能去提已经死去的人的名字。那个男人对我实施了暴力。后来，我回来了，然后告诉别人了。

那个时候还没有警察。我告诉了我的丈夫，就是和我生活过，孩子后来又都死了的那个人："那个男人——那个叫图卡（Tuka）的男人——他强奸了我。"

事情发生在丛林里。我去林子里拾柴火。我背着柴火往前走的时候，那个人拦住了我，然后他扑到了我身上。我大声叫喊，打他，尖叫。我不停地打他，但是他什么都不听，然后把我摔倒在地上。他抓住我的胳膊，然后把我按倒在地上，又把我的腿像这样弄开。他弄得我很疼。

这就是为什么我告诉了我丈夫塔萨伊，就是后来和我生孩子的那个男人。我丈夫去找他，然后打了他。他们两个人开始打架，打啊打啊。我看到这一切，说："哦——嘿。他们就会这样吗？你把这种事情告诉别人，然后结果就是这样的吗……男人们就互相厮杀？"我心想："哎。如果是这样的话，告诉别人不是什么好事。不是好事!"

在那之后，如果再有男人和我求欢的话，我就拒绝。

直接拒绝。但是我从来不会告诉别人。我就这样闲坐着。就这样，除了那天，没有人再对我实施过暴力。

我问妮萨："很久以前，当人们还在丛林里生活的时候，男人们会强迫女人和他发生关系吗?"

住在丛林里的人……他们会强迫女人和他们发生关系。时至今日这种情况还是有的。男人们还会这样做。但是很久之前，如果一个女人拒绝了一个男人，当她在采集果实的时候，那个男人可能会去找她，然后强行和她发生关系。如果她本人同意，她就会和他一起躺下来。而且她也不会告诉别人。但是如果她不同意，而他又强迫了她，她回到村子后，她仍然不会告诉别人。因为她担心人们可能会彼此残杀。她害怕抹了毒药的箭。如果她告诉别人的话，人们可能会用这些毒箭互相杀害。

妮萨说只有没有理性的男人才会强迫女人。那样的男人会在一个地方，然后在另外一个地方不断地伤害你。她说起另外一个女人，说她差点被两个强奸了她的戈巴弄死。"哦，我的侄女啊，"妮萨大声说，"我们女人真的看到了不少事情。"

✎ 妮萨的思绪回到了她年轻时候的一个场景，她和我讲起十几年前曾经讲过的一个故事。妮萨的两个情人为了她，盛怒之下开始打架。他们每个人拉住妮萨一只胳膊，然后朝相反方向拉。妮萨的两个情人中有一个是坎特拉，坎特拉到现在还是妮萨的情人。另外一个是坎特拉的弟弟灯（Dem），和坎特拉"出生于同一个地方"。坎特拉告诉灯："她是我的女人。"灯回应说："她不是你的，是我的。"

妮萨自己乐了，笑着说："玛乔丽，很久前我真是见了不少事！"然后她开始描述那件事情："我那个时候没有丈夫。我的丈夫塔萨伊刚刚死了。我的胸特别大，高高地耸出来。那个时候我还在给孩子喂奶吧？"

之前在《妮萨》一书中妮萨曾是这样说的，是妮萨的妈妈救了她。妮萨妈妈大喊："你们没脑子的吗？不知道快把她的手拉断啦？你们快弄死她了。"但是这一次，妮萨妈妈的用词要比上次更丰富："你们是不是要把妮萨的阴道扯成两半，然后一人带走一半？"妮萨一边笑着一边重述着她妈妈的话："妮萨的阴道就那么热乎吗？如果你们把它撕烂的话，你们还能得到什么？"

妮萨的妈妈还在大骂那两个男人，大肆诅咒着他们，让他们滚开的时候，把妮萨飞快地带回了村子。最后，两个男人都离开了。但是妮萨害怕哥哥坎特拉会回来，然后杀死弟弟。妮萨说起坎特拉："那个男人太坏了。那个男人……他是个坏人。"

"这就是为什么，"妮萨继续说，"今天，现在我都老了，我终于可以说了：'哇哦！我终于可以休息了。'"

我哈哈大笑起来。妮萨慈爱地说："哦，玛乔丽。"

妮萨讲起另外一次她的两个情人为她打架的事，这次她笑得更开心了。当时她正和她的姑姑，她的同名者老妮萨，躺在棚屋里。有个男人过来找她，然后又来了一个。两个男人开始打架，每个人都朝自己拉扯着妮萨。妮萨的姑姑过来阻止："就她一个人的阴道甜吗？"老妮萨朝两个男人大喊，"其他女人的阴道就那么没有意思吗？她的有那么特别吗？"

两个男人继续拉扯妮萨，互相对骂："你不会得到她的！"最后，妮萨自己摆脱了他们。但是第二天，两个男人开始训斥妮萨的姑姑：

"老妮萨，你不让我们得到小妮萨。你又不是男人，你是个女人。所以你为什么不让我们靠近妮萨？"

"不让你们靠近她！"我姑姑说，"周围那么多女人。难道只有妮萨一个人有阴道吗？你们看看那些坐在那里的女人，她们都有阴道，等着你们去搞。搞别人的阴道。搞她们。但是别来找妮萨。"

然后我姑姑开始责骂我。她说："有甜阴道的妮萨，我要把你的阴道切下来。我不会不管的。过来让我切下来。然后我会把它扔到火里，烧掉它！"

我姑姑真的是在大声骂我。她朝我大喊："合上你的腿，坐着的时候把你的腿合上！把腿合上，把阴道藏回去。"因为她不想让男人们得到我。"你真是个坏人……"我姑姑说，"现在，盖上你的阴道，别露出来。你是不是疯了，让那些男人搞你？"

但是我说："姑，是他们纠缠我，想搞我。不是我想这样的。你没看到是他们在拉我吗？他们拉我的时候你就在旁边。你没有看到吗？你还说是我的错吗？"

妮萨回忆说，有一天她的情人坎特拉回来了。

他在我们旁边坐下来。我姑姑告诉他："今天，你是不会尝到妮萨的阴道的甜味的。你怎么又来了呢？"

她又和我说："妮萨……妮萨……妮萨……不要让坎特拉和你睡觉。"然后她转身和坎特拉说："不管怎么样，就算你和她躺在一起，你也尝不到任何东西。"

坎特拉看着很不开心。他心里想："她要阻止我和我的女人在一起吗？"最后，坎特拉告诉我姑姑："哈，哈！我必须要和你的同名者在一起。我不会放弃她的。现在，让我们在一起吧。她会拒绝别的男人，但是不会拒绝我的。"

我姑姑说："不！不！她的阴道就那么甜吗？"

坎特拉小声说："老妮萨……老妮萨……我真的喜欢你的同名者。我爱她，所以让我和她在一起吧。不要把她从我身边带走。"

妮萨补充说："这个故事是关于我姑姑的……也是关于我的身体的。"然后她的声音就变了，听起来不再那么开心了。她说其他女人也有情人，但是做完爱后，他们的情人都会离开。"但是我，我坐在那里，会被他们打。"她的情人们会伤害她的胳膊、她的阴道，还有她的后背，"拉啊，拉啊，拉啊。""树枝——我后背下面都是树枝，身上也都是树枝。他们打我了。"有时候树枝上还有刺。"乒，乒，就像一头驴子，就像打一头驴一样。这些……这些就是他们用来打我后背和腿的东西。那些男人——他们几乎把我打了个半死。"

"但是现在，"妮萨继续说，"我已经老了很长一段时间了，我终于能休息了。因为坎特拉……他不打我。但当我还是个小姑娘的时候，他有一次用一只打猎的弓抽打我。我拒绝了他，所以他打我了。"

Return to Nisa

妮萨提到她还年轻的时候有一次已经娶了贝（Bey）为妻的坎特拉想让妮萨做他的第二位妻子。妮萨大致讲了一下曾经在《妮萨》一书中详细讲述过的一个故事。

他过来找我，然后把我带到他的棚屋里。贝和我都住在那里。但是过了一段时间，我拒绝了他，然后逃跑了。他们追上了我，把我带了回去。我们在一起又住了一段时间。然后，有一天，我又跑了。他们两个人找到了我的踪迹。他们想把我带回去，但是我拒绝了，然后跑掉了。后来我和别人结了婚。坎特拉让我和他在一起，但是我们分开了。

✎ 妮萨一直在回忆过去，看起来这是个对她早期生活提出问题的好时机。

我记得妮萨曾向我表达过她对她父母爱恨交加的情感。于是我问她："很久以前，你和我讲过有关你父母的事情，讲了你还是个孩子的时候他们做的一些事情，现在想一想，你觉得他们把你照顾得好吗？"

"我爸我妈……他们生下了我……把我养大……"妮萨说这些话时断断续续，不断整理着思路，"为了养活我，他们每天都很辛苦，他们把我养得很好。我还小的时候，他们喂我奶喝，给我饭吃。给我喂奶，给我吃饭。给我喂奶，给我吃饭。他们会逮一些鸟来给我吃。给我吃。他们会布置陷阱逮科里大鸨和珍珠鸡，然后给我吃。我爸会逮跳鼠，然后给我吃。他还会在丛林里猎杀大一些的动物，然后给我吃。"

妮萨这次口中的"家"好像比《妮萨》开篇中提到的"家"要早一些，《妮萨》一书是这样开始的："我还记得我妈怀昆沙的情形。"为了把这个问题搞清楚，我问妮萨："这时候是你弟弟出生前吧？"

妮萨回答："是的，我那个时候很小，还没有弟弟妹妹。"

他们对我爱护备至，抚养我，我慢慢长大。然后，我记得我当时挺大的了，有一天我爸去丛林里打猎，我和我妈妈出去采集食物。我们摘了很多浆果和其他食物，然后离开准备回村子了。

我爸爸逮到一只跳鼠。他回来时，我说："爸爸回来了！"因为我听到夜里丛林中传来哗啦哗啦的声音，我听到了他的声音。我妈说："也许是你爸爸回来了，去看看吧。"我跑了出去，然后看见我爸拎着一只跳鼠。我激动万分。"呀，呀，肉！爸爸回来了！"我大喊着，"妈妈，快来看！爸爸逮到一只跳鼠！妈妈，看看爸爸逮的东西！呀，爸爸！

妈妈，快来看！来看看爸爸逮到一只跳鼠！"

爸爸把跳鼠放下。第二天早上他把跳鼠炖了，我们一起吃了。

我们就这样生活着，生活着，生活着。过了很长一段时间，妈妈怀上了昆沙。那个时候就我们一家人住在一起。我爸爸的弟弟杀死了一只旋角大羚羊。我们当时在外面采集食物，后来我看到了我爸爸的弟弟。他一个人从杀死旋角大羚羊的地方过来，然后告诉我们："我们去那边吃吧。"我们先回到村子，然后他告诉我爸爸，他的哥哥："我追踪那只旋角大羚羊很长一段时间了，最后终于被我逮到了，我把它杀死了，给你们吃。我过来是要说我们该搬到那个地方去。"

所以他们收拾了所有的东西，然后搬走了。我们在那里住着，吃旋角大羚羊的肉。

是那个时候我妈妈生了昆沙。她说："哎，哎……我要弄死这个孩子。我要弄死这个孩子，这样你就有奶喝了。现在，去吧，去给我找个挖土的棍子过来。"

我说："妈妈……你要弄死这个东西吗？这个东西？我把棍子拿过来，你是要弄死这个东西吗？"

我妈说："嗯，把棍子给我拿过来，这样我就可以杀死这个小东西了。然后你就可以继续吃奶了。你可以继续吃奶了，去吧，跑过去，把棍子拿过来。"

我跳起来，然后开始跑。我跑回去后，找到了挖土的棍子。我妈妈的妹妹，她也在村子里，问我："你没和你妈妈出去采集檬戈果吗？你妈妈在哪儿？"

我说："妈妈还在那里，她那里还有个小东西，那个小东西躺在她的身边。我妈让我跑过来给她拿挖土的棍子，她说她要弄死那个小东西。"

我姨妈——我妈妈的妹妹——开始跑起来。她大喊着："起来！起来！雏果疯了吗？她是不是疯了，竟然说要弄死那个孩子？天啊！她这样说，肯定是疯了。她丈夫——等他回来后，他会拿箭射死我们的。快点！起来！"

妈妈的妹妹开始跑，她把棍子从我手里拿过去。我们跑过去以后，我姨把孩子——昆沙——身上的脐带剪断，然后抱起他。我姨冲着她姐姐喊："你疯了。你为什么说要弄死这个孩子，这个小男孩？为什么？你会弄死一个小男孩吗？如果你真弄死他的话，他爸爸会杀死……会拿毒箭射死你的。"

我妈说："哎，哎。妮萨还小，我想让她继续吃我的奶。你看不到吗？她长得这么瘦小。这就是我为什么说要弄死这个孩子了……这样妮萨才能有奶吃。"

但是我妈的妹妹不同意。"哎，哎。这是个小男孩啊。就顺其自然吧。你带上孩子，给他喂点奶吧。"之后她们把我弟弟带回了村子。

我问妮萨："如果是个女孩的话，人们会弄死她吗？"

妮萨回答我："人们不会杀死小孩的。我妈妈就是想让我有奶喝。"

🖊 我思绪如飞。妮萨曾和我讲过这些事情。第一次听到这个故事的时候，我根本就不相信。一想到妮萨的妈妈让妮萨参与到她杀死妮萨弟弟的决定中，我就觉得不安，所以我根本就不相信妮萨——也不相信她的故事。我觉得，作为妮萨最早的记忆之一，妮萨所讲的更像是幻想，而非事实。另外，我分析，不管里面有多少真实的，这件事情说明妮萨的妈妈还是很聪明的。除了让妮萨觉得是她救了她弟弟之外，还有什么更好的办法可以平息妮萨的怒气和嫉妒呢？另外也许是因为我误解了。那个时候，掌握昆语对我而言还像登天一样难（虽然在同一时间段的访谈中妮萨讲的其他故事就没有过类似的问题）。

听完这个故事，我内心动摇了，我放弃了这个故事，放弃了妮萨。我去找了其他昆族女人，并且采访了她们。

我的语言技巧得到了提高，另外我也开始把访谈内容录下来。几个月之后，大概是第二年的时候，我和梅尔打算离开这里回家了。但是我内心有一些遗憾。我又采访了七个女人，但是我和她们之间都没有任何感觉。

我又开始想念妮萨，想她清晰的语言，想她是如何聪明——又严肃地回答我提出的问题的。我想起她对性这个话题的开放和直接。我想起她语言的丰富多彩。她曾告诉我，如果一个女孩长大的时候从来没有享受过性爱，那她的脑袋肯定不正常，她就会四处闲逛吃草，像住在这里的赫雷罗族疯女人一样。成年妇女也是比较脆弱的，妮萨说："如果一个女人没有性爱，那她的脑袋就被毁了，她看起来总是怒气冲冲。"

我还记得我们之间发生的一件有意思的事情。早些时候谈到村子里的婚外情的时候，我和妮萨说我听说这种事情很普遍。妮萨误以为我说我亲眼看到了这种事情。她朝我探过身来，饶有兴趣地摸了下我。妮萨脸上挂着不怀好意的笑容，好像着急听更多的细节，她说："你是说你看到了？"

和其他妇女合作之后，我才意识到我和妮萨之间的谈话是多么愉快。最后我终于放下之前的成见，又去找妮萨了。在接下来的 15 次访谈里我收集了《妮萨》一书中的大部分素材。当妮萨再次讲到杀婴这个故事时——多年后我来这里再次听到这个故事时——我承认妮萨讲的是事实。

但是，妮萨每次的讲述都会发生一些有趣的变化。第一次对这个故事的记录中，当妮萨的妈妈让她去拿挖土的棍子时，妮萨说："你要挖什么呀？"妮萨妈妈回答："挖坑。我要挖个坑把他埋了。然后呢，妮萨，你就能再吃奶了。"妮萨不同意，哭喊着："妈妈，他是我的弟弟。把他抱起来，带回村子，我再不吃奶了！"她的眼泪和恳求（以及她可能会把这件事情告诉她爸爸的威胁？）让她妈妈改变了主意："妮萨，因为你哭成那样，我决定让这娃活着，带他回去。"这个决定在听到妮萨大哭的姨妈跑过来之前就做了。

关于这个故事，在第二次记录中妮萨对弟弟的出生表现了很大的热情。"哈，哈，我有了个小弟弟！将来可以一起玩啦。"尽管如此，当妮萨的妈妈让她去找根挖土的棍子，然后把小孩子埋起来，这样妮萨就可以继续喝奶了，妮萨还是同意了。但是她是一路哭着跑回村里去的。当妮萨的姨妈看到妮萨时，妮萨说："我妈妈要我拿根挖土的棍子，她要把小孩埋起来。太坏了！她甚至都不让我看看小弟弟。"妮萨的姨妈赶紧跑过去，然后开始痛骂妮萨的妈妈，说妮萨的爸爸会很生气的，还说到了孩子的身高胖瘦和孩子的性别。她把脐带剪断，然后把孩子抱了回去。

这两个版本的不同之处还是显而易见的。在第一次记录下来的这个故事中——以及大概一年前妮萨最开始和我而非我的录音机的讲述中——妮萨都认为是自己单枪匹马救下了她弟弟的性命。在第二次录音中，妮萨虽然还是强烈反对她妈妈的主意，但妮萨的姨妈才是那个真正救下她弟弟的人。但是在最近的这次录音访谈中，妮萨听起来根本就没有提出任何抗议。这是否表明妮萨的态度发生了变化？难道是妮萨和她弟弟最近的反目成仇改变了她弟弟出生时的故事？

我问妮萨："当你妈妈要你找根棍子来，杀死你弟弟时，你当时是不是很开心？"

"是的!"妮萨大声说，"但是当她们把他抱起来带回村子时，我非常难过。因为我真的想继续吃奶。"

✎ 传统时期，杀婴的现象并不多见——除非孩子身体上有缺陷，双胞胎或者是生育间隔太短，新生儿可能会导致另一个孩子死亡。（孩子的性别好像没什么关系。）家庭的福利，包括大一些的孩子，才是至关重要的。妈妈生产后

Return to Nisa

可以立即决定是否要杀死婴儿。给孩子喂奶是其中一个至关重要的因素。昆人的家畜不能产奶，他们也找不到任何可以代替母乳的农产品。虽然可以用来喂 6 个月大的孩子的丛林食物很重要，但是一直要把孩子喂到 3 岁大的母乳喂养保证了孩子体内最根本的营养平衡——而且提供了抵抗环境中传染源的抗体。

即使在最好的情况下，只有略多于一半的昆族孩子才能活过 15 岁，如果生育间隔太短，后出生的孩子可能会严重危害大一点孩子的健康，而且可能会导致两个孩子全部夭折。另外，生育间隔太短也会影响母亲的健康：两个孩子都是负担，都需要抱着，需要把全部注意力放在他们身上，这样会耗尽母亲的精力。母亲，作为食物的提供者，她这个最重要的经济角色也要做出让步。

昆族女人通常在孩子 3 岁大的时候给孩子断奶，不久之后，女人就会发现她又怀孕了。（在昆族妇女生活中，相对而言，月经并不是常见的事，常年频繁的喂奶抑制了女性的月经和排卵。）女人乳房中的奶水据说属于胎儿。如果给孩子继续喂奶的话，孩子或者胎儿——或者两者会有灾难发生。对大多数昆族孩子而言，断奶是一件既快又难的事情。

是妮萨断奶太早了，还是昆沙生得太早？妮萨的妈妈真的想过要杀死昆沙吗？还是这个故事，在脱离了当时实际情况的背景下，有它自己本身的意思呢？

我问妮萨："你说过你还小的时候昆沙就出生了。为什么？你父母没有好好养你吗？"

"我长得很好，而且长得这么高。"——妮萨用手比划着一个三四岁小孩的身高——"但是我妈妈还是想让我继续吃奶。这就是为什么她说她要杀死昆沙。"

"如果你姨妈没有在村子里的话，你觉得你妈妈会真的杀死昆沙吗？"

"如果我没有看到我妈妈的妹妹，如果她不在村里……她会杀死昆沙，然后就只有我们两个人了。但是我看到了她妹妹，她在村子里。那个时候她把棍子从我手里夺过去。然后她去找了我妈妈，并且把孩子抱走了。然后我们都回村里去了。"

我没有再问有关杀婴这个事情的其他问题。妮萨又开始接着说了，她开始讲昆沙出生后的生活了。

她们把昆沙带回村里以后，我不再喜欢妈妈了，我只喜欢我的哥哥。他会背着我，即使我们从一个地方搬到另外一个地方。我有时候会跑上一阵儿，然后他会抱起我，把我扛到肩上。我会接着跑，然后他又会抱起我。如果他看到他想追踪的动物，他会把我放下来。他会偷偷地，偷偷地跟上那个动物，也许是只小羚羊，然后一下击中它。我就会跑着告诉我爸爸："我哥逮到一只小羚羊。爸爸，哥哥逮到一只小羚羊。"然后我哥哥又把我背起来，我们继续走着，一直走到我们住的地方。

我就是这样长大的。

十、深度降灵舞

　　这是营地上的一个典型夜晚。图玛，我的助手，正在给自己做饭。有几个人过来看我们，他们坐在黑暗里，旁边燃烧了很久的篝火跳动的火焰把他们身体的轮廓映射出来。他们聊着白天发生的事情，声音低沉，交叉的声音混为一体。他们会在这里待上一段时间，喝着我给他们加了糖和奶的茶，然后尝一些图玛做好的饭。图玛在吃之前会把他的饭传给客人尝一尝。像往常一样，无论我吃什么，我都会给图玛一些，但是我通常吃的是素食，所以我的饭对他没有什么吸引力，反而是那些比较饿的客人更感兴趣。图玛的食材是我提供的，他每一顿饭都有肉。

　　周围的黑暗之中传来说话声，然后出现了两个男人。"你好啊，婉特拉。"有一个人温柔地和我打招呼，即便是

Return to Nisa

14 年之后，我还是一下听出了这个声音。我和库玛打了招呼。库玛是我多年前的朋友，也是我很敬佩的一个人。"我的老公啊！"我开心地喊着，"我一到了这里就在找你。"

库玛也热情地回应我："我的老婆啊！对不起，这段时间我不在。我出去打猎了。我今天才回来。我给你带了东西过来。"

"咕咕，我的老公，"我像昆族妇女那样说，"咕咕，我的老公没有忘记他老婆啊。"库玛递给我一大块肉，是从他杀死的一只捻角羚上切下来的肉。"哦，你真是为老婆着想的人。看看你带给我这么大一块肉。吃完它，我就不再馋肉了。"

✒ 库玛这个人非常优秀。他不仅性格好，有领导才能，才思敏捷，更重要的是他善于和外人打交道，而且他知道如何与时俱进。早些时候，即使是在降雨量少、农业收成受到影响的年头里，库玛还是体会到了播种和种植农作物的好处。他会讲给他日常生活带来了影响的人的语言，包括茨瓦纳语、赫雷罗语、南非白人的语言。人类学家来这里以后，库玛就开始为他们工作。我和梅尔在这里的两次田野调查中，库玛曾经为我们工作过。他愿意解决因为我们的无知所带来的问题。他待人热情，人也很聪明。

我和库玛熟识以后，我们之间的关系就被定义成了一种"玩笑性"的关系。这是一种简单、非正式，并且通常具有性暗示的玩笑关系。在布须曼人复杂的命名系统中，我的名字等同于库玛妻子的名字，而我丈夫梅尔的名字等同于库玛的名字。所以他叫我"老婆"，我叫他"老公"。玩笑也就到此而止，它更多的是映射了我们之间关系的巧妙性和微妙性。库玛的妻子也很喜欢开这个善意的玩笑，她通常叫我"我的平妻"，我也这样叫她。这种关系下的玩笑有时候听起来非常有趣，如果旁边有这样一对开这种称呼上的玩笑的话，别人听到后多会捧腹大笑。

　　库玛从小在丛林里长大，他是这个区域里最优秀的猎人之一。库玛40多岁的时候，有一次他惊动了丛林里的一只捻角羚。他就立刻开始追那只仓皇而逃的捻角羚，一开始在捻角羚的后面，后来平齐，他最终成功地用矛刺到了捻角羚，并把它摁倒在地上。

　　我第一次注意到库玛是我第一次田野调查旅行中的第二周。我们跟着一位在这里即将完成两年研究的人类学家来到了布须曼人在最南边的一个营地。白天我就一直跟着这位人类学家，尽可能多地和她学习一些经验，到了晚上，我好像听到降灵舞的声音。我以前在电影里看到过降灵舞，参加过降灵舞的人也和我讲过这种仪式，但是我自己还从来没有参加过降灵舞。

在梅尔和其他人类学家讨论问题的时候，我有些不耐烦了，于是就自己朝着声音走去。在离他们还有一段距离的时候，我关掉了手电筒，然后在黑暗中磕磕绊绊地朝他们走过去。我到的时候，他们正热烈地跳着，人群中间的篝火有些暗淡，只发出淡淡的光。我该怎么做？我该坐在哪里呢？我不能和那些围着篝火坐在人群最里面的女人们坐在一起，她们正在唱歌，一边唱，一边拍着手掌，她们高低起伏的歌声可以帮治疗师进入降灵的异境状态。我也不想挡住围在外面跳舞的男人，他们腿上的摇铃给女人们的歌声添加了切分节奏，跳舞时他们赤裸的双脚也扬起小片的灰尘。我最后坐在他们外面的草地上，开始看他们跳舞。

耳边传来的声音有些狂野——女人们的歌声彼此交织，听起来却流畅自然，她们拍出的复杂节奏交替更换，很明显她们没有领唱，但是整个团体的声音和切分音达到了完美平衡。唯一和女人们歌声和拍手声形成对比的节奏是男人们砰砰跺到地上的脚步声，还有他们腿上的摇铃声。

我坐在和他们有一段距离的黑暗中，我眼前正在进行的仪式让我为之震撼。我感叹这个小群体所聚集的力量，感叹将整个社区凝聚到一起的信仰。这个神圣的仪式缓解了生者的疼痛和痛苦，驱走了他们对疾病和死亡的恐惧——这一切都是为了大家好。

跳舞的人里面我只认识库玛。我看见他围着人群跳舞，手里挥舞着一只大羚羊的尾巴。他修长而强健的双腿上缠着摇铃。他围着人群跳了好几圈舞，每一次他的注意力都会更集中，他的眼睛会更聚焦。他的歌声旋律越来越少，重复性增强，自我催眠的状态也越来越明显。在火光的映射下，他脸上的汗珠闪着光泽。突然，库玛摔倒在靠近我坐的地方。他不是瘫倒在地，他也没有在摔倒的过程中支撑住自己。他就像一棵树干一样直挺挺地摔到地上，每一处关节都僵硬挺直。

怎么回事？库玛面朝下倒在了地上。没有声音，没有动静，而且好像没有人注意到他。女人们继续唱着歌，男人们也继续跳着舞，但是当他们跳到库玛静躺着的地方时，他们会绕开库玛。

我以为我很了解降灵舞了。当然跳舞的人会迷睡。但是这个是那么回事吗？库玛不是年轻小伙子了，他当时大概 40 岁。他抽烟抽得很厉害，而且像其他布须曼人一样，他也经常干咳。他摔倒以后就没有再动过，也没有呻吟过。万一他是心脏病发作呢？他刚才跳得那么激烈。跳了一会儿舞，然后就死了？为什么没有人帮他呢？

我朝旁边另外一个观察者转过身去，用手指着库玛。这是我到这里的第八天，我的语言还不足以表达我此刻的想法。另外一个旁观者说了些什么，但是我听不懂。梅尔和另外一位人类学家过来了。我走过去和他们说："谢天谢地，你们来了！你们快去看看库玛。我觉得他好像是心脏病发作了。"

另外一位人类学家说："没事，他现在处于迷睡状态。库玛进入了深度的迷睡中。"

不久后，另外两个跳降灵舞的男人开始唤醒库玛。他们摩擦库玛的身体，试着把他的灵魂从灵界唤回。他们对库玛实施了神抚术，用他们的汗水摩擦库玛的身体。就好像从无底的黑洞里爬上来一样，库玛开始恢复意识，他被降灵舞治疗师一步步地拉了上来。不久后，库玛的胸膛开始起伏，他体内有一个咆哮的声音，就好像有一只动物要从他体内挣脱出来。声音越来越响亮，最后变成尖叫声爆发出来："叩！叩！叩——啊——嘀哩！叩——啊——嘀哩！"当库玛试着控制住体内的混乱时，这个声音就直上云霄了。库玛控制住了他体内的混乱，他开始在围成圈的人群中走动，此时他的治愈之能是最强大的时候。库玛站着，身体有些摇晃，每走一步腿都在颤抖。治疗师库玛开始给周围的人做神抚，他把疾病从人的体内拉出来，把健康留下。一边跳舞一边挥舞着大羚羊尾巴的库玛被认为是最厉害的治疗师之一。

梅尔决定成为一个治疗师新手，于是他去找库玛帮忙。库玛欣然同意收梅尔为徒，并且带他参加在多比村和周围其他村庄的降灵舞。库玛在前面跳，梅尔在后面学。他会像库玛那样赤脚跺地，当他的腿跟着节奏跳动的时候，梅尔的上身会稍微向前倾斜。他们就这样一圈一圈地跳，有时候库玛在梅尔的后面，他双手扶着梅尔身体的两侧，一直跳到音乐声和篝火冒出的烟把库玛带入迷睡状态。然后当库玛给周围参与和观看的人实施神抚术的时候，库玛就会让梅尔自己跳。当库玛再次来到梅尔身边的时候，他会在梅尔腰部两侧轻轻敲一下，这样治愈之药就会进入梅尔的体内了。库玛有时候会把梅尔背在身上，然后拖着他转。从后面看，梅尔6英尺2英寸高的身体就会挡住库玛不足5英尺高的身躯。这样的场景持续了好几个晚上。

有一次库玛给梅尔喝了些据说是有迷幻功能的药，说是可以让人加速放松，有助于忘掉理性。梅尔说他喝的东西、重复的舞步、数小时的跳舞、从脊柱直达脑部的踩脚声音、女人们起伏不平的歌声、库玛迷睡状态中的能量，以及篝火的气味和视觉引力确实让他达到了一种从未见过的、奇怪的精神状态。

有一天晚上，3英里外的一个村庄在跳降灵舞。梅尔很想去，我不太想去。降灵舞通常会进行到深夜，有时候会持续到清晨。虽然我不再是一个旁观者——那时候我已经可以和女人们坐在一起，尽我最大的能力拍出节奏，然后重复最简单的旋律——几个小时之后我就会感到疲劳。我白天的工作并不容易：作为一个局外人我要试着理解别人的生活方式。在降灵舞上，我夜里的工作差不多是一样的：我虽然参加，但还是一个局外人，并不能完全融入这个持续一晚不断跌宕起伏，如戏剧般复杂的活动，而且我一直捉摸不透降灵舞上的歌声和旋律。经历了很多个类似的夜晚之后，我学会早点退场了。我更愿意去听逐渐消失的声音，感受我帐篷里面的静谧。

所以，那个晚上我让梅尔自己先过去。他和库玛会跳几个小时的舞，那个时候我们有两辆卡车，所以我可以晚点去找他们，大概几个小时之后吧。他们走后，我坐在压力灯旁，一个人享受着周围的寂静。

　　大概两个小时以后我到了——没有超过两个小时。但是我的卡车刚刚在村子边停下来，梅尔就已经站在我身边了，他看起来异常激动。"你刚才在哪儿？你还好吗？我非常担心。发生什么事情了吗？谢天谢地你来了。你怎么这么久才过来？"

　　这些问题应该在梅尔心里憋了很久，他一看到我就一口气都说了出来。他看起来很难受，也听不进我的回答。"我很好。发生什么事情了吗？我告诉你了我几个小时以后会过来。"

　　梅尔在黑暗里踱来踱去。"过来，你过来看看。"他领着我穿过沙土地，然后停了下来。我的手电照到了他开的卡车。卡车撞到了一个树墩上，卡车的前轮高悬着。

　　然后梅尔开始和我讲发生了什么。"我和库玛在跳降灵舞，跳得非常激烈。我到了一个什么看起来都不同的地方，我好像回到了童年。而库玛像是我的父亲。然后我突然想起了你。你在哪儿？为什么你不在这里？我害怕了。我觉得你肯定是遭遇了什么坏事。那个想法一直在折磨我：'我必须去救她。'所以，在一种半疯的状态下，我跳着跳着就跑起来了。我跳上卡车，一脚把油门踩到底。我不知道我要去哪儿。"

梅尔笑了。他看着卡车，补充说："我猜我没有开多远。但是我当时害怕极了。"

我想起其他曾经经历过治愈之能逐渐增强的学徒和年轻的治疗师。他们说当时感觉很热，热得都要沸腾了。然后觉得像是被火烧一样，身体有要爆炸的感觉。他们当时还不能够控制体内的能量，所以他们经常会带来比较具有戏剧性的场面。他们可能会跑到丛林里，双目圆睁，或者是绕着篝火，四处扔炭火，往火堆里走，或者是把手或头伸进火焰中。他们还有可能对着死人的灵魂扔棍子或者骂骂咧咧，据说亡者的灵魂就坐在黑暗中看人们跳降灵舞。

在这种状态下，没有受过训练的治疗师会给自己带来很大的伤害。其他治疗师可以帮助他们冷静下来。他们可以把他们从丛林里带回来，把他们从火堆中拉出来，帮助他们把体内的能量重新导入降灵舞中。有经验的治疗师会摩擦他们的身体，和他们一起绕着圈跳舞，教他们如何控制体内的能量，以便能够承受这种能量。

梅尔笑着说："我猜他们尖叫着跑到丛林里的时候就是这种感觉。但是我，一个白人，是怎么做的呢？我也尖叫着跑了，但是我是朝卡车跑的，开上车才能更快。"他抱着我说："我当时真的很担心你。看到你没事我很开心。"

后来他又回去跳降灵舞，我也和女人们坐到一起唱歌。这一次我坐的位置很靠前。梅尔跟着库玛围着人群跳舞，每一步的震动都像沉重的一击直抵他的头部，好像在搅动脑袋里面的灰质。他疲惫的身体最终慢下来了，摇摇晃晃地失去了平衡。库玛把梅尔的胳膊放到自己的肩膀上，然后把梅尔背了起来，他就这样背着梅尔走了一圈又一圈。最后，梅尔好像已经不能再承受更多的能量了，于是库玛把梅尔放到了地上。梅尔的头朝着篝火，但是有一定的距离。他躺在那里，一动不动。脸上的汗水粘上了一些沙粒，在跳动的篝火火焰的照耀下闪闪发光。

女人们的歌声和掌声愈加强烈，她们让我也这样做。她们说："你要支持你的男人。"我尽最大的能力在那里自信地唱着，然后盯着平躺在沙土地上的梅尔。他的眼睛睁开了，看起来有些呆滞，然后又闭上了。然后他开始动，慢慢地朝篝火移动。他在做什么？他会不会被烧到？他们是在等我去阻止他吗？我是不是要等等他们？我眼睛从这个女人望向另一个女人，想让她们知道我非常担心。她们继续拍着手掌，唱着歌，她们的眼睛死死地盯着前面。当梅尔的头刚刚碰到篝火时，女人们就伸出手把柴火挪开，然后在梅尔的头下面放了一些凉凉的沙土。他不再慢慢向前挪了，但是开始了很长一段时间的半睡状态。

很久之后，当梅尔从迷睡状态中"醒过来"，他告诉我他知道发生了什么，但是他一点都不害怕。他到了一个非常远的地方，对他而言，周围的声音和气味不再有任何意义。当他漂浮在那个遥远的地方的时候，是火把他拉了回来，把他带到他想去的地方。他依稀记得什么是火，但是这些好像无关紧要了。

库玛对梅尔的成功感到无比自豪。几年后库玛还告诉其他旅行者说，梅尔体内依然有布须曼人的治愈之药。他每次都问梅尔什么时候会再来这里，这样他就可以带着他进一步学习降灵舞了。

✎ 现在，手里拿着库玛刚刚给我的肉，我让库玛和他的猎人伙伴留下来吃晚饭。图玛也加入了我们。这块肉让我垂涎三尺。这块精瘦的野味是我喜欢的男人打下来的，而且是送给我的礼物，这是我得到的最好的一块肉，我再也找不到这么好的肉了。

这不是屠宰点经常卖的臭烘烘的牛肉，也不是食肉动物咬死的牛身上的肉。在卖肉的地方，牛腿或者其他牛肉通常会被挂在树上，引来成群的苍蝇。肉会因为放置时间太久而慢慢变黄，味道也会变得很刺鼻。村民们会争先恐后地到处凑钱来买肉，或者村里的女人们会吵吵着让她们的丈夫给她们买肉来吃，这时候整个村子都会躁动不安起来。买回来的肉被煮熟后大家会一起吃掉，但是吃完这块肉并不会满足任何人的肉瘾。只有当人们猎杀到一只大型的野生动物，然后吃啊吃啊，这时候他们才会有满足感。

那个晚上，我拿出葱头和土豆，然后把肉切成块一起煎。按照我的标准，这属于顶级美食。我把肉和菜盛到盘子里，先给"我老公"端上来。我还是比较喜欢"旧式"的烹饪方法，把肉切成条，然后放在炭火上烤，但是其他人看起来很欣赏我现在的做法，吃得津津有味。

在两位猎人离开前，我问库玛我是否可以去他的村子看看，看看他这些年过得怎么样。明天怎么样？库玛说："当然可以了，我的老婆，早点睡吧。"然后他们就离开了。

⟋ 库玛的村子其实是几个独立院子或者营地的集合。住在那里的人们因为亲戚或者婚姻关系彼此相关，而且他们所有人都把自己看成是"库玛团体"的一员。

即使是从远处看，住在这里的人很明显都是"现代"

Return to Nisa

型的成功人士。大家的公共住宅区域周围树立着紧密的棍子（这样公鸡也不会跑出去）。围栏里面是修茸整洁的茅草屋或者泥棚屋，还有搭建的高高的储物架，架子下面有晒干后堆到一起的农作物，另外上面还放着一些不能挨地的其他东西。阴凉地里还放着一些个头比较大的瓜，需要的时候这些瓜可以煮来吃。和我之前去过的其他院子不一样，这个院子看上去很富有。

库玛的老婆，也叫妮萨，正站在院子门口等着迎接我。我说："我的平妻，很高兴见到你。你近来可好？"妮萨也热情地和我打招呼。

我问妮萨："你有没有好好照顾我老公啊？"

妮萨说："啊，我的平妻，我一直为你把他照顾得很好。"

我对他们周围的富裕表示了祝贺，对她成年女儿去世的消息表示了我的慰问。我们谈到害死她年轻女儿的疾病，还有她留下来的三个孩子。现在三个孩子由外婆照料。妮萨说是啊，我们虽然很难过，但是生活还是很忙碌。

库玛带有几分骄傲地向我展示了他们整个群体所取得的成就：地里长满了瓜，粮仓装满了小米，大桶里装满了玉米粒，这些是未来几个月要吃的东西。和其他人一样，库玛也领取政府分发的救济粮，但是他相信他的群体是能自力更生的。他们自己有一大群羊，库玛还有一头牛。他说每个人工作都很努力，作为村长，他对他取得的成就流露出了明显的自豪感。

  我从一个院子走到另外一个院子，大多数都没有库玛家的大，也没有他们家的好。我问库玛都有谁住在那，孩子大概几岁，以及其他一些人类学问题。走到其中一个院子时，有人带我去看一个生病的孩子。

我看到这个生病的孩子时，心一下沉了下来。他侧躺着，几乎一动不动。他的眼睛呆滞无光，成群的苍蝇落在他脸上。孩子扭曲的脸毫无反应。他爸爸说他几乎不吃不喝，毫无疑问，这个孩子看起来已经濒临死亡。

看着他躺在那里，我想起了另外一个孩子，我的思绪回到了 20 年前。那是一个傍晚，有一个陌生的女人过来找我和梅尔，她把儿子放在皮袋里背着。孩子不是蹒跚学步的小孩，已经过了可以这样背着的年龄；他大概 6 岁或者是 8 岁的样子。当她把孩子从袋子里抱出来的时候，我们看到一个瘦骨嶙峋的小孩，脑袋很大，显得与身体很不协调。他目光呆滞，面无表情。他妈妈说他已经病了很多天了。他们试着治愈他，但是失败了。是的，他得的是痢疾，而且已经病了好些天了，或许是病了更长的时间，这段时间他没有吃任何东西。

脱水是第三世界孩子致死的一个重要原因，尤其是在炎热的气候中。这种情况下通常能够挽救一条生命的最简单的医疗干预是：静脉注射电解质溶液。我们有挽救这个男孩生命的电解质溶液，但是我们没有能够将溶液输入他体内静脉的医疗器械。梅尔想把液体从孩子嘴里灌进去，但是孩子已经不能吞咽了，倒进去的液体又都顺着下巴流了出来。想着液体是孩子的救命稻草，情急之下，梅尔把电解质溶液从孩子的腹部注入了体内。孩子的妈妈把孩子留给梅尔照顾，说她一会儿再回来。梅尔一直陪着孩子，后来又给他注射了几针，尽他所能帮助孩子。但是那天晚上那个孩子还是死了，梅尔就坐在他的身旁。

我们当时有很多疑问。为什么男孩的妈妈过了这么久才来找我们？是因为不信任我们，还是因为孩子死亡是一件很常见的事，所以她早就放弃孩子的生命了？

库玛村子里那个生病的男孩在我心里引起一连串的反应，最后让我觉得近乎恐慌。为什么他父母不早点来找我带他们去诊所？只要我觉得村民们需要医疗护理，我都会让贝特森克开车送他们去，贝特森克几乎每天都会开车去那里。男孩的父亲，是一个温和的男人，他告诉我他本来想把他儿子送到诊所看医生，但是他有些担心，因为他没有钱。"我住在诊所附近的话，该怎么养活我自己和我儿子啊？"然后他又补充说，"明天吧，明天如果你们的车去的话，我带上他去。"

我坚持说："不，现在就带他去吧。明天去可能就太晚了。我会给你足够的钱。如果你同意的话，现在就收拾一下吧。贝特森克会尽快来接你们。"这个男人很急切地答应了。他接过了我给他的钱，我离开的时候他正在和别人解释着什么。

我徒步回到了我的营地。当然，贝特森克要开卡车去诊所的消息一经传出，每个人都想在卡车上占个一席之地。我把原本第二天要搭车的人聚到一起，然后加上生病的男孩和他父亲两个人之后，卡车上就没位置了。那些没有轮上座位的人对我表示不满。还有一个我几乎不认识，经常酗酒的人不断地和我争论。我按照当地的礼节和他说："对不起，让你失望了。或许改天吧。"

我给在康瓦的卫生官员写了一封信，让贝特森克捎过去。

亲爱的康瓦卫生官员，您好：

对不起在周日还打扰您，但是在我访问多比地区的一

Return to Nisa

个叫巴萨尔瓦（Basarwa）村时，我看到了这个生了重病的小男孩。我担心他可能活不过明天了。我给了孩子父亲一些钱，在孩子在康瓦治疗期间让他给自己和孩子买吃的用。

搭车过去的还有另外两个需要麻烦您给看病的人：一位手指肿大的女人，还有一位上了年纪的男人。手指肿大的女人上周去诊所看过病，但是她不能待在康瓦接受治疗。虽然您上次已经帮了很大的忙，但她现在还是很不舒服。如果可以的话，请您今天再帮她看看。我只能每隔几天让卡车从多比地区去一趟诊所。

另外一位上了年纪的男人大概半年前在马翁做过腹部手术。他回来之前在那里待了几个月。当时可能是他的阑尾出了问题，我不知道。他说他缝针的地方疼，伤口愈合得也不好。如果可能的话，也请您帮他检查一下。

谢谢您的时间以及对他们的慷慨相助。最后我要再说一次，对不起，在周日打扰您了。

玛乔丽·肖斯塔克

卡车开走之后，我又朝库玛的村子走去，惦记着完成自己要做的事情。我问了问库玛养牛的历史。因为库玛是附近最富有的布须曼人之一了，我很惊讶他只有一头牛。除了妮萨之外，给人类学家干活的人中间再没有人像库玛一样挣这么多钱了。当然，那是很多年前了。但是在过去的 14 年里，如果连库玛都没有能力养更多的牛，那那些没有什么事情干的人还有什么希望呢？

我和库玛选了一个可以私底下聊天的地方。可是我们之间的对话还没有开始，我就听到有人用英语说："你好，玛乔丽。"然后，来人又用昆语说："你好，库玛。"我回头看到了罗佑，就是几周前我在马翁遇到的那个人。他最终还是放弃了从理查德那里听说过他的美国人。美国人给罗佑写信让罗佑在 7 月的第一周带他们去看布须曼人的降灵舞。现在已经是 7 月了，但是他们没有来，而且罗佑再也没有收到过他们的信件。所以他现在来这里了。我还想让他和我一起工作吗？

我当然很高兴罗佑能来这里了。我对昆语还有很多疑问：时态、语调、同声但不同义的词、表达某些情感的词，以及表示不同的生长和发展阶段的词。所以，我当然愿意和他一起工作。但不是当时。当时我就想和库玛聊一聊他养的牛——这是一个私人问题，就像是问一个人的财产状况一样——而我不想也不需要罗佑帮我翻译。

我告诉罗佑，说我晚些时候再跟他聊。他点了点头，然后他好像在和库玛说再见，但是两个人过了好长时间都

Return to Nisa

还没有结束对话。最后，我只能礼貌地让罗佑先离开了。

我和库玛刚坐下来，外面院子里突然来了一辆卡车。卡车上下来一位来自"边远地区发展组织"的官员，他走过来找我们说话。我们都非常礼貌。聊完以后，就到了我和梅根约定的时间了。我再一次从库玛的村子朝我的营地走去。到了营地后，我叫上罗佑和另外几个人朝边界走去。

我们到的时候，梅根正在等我——当然是在边界篱笆的另一侧。梅根当时和一群布须曼人在一起工作，工作内容涉及土地所有制和自我代表的政治体系。梅根在纳米比亚和布须曼人已经在一起工作很多年了，主要是帮助布须曼人实现他们的独立，但是胜算并不大。打过招呼后，我和梅根离开大家，又走了一小段距离。我们面对面，或者说直接隔着篱笆坐了下来。她看起来有些不安和紧张。她解释说是天不早了，还有人在她的营地里等她，而开车去她的营地需要几个小时的时间。所以她只能和我在一起待大概一个小时。

一个小时的时间过得非常快。而我有这么多的问题。即将到来的选举对博茨瓦纳和纳米比亚的布须曼人会有什么影响？纳米比亚政府会不会沿着边界增大军备力量？博茨瓦纳的国防军会不会参与其中？另外选举之后政权能顺利过渡吗？

我们最关心的是新的纳米比亚政府是否会承认布须曼人对他们祖先传下来的土地的所有权。以前布须曼人已经失去了他们的土地。20世纪60年代的时候，在种族隔离制度下，纳米比亚昆人的土地有一半以上都被赫雷罗人占有了。最近，有传言说纳米比亚政府将要把布须曼人剩下的土地打造成供游客游玩的狩猎区。只有很少的布须曼人可以留在狩猎区里，条件是他们要重拾过去"古老"的传统：他们不能养牛，不能养羊，不能种菜，不能盖泥棚屋，不能穿衣服，不能使用器皿，一切和"文明"挂钩的东西都不能出现在他们的生活中。其他人会被送到没有人想去的偏远地区——那里气候干燥，没有可以猎捕的动物，也没有食物可以去采集，更别提农业或者畜牧了。最后，是人类学家约翰·马歇尔（John Marshall）通过不懈的努力才阻止了这个计划的实施。现在，政权即将发生转移，这个问题又浮上了水面。新政府会不会把布须曼人的土地当作政治战利品，分给现在获胜的抵抗战士的铁杆支持者们？

我想问问梅根对现在边界上紧张局势的看法。她看起来好像从来都毫不犹豫地派人来给我送信。也许是梅根没有注意到博茨瓦纳国防军已经下定决心要严格控制穿过边界来到博茨瓦纳的人流。博茨瓦纳国防军完全有理由担心纳米比亚选举的政治结果可能会给博茨瓦纳带来影响。如果纳米比亚国内的反对党对选举结果产生质疑，则可能会发生内战。敞开的边界则会在博茨瓦纳境内引起事端——在博茨瓦纳和纳米比亚两个国家没有什么政治影响力的布须曼人也可能会在权力之争中被当作棋子利用。

在没有搞清楚纳米比亚的选举将会给博茨瓦纳带来什么样的影响之前，博茨瓦纳政府将会一直处于军事戒备状态的。但是封锁边界对布须曼人而言是个灾难。1966年博茨瓦纳和纳米比亚两国之间竖起了边界篱笆，但是当时昆人还是可以自由穿越国界的。1974年两国政府加固并增高了边界篱笆，并在边界篱笆两侧靠近多比村的地方搭建了梯磴方便人们穿越边界。但是，在没有任何预警的情况下，我到博茨瓦纳前不久，博茨瓦纳政府便封锁了边界，不允许人自由出入博茨瓦纳了。这给在两个国家都有亲戚的当地人带来了很大的不便和痛苦。

梅根说，在康瓦的当地博茨瓦纳代表和她的团队之间有些误会。那位当地代表不断给他们制造麻烦，即使他们的使命是和平的。她告诉我纳米比亚在选举中最有可能成功的政党西南非洲人民组织（SWAPO）对布须曼人并无恶意。她说她的团队已经通知康瓦的代表在周日的下午到边界上和他们见面。梅根站起来，准备要离开了。她敦促我："如果你能来的话就过来吧。周日的会议会非常有趣。希望我们能解决些问题。"

然后她就离开了。看着梅根的卡车消失在远处，我突然觉得无比孤独。我想从我们的谈话中获得更多的信息。我把写给梅尔的信又装回到口袋里。梅根告诉我她根本就不可能帮我把信寄出去。她说我到家的时候，信可能还没能寄出去。

那天晚上，我在日记本上写道：

我今天去看了老塔莎，她是一个非常大的家庭的女家长。我们聊了聊孩子，她的孩子和我的孩子，我当时差点哭了。后来我又和梅尔的同名者塔萨伊聊了一会儿。塔萨伊病得很严重，可能是肺结核。我也提到了我的病，难过之情像洪水一样充斥着我的内心，这一次我流泪了。

我内心波涛汹涌起来。平时我不能宣泄的时候，这些情绪都去了哪儿？为什么我还是能感觉到快乐呢？我肯定要比想象中的我更加情绪化。昨天晚上我做了一个十分可怕的梦。梦里面我到了一个水族馆，里面展示了很多死去的孩子。这些孩子的面部扭曲，身体某些部位的皮肤紧贴着玻璃。看到这些死去的孩子的遗体被公开展示，尤其是还展示给孩子们看，我怒火中烧。我想和管理机构和其他组织机构沟通，让他们终止这种做法。我被吓醒了，醒来时脑子里还是这些死去的孩子的样子。

我写这些文字的时候，内心又像潮水一样翻滚起来了。梅根、昨晚的梦、我对孩子和梅尔的强烈思念之情，以及我对我身体状况无时不在的隐隐担心都交织到一起，酝酿成一团复杂混乱的情绪。

我停下笔，环顾四周：旁边有一堆燃烧的篝火，驴子身上的铃铛声从四处传来，一轮弦月也即将落下，冷冷的空气和篝火散发的热量混合在一起，空气干净清新，树林里传来嘶嘶的响声。最重要的是周围一片寂静。没有汽车、摩托、飞机、无线电和电视。没有任何声音羁绊我的耳朵和我的心。没有孩子不断地对我提出要求。我也不用担心丈夫和他的需要。没有电话。周围只有清新的空气，我眼前就像有一片汪洋大海——宁静、宽广，又极具力量。

我会和库玛说我要杀一只羊，让他来主持跳一场降灵舞。我对库玛有很强烈的情感，近乎于爱情。我也会让妮萨来，虽然有时候我对妮萨的感情并不是那么积极。

✎ 现在回想起来确实没错，但是要意识到这点还是需要时间的：我待在多比村的时间越久，我就越对具有治疗作用的降灵舞感兴趣。降灵舞有戏剧性，有激情，参与者们也都表现了不懈的努力。降灵舞也有它的精神表现，治疗师们做出了很大的努力，肉体和精神上承受了很多，为的是去改变别人的命运。降灵舞是一个令人敬畏的景象，就像面朝大海或者一览众山的感觉，但是降灵舞所带来的敬畏和谦逊来自人类的能量。而且，除了这些之外，如果我内心觉得降灵舞能够治愈我的病——那我为什么不试一试呢？

接下来的降灵舞是我商谈的。我把我的病仔细地和库玛讲了讲。他告诉我："我从别人那里听说了。"

我说："我想让你试着治愈我，你的老婆。"

他礼貌地回答我："嗯，好的，我在听你说呢。"

"因为，如果这个病夺走了我的生命，我还是想知道你曾经试着帮过我。如果没有这样做的话，我们都会想：'如果当时库玛试着……？'如果你同意的话，我们就按照过去的方法办，我会给参与降灵舞的人们带只羊过来。"

库玛同意了："嗯，但是我担心我的药效力不足了。"

事情就这样定下来了。我们安排在他的村子里举行降灵舞仪式。库玛将会是主治疗师。举行降灵舞的当天白天主要是解决一些细节问题。他们悄无声息地杀了一只羊，把羊屠宰后分给大家，然后在三足铸铁锅里开始煮，煮熟后分给大家吃。天黑以后，库玛村子就响起了歌声，我和女人们坐在一起，拍着手，唱着歌。

但是好像有什么事情不对劲。库玛待在他的小屋里很长时间都没有出来，里面点着一盏煤油灯。后来库玛终于出来了，但他并不是很投入地跳了会儿降灵舞，然后开始给周围的人实施神抚术。轮到我的时候，他就像抚摸其他人一样，很快地摸了我一下。我一直等着他，希望他的手能够多停留一会儿，和我说句话，或者触摸我，就像几天前的那个晚上妮萨照顾她侄女奈那样，用他的手告诉我他会照顾我。他简短的治疗只是一个开始。我想让他的手停下来，照顾我——把我体内的恶找出来，和神灵争辩，获取洞见，和命运抗争，关心我的未来。库玛在一圈人里转了个三四回，然后来到我面前。他抱歉地告诉我，他跳的降灵舞结束了。他说："我没有什么能量了，因为我自己体内的疾病夺走了我的力量。"在昏暗篝火的映射下，库玛离开人群，回到了自己的棚屋，我有种被掠夺了的感觉。

我内心觉得十分孤独凄凉，还有种被抛弃的感觉。"我的丈夫也不帮我，也许他可能根本就不关心我。"

但是正当我埋怨库玛的时候，我发现库玛并不是那么不可或缺。猎人昆沙也来了，而且已经进入较轻的迷睡状态了。女人们唱着歌，歌声交织在一起像一块披肩把他包裹起来。昆沙的脚砰砰地踩在地上。他的眼睛盯着篝火，看起来像进入了另外一个世界。不久，他的身体就冒出了汗水，映射着火光。昆沙身体摇晃着，沿着一条熟悉的精神通道开始走向自己的内心。他闭着眼睛，脖子向上伸着，他嘴里富有旋律的短语变得更短。然后，他砰的倒了下去，失去了意识。

其他人想叫醒他，但是他已经进入深深的迷睡状态，完全没有反应。最后他们去叫库玛了。库玛从他的棚屋出来开始跳降灵舞的时候，女人们又开始高歌。库玛拉着依然不省人事的昆沙朝篝火走去。他抹了一把额头上和腋下的汗水，然后用手掌摩擦昆沙的身体。库玛跪在地上，然后把昆沙背朝他拉到胸前。库玛摇晃昆沙，嘴里哼唱着不是词的曲子。女人们一起唱着歌，她们的声音厚重、舒缓。昆沙还是安静地躺着。然后一个震颤，昆沙开始恢复意识。震颤来自昆沙的身体正中——治愈之能的中心——然后流入他的腿或者胳膊。这股力量不断地积聚和流出，一直到最后一发不可收地爆发出来，就像冲破堤坝、一泻千里的洪水一样。就这样，

Return to Nisa

昆沙身体中央的力量从隆隆作响到咆哮，最后顺着他的脊柱爆发出一声尖叫："叩——啊——嘀哩！"

虽然早已经过了午夜，还是有很多人在等着昆沙去治疗。我坐在妮萨和我的同名者中间，拍着最简单的节奏，然后等着昆沙过来对我进行短暂的神抚。天空中的弦月渐渐西移。我离开时，月亮早就落下去了。

第二天库玛和我说："玛乔丽，我们需要聊一聊。"我们在沙地上找了个僻静点的阴凉地。

我说："我听你说呢，我的老公。"

"昨天晚上我跳舞，你打算给我多少钱啊？"

"我给了你们村子一只羊。我以为这就够了。"

"那只羊太小了，只有几个人吃了，根本就不够啊。"

"那你想要多少？"

"10 普拉①。"

"好吧，我同意。"

事实上，我并不同意。我不同意并不是因为钱——库玛会从我这里得到价值远远高于 10 普拉的礼物。我不同意是因为他和其他人一样张口向我要了。我觉得我还是很公

---

① 普拉，博茨瓦纳共和国的流通货币名称。——中译注

平的：一只羊已经算是比较慷慨的礼物了。而库玛又做了什么呢？降灵舞几乎还没有开始他就跳完了。

我心里想：所以，对于他而言我就是个外人，是尽可能多要东西的白种女人。这种想法并不新鲜，也不特别。来这里的人类学家都经历过不同伪装形式下的类似要求。这些要求会从人类学家到这里做田野调查的第一天持续到他们离开的那一天。我以为库玛是我的朋友，所以当听到库玛向我要钱的时候，我彻底崩溃了。

也许我真正需要做的是往后退一步。毕竟人类学这个领域的第一原则就是要在当地的文化背景中分析问题。我已经离开 14 年了。我来和我走都是随自己的心愿。我是库玛的朋友吗？他可以指望我吗？而且，库玛这么穷，而我却开着卡车，给别人发钱，送礼物，帮别人的忙。然后我却期待他把我看成是和他一样的人？另外，这些关系不都是带有一定剥削性吗？我想从昆人那里得到一些东西，所以我愿意花一大笔钱来他们的国家。我收集他们的话语，把资料列成表，另外也从田野调查中获得了威望。我又为什么期待他们在我再次消失前，不会从我这里尽可能地获取更多的东西呢？

我让库玛等一下，然后我去给他拿钱了。我朝自己的帐篷走过去的时候，脑子里想的都是"职业智慧"这个词，但是这很难一路坚持下来。当我把 10 普拉递给库玛的时候，我还是把我的委屈说了出来："我心里一直在想这件事，但还是想不明白，我觉得我需要和你聊聊。"

这一次是库玛说了："我在听你说呢，我的老婆。"

我慢慢地说："你向我要钱的时候，我非常吃惊。我以为我和你之间的关系和别人是不一样的，我们都是发自内心地为彼此考虑。而且，我对你从来都很大方。"

"我知道你的痛苦了。我不知道你是这样想的。"库玛停顿了一下，"下次我会补偿你的。我不会忘记你和我说的话的。"

我被库玛的话感动了。虽然库玛接过了我的钱，但是他也听进去我的话了。我坚信无论我什么时候再来这里，他都会记得他曾经和我说过的这席话的。

十一、过去和现在

库玛跳的降灵舞不足以慰藉我。我让妮萨组织一次搔鼓舞。她提议说由她和另外一位女治疗师雏果一起来跳搔鼓舞。另外她还彬彬有礼地说她收的钱要比雏果少，雏果收 5 普拉，而她只收 3 普拉。她说："因为你一直都在帮我。"

我心里想：多么具有讽刺性啊！我给了她那么多的礼物，还会给她买价值 50 普拉的驴子，给她价值 60 普拉的箱子。给她丈夫价值 40 普拉的简便油桶和其他物品。更别提我之前给她的六头牛和一匹马了。她却因为我一直都在帮她而少要了我两普拉。我并不吃惊，甚至对妮萨的提议有几分感动。但是我同时也非常失望，觉得自己受到了伤害。

Return to Nisa

后来，我在日记本里写道：

我和妮萨之间的关系真的是没有（或者不能）超越我优于她的力量和我改变她生活的能力，如果我选择这样做的话，在妮萨看来，我会这样做的。妮萨不懂我对她忠实的情感，她不断纠缠我，即使她早就俘获了我的心。我这次回来主要是为了她。当然，我告诉过她这些。但是她怎么才能相信我呢？另外，我又想从她这里得到什么呢？是什么让我把钱塞到她怀里，并且笑着对她说："啊，这就是我想要的？"是要和她聊更多吗？好吧。只要我想让妮萨说，妮萨就会说的。但是为什么这一次她只能得到一头驴子，而以前她得到的是牛呢？

对妮萨而言，两普拉算是一笔不少的钱。

这是其中很现实的一个方面，但是不能不将其考虑在内。但是妮萨看起来就是那么麻木，至少对我是这样的。她聪明，善于展示自己，也会去要她想要的东西。但是我们之间的对话从来都只是局限于这些。她对我甜言蜜语，是因为我为她做了那么多。她喜欢我，是因为我给她的工作付了酬劳。她完全不知道我的感受。我甚至认为她根本就不是真正地喜欢我。

我有时候想我是否也喜欢她。我为她的活力、毅力和机智所着迷。她对她哥哥道的悉心照料和她与波之间的伉俪情深也打动我了。在我和她的访谈中，她的言谈直接、亲密，对我的评论也能给出敏锐的见解。但是我一直都不能打动她。

✎ 晚饭后，我的助手图玛在我营地的篝火旁逗留了一会儿。他和波正在专心致志地听猎人昆沙讲故事。我很高兴有人陪着我，我也加入了他们，给他们端来茶水喝。昆沙饶有兴致地讲着，他的话听起来富有旋律，图玛和波有时候会重复昆沙说的话。我有时候也能听懂其中的几个词或者一两句话，但是大部分还是听不懂，所以我的注意力也就不在那了。

头顶上的月亮有三分之二圆。在月光的映射下，银河消失不见了。但是，天蝎座和南十字座还闪耀在月亮两旁，像月亮的两个忠实侍卫。

黑暗中传来一阵马蹄声，然后又消失了，是男人们猎狮回来了。这一次没有队列，也没有约德尔歌。也许因为是深夜，也许是因为猎人们无获而归。到目前为止，他们已经杀死了两只狮子，但是还有更多只狮子逃遁在外。每个人都很害怕。那个早上女人们都没敢去采集食物。

我问狩猎队长茨瓦纳（Tswana）我是否可以和他们一

起去猎狮，或许我可以开着卡车跟在他们后面。茨瓦纳说："不行，那样太吵了。""那如果我借一匹马，然后骑着马跟着你们呢？"他回答我："不行，太危险了。"我既失望又欣慰。我唯一一次骑马和他们出去是很多年前的事情了。当时那匹马脱开缰绳，狂奔起来。它在奔跑的过程中，低抬起前肢，想把我从它背上甩下来。我会再次爬上马背，加入男人们这次伟大的冒险之旅吗？也许会。还有什么会比猎狮更有意思呢？

我试着写日志。今天过得还不错：我完成了对几个村子的调查，所以未来几天的早上我会比较轻松了。我和图玛在尝试做发面面包，这种面包吃起来味道很好。

但是我的注意力又总是不断地转移到几个男人的对话中。图玛在讲关于女人和性的事情。我在日记本上胡乱写着，装作我并没有听他们聊天。有个女人拒绝了他，但是他还是钻到了她的毯子里。我听到他说："我悄悄溜进去，然后钻到她的毯子里。她站起来……当她再躺下来的时候，我就得手了。"

图玛强迫她和他发生性关系了吗？短语"钻到毯子里"一般情况下指的是性爱。但是也有可能说的是他只是和她一起躺在一条毯子下面，没有发生性关系。而"得手"也有可能说的是"摸到她"。

然后猎人昆沙开始说话了。他好像在聊他年轻的媳妇，说她不同意在他的院子里睡。图玛在给昆沙提建议。我多么希望我能听懂他们之间对话的点点滴滴啊，而不是为了让我能听懂，特意说给我听的话。

后来，昆沙准备要走了，他说他想让我帮他串一些珠子戴在脖子上。走的时候，昆沙称呼我是他的女人。他和图玛之间有关他媳妇的对话肯定进展得不顺利。

✎ 时间过得很快。还有七天我就要离开多比村了。在未来的七天里，我可能会和妮萨再聊几次。很难说我和妮萨之间的谈话进行得怎么样。有时候，妮萨还是老样子：她讲起故事来还是那么引人入胜，故事听起来也很重要。但是大多数时候她说的话都无关紧要。即使是我们最近几次有关降灵舞疗效和她作为一个治疗师的能量的访谈都索然无味。

我眼看就要离开这里了，但我并没有感到不高兴。我已经开始感觉到人们向我要烟、找我帮忙、要电池、要礼物和火柴的压力了。蜜月期结束了。如果我在这里再待两个月的话，日子恐怕会更加艰难。我对他们提出要求的反抗会更激烈。现在，我还有一周就要离开了，我就尽可能

Return to Nisa

做好我的工作，尽力去适应现在的情形。我觉得到目前为止我做得还不错。

但是我知道，当那天到了的时候，我可能已经做好离开这里的准备了。我在日记中写道："这里没有神药可以治愈我——虽然周围的自然环境很舒适。回家并不意味着我会再次生病，就像我留在这里也不能保证我不会生病一样。我也知道如果我再次生病的话，我可能不会再回来了——永远。所以我要尽最大的可能充分利用在这里的最后几天。"

✎ 我组织安排了两次"讨论会"：一次是和一群男人，另外一次是和女人们。让我感兴趣的问题有：他们是怎样看待狩猎和采集生活的？他们想让自己的孩子对过去的传统生活有哪些了解？他们怀念过去的日子吗？还是觉得"终于摆脱了"？

当天早上，男人们鱼贯而行地进了泥棚屋，他们看起来心情不错：我已经给他们端上放了牛奶和糖的热茶，我还向他们保证讨论结束后我会给他们一笔不菲的酬劳，另外再管一顿饭。他们来了六个人，有库玛、猎人昆沙和波，我认识他们大概 20 年了。罗佑担任我们的翻译。

我用英语和罗佑说："我们先让谁……他们觉得……我

真不知道该怎么做……谁先开始说……但是也许我们应该先让每个人轮流先说一次。"

"我们从你开始吧?"罗佑问库玛,库玛是几个人中最善于和别人打交道的。

库玛提议:"让昆沙先说吧。"

我依然是和罗佑讲:"第一个问题是,他们觉得现在比以前好吗?比以前他们住在丛林里的时候好吗?"

罗佑用昆语说:"她让我问你们……等一下,谁先开始?"

"他先开始。"几个声音异口同声地说,他们用敬语去指他们中最传统的猎人昆沙。

罗佑说:"今天的生活……好吗?还是过去,你们住在丛林深处的时候好?她问什么时候好?"

猎人昆沙想了想,慢慢地回答:"过去……过去的日子很好啊!非常好。丛林里的生活……我们在丛林里干活,做各种各样的事情。我是说当我们住在丛林深处的时候。我们在那里住得非常,非常好。但是今天的生活,我们现在所在的地方,我认为……我们在这里没有什么奔头。"

妮萨的老公波不同意昆沙的说法:"过去的日子,过去生活在丛林里,那种日子太难了!没有人帮你。当别人来了这里后，我们的生活才好起来，他们给我们一头小牛。我们有吃的了，也有牛奶喝了。今天的日子非常好!"

昆沙回答:"哦……不要那样说。我不同意你说的。"

一个接一个地，每个人都表达了他们自己的看法。第三个发言人也是一位技术娴熟的猎人，他同意波的说法:"一开始，我们住在丛林里，我们干的是在丛林里要做的事情，我们那个时候很累!今天，我们可以休息一下了。过去，我们要想着我们要去哪儿。我们说:'我要去丛林里。'然后就走啊，走啊，等我们回到村子里的时候，我们什么都没有吃。这就是为什么我说过去的日子太难，而今天的生活要更好。"

第四个发言人是德贝，这群男人里面最年轻的一个人，妮萨的侄女奈的丈夫。他儿子给妮萨和一家富有的赫雷罗人放牛。"我，看我现在的生活，我看不到现在的日子有多好。过去，人们住在丛林里，他们去打猎，吃猎捕到的动物，然后住在丛林里。而我呢，我看不到今天的日子有多好。反正，我不觉得我现在的日子好。"

昆沙问他:"你放养的牛呢?"

德贝回答:"我没牛。那些牛是别人的。我一头都没有。而且我不觉得现在的生活好。过去的生活才好呢。我喜欢坐着卡车去丛林里，人们在丛林里打猎，然后我们吃猎捕到的动物。"

塔萨伊，一位受人尊敬的长者（也是我丈夫的同名者），接下来说："我对这个的想法？我们的父亲生下了我们，喂我们吃丛林里的食物，给我们多根和桂阿叶①吃，然后把我们养大。我还想像过去那样。因为我也不觉得我今天的生活有多么好。我希望还能像过去一样生活。"

他的声音变大了："这里的人，他们谈到了牛。牛是别人给的礼物。但是我没有牛。很久以前，我们没有牛，但是我们生活得很好。我们的父亲给我们肉吃，把我们养大成人。"

塔萨伊说布须曼人的牛是借来的——他们是在帮别人放牛，喂它们吃草，然后挤牛奶。"但是，这不是你的牛，是别人的。自己有牛的人觉得日子不错。"但是，布须曼人哪儿来的钱去买牛啊？塔萨伊本人为一位人类学家工作，赚到钱买了很多头牛，但是活下来的只有一头。他弟弟也为一位人类学家工作，赚钱买了一头牛。"那个白人，就是这里的玛乔丽，她给了波几头牛。波买了牛，现在有许

---

① 多根：当地一种常见的可食用根茎。桂阿叶：一种绿色蔬菜，叶子和根茎都可以食用。——原注

Return to Nisa

多牛。"

库玛，是六个人中最善于表达的一个人，他称呼自己为"六玛"。"六玛"包含了英语中的"六"和昆语中的修饰词"玛"。他接下来说：

我，我在听你们说。我们的丛林生活很辛苦。那种生活，有人说他们的父辈把他们养大。我知道这一点，而且这一点非常好。因为如果他们只待在一个地方，他们就没有东西可以给我们吃。他们在一个地方还没有待多久，就又要出发去丛林了，因为如果他们不动身去丛林，不带回肉来，我们就会饿死。

现在，今天，黑人们来到了这里，他们和我们一起干活，我们能够看到我们自己的生活。我们现在有自己的生活了。而且，如果有一天政府决定帮助我们，给我们种地用的种子，那个时候我们就可以休息一下了。不像以前的那种生活，在这里睡一晚上，接下来在别的地方睡一晚上，接下来又换一个地方。那种生活不好。而今天，我们现在的生活，这是一种全新的生活。

这就是为什么我们说以前的生活方式太辛苦。你不知道你要睡在哪里，早上醒来的时候，你要背上你所有的东西。如果你去康瓦打猎的话，你要把肉背在身上。谁会说那种生活好呢?

听了库玛最后一个问题,所有的人都笑了。其中一个人还哈哈笑出了声音。库玛接着说:

那种生活很辛苦!今天呢,我把所有的东西都放到驴背上。很久以前,人们要背着自己的东西。那有什么好呢?有些人说那种日子是好的,我看不出有什么好。对我而言,我觉得不好。太糟糕了!今天,我觉得我的生活非常好!

库玛说对于有牛的人而言,现在的生活是很好的,他们可以挤牛奶喝。他承认,对于那些没有牛的人而言,生活确实不是很好。

所有的人都有牛要照料。波和妮萨有六头牛。库玛有一头。还有两个人有一两头牛,同时也给赫雷罗人养牛。昆沙有两头牛,他自己照顾自己的牛。他不会帮赫雷罗人养牛。他说:"我不接受赫雷罗人。他们问了一次又一次,但是我不同意替他们养牛。"

那些给赫雷罗人养牛的人并不开心。虽然布须曼人可以喝这些牛的奶,但是他们中有个人说:"你自己的东西就是你自己的。是你的肉,你的食物。如果不是你的,是别人的,你就只能喝牛奶,他们可以把牛卖掉,然后不会给你任何东西。因为他们不想给我们任何酬劳。"虽然他已经替赫雷罗人养了很多年很多年的牛，但他抱怨说他只收到过一头小牛，而且那是很久很久以前的事情了。

罗佑听得着了迷。他说，他生活的地方，在那里，赫雷罗人要先给牧牛人一头小牛，然后每隔几个雨季就要再给牧牛人一头小牛。如果牛死了的话，牛肉要在牧牛人和所有者之间均分。

在这里，其他几个人说，赫雷罗人占了他们的便宜，给别人的酬劳要比给布须曼人的多。"除了库玛，因为他们怕库玛。"他们认为对于他们的劳动，赫雷罗人应该给他们一条毯子或者一些钱才合适。一两年之后，赫雷罗人应该再给他们一头牛或者一头小牛。能够喝牛奶当然不错，但是，这并不够："只喝牛奶并不能维持你的生活。"

✍ 我又问了一个关于过去的问题。他们想让他们的孩子对过去的生活有什么样的了解？过去的生活是虽然辛苦，但是很好，还是不仅辛苦，而且不好？

其中一位长者回忆说："我们从一个地方搬到另外一个地方，我们吃桂阿叶、多根和沙根，还有各种各样的食物。他们会去打猎，猎捕动物，带回肉来给我们吃。"

我问："那种生活好吗？你同意库玛说的吗？他说那样的生活太辛苦了，还要在不同的地方睡觉。"

他回答我："妈妈哟，是啊，如果我们住在这里的话，确实不错。我们在这里过得不错。但是黑人们来了之后，就不好了。"

他接着说："今天，还是有可能生活得很好的。但是过去的日子已经不复存在了。一种全新的生活开始了。这就是为什么我觉得我们需要别人的帮助，需要他们给我们买牛，买驴，买羊。但是今天，我们还是只能吃玉米餐。没有糖，没有盐，也没有奶。只吃玉米餐的话，会让你特别想吃肉。但是今天的人很懒，他们不去打猎。这就是我为什么说现在的生活很糟糕了。"

对罗佑而言，有关丛林生活的讨论听起来肯定很陌生。这个昆族小伙子的童年是在学校里度过的，他学习了赫雷罗人、茨瓦纳人和讲英语的通常被称为"欧洲人"的语言。他渴望成为一名老师，而且很有可能成为这种"新生活"中最有影响力的男人之一。但是，对于过去的"老生活"，他并不像这六个人一样了解那么多。而且，他很有可能像赫雷罗人和茨瓦纳人一样，对这种生活持有偏见。

Return to Nisa

这一次，他在复述我的问题时，加上了一些自己的词汇："你们都听到这个人说了。他说，很久以前，人们做的事情很难。他们会在康瓦村附近猎捕到一只大羚羊，把它背在肩上。然后，他们会停下来，找个地方睡觉。早上，他们从那里醒来后，会收拾好他们的东西，继续把大羚羊背在身上，一直到他们停下来睡觉。这个老人说，即使这样背着东西，他也觉得过去的生活是美好的，因为你们的父亲照顾着你们，你们生活得很好。另外一个老人说，这样的生活不好。你们同意谁呢？"

　　昆沙说："我同意说好的那个人。"

　　罗佑和昆沙确认："你同意他，也认为过去的生活好。过去采集食物，住在丛林里，一天睡在这里，一天睡在那里……你说这样的生活好？"

　　昆沙毫不犹豫地说："是。"

　　罗佑的声音听起来还是带有一丝怀疑："即使是背着那么多东西？"

　　"是。"

　　"过去的生活好在哪儿呢？"

　　昆沙还是没有半秒的迟疑："我们生活得很好。我们吃琼、克拉茹和甜柠果①以及其他大人都可以找到的不同食物。我们住在那里，然后吃啊吃啊，一直到我们把那个区域的食物都吃光。然后别人就会去其他地方找猎物。他们找到后，我们就会去另外那个地方，离我们住的地方很远，那里有水。在那里，人们会猎捕动物。"

✎ 和男人的讨论会结束的第二天，本应该和女人进行讨论，但是罗佑没有出现。我给女人们吃了一些东西后让她们回家了。然后我和妮萨进行了两个小时的访谈，访谈结果让人很满意。

访谈后，妮萨生活中的事情开始变得清晰了——她与外界的早期接触，以及和别的女人的对比，她与情人们之间的交往经历。妮萨是如此坦诚。我越说自己不懂，对某个话题我问得越多，妮萨就越沮丧。然后她干脆抛开所有的细枝末节，直奔主题。那一次的访谈是所有访谈中效果最好的一次。

然后我提起擂鼓舞的事情。我来这里的第二天晚上，妮萨对我做了神抚，在那之后，还没有过任何"自发的"

---

① 琼：一种像草一样的植物，根茎可以食用。克拉茹：一种可以食用的球根。甜柠果：夏季和秋季成熟的浆果。——原注

治愈之舞。我不想就这样结束了。当我向妮萨提起这件事，她又主动提出要"3普拉，因为你对我这么好"。我用很小的声音咕哝了句"哦——嘿"。

我试着算出都要给谁，给多少钱。我要和另外一个治疗师和鼓手单独谈价钱。我可能会找八位歌者。其他人愿意来就来，但是我不会付钱给他们了。

但是，我担心的是，不管我做什么，总会有误解和不愉快。我真的不想再杀死一只动物了。我一直希望参与者们能够自愿免费来跳舞——这样的话，我反而愿意给他们原本所能得的三倍以上的礼物，包括衣服、珠子、布、食物、鞋、我帐篷里的东西，甚至是钱。

✍ 库玛过来找我帮忙，其实是帮几个忙。他曾经说过他的梦想是离开多比，带着他的人去一个新地方生活。在那个从来没有人住过的美丽地方，他希望他们能打一口井，在那里养羊和其他动物，然后开始种菜。我知道冒这样的风险需要有很大的决心，也需要来自多方的允许和多年的文件工作。库玛问我是否愿意带他去康瓦，然后代表他和那里的负责人沟通这件事。然后他问我是否愿意开车带他和其他人去看看那个离这里大概有两个小时车程的地方。他群体里的大多数人都没有去过那个地方。最后，他问我，我去了那个地方，并且帮他获得批准之后，我是否愿意集资帮他打一口井。

当然，我说我会尽我最大的能力帮他们。事实上，我很开心能再次离开营地回到丛林中——尤其是库玛的梦中之地和狮子们活动的地方方向正好相反。

所以第二天，我们一群人，包括来自库玛院子的 10 个人和我，鱼贯而行上了卡车。我们朝库玛的梦中之地出发了。妮萨没有和我们一起去，她说她要留在多比，照顾她的哥哥。

路上，我们超过了两辆卡车。驶离通往营地的大路后，我们又超过了两辆卡车。和以前相比，路上的车辆多了很多。尽管如此，我们还是看到了很多野生动物。最早，我们在路上看到了两条鼓腹蝰蛇。在开到它们跟前之前，我们把车停了下来，所有的人都从车上跳下来看蛇了。两条蛇中有一条很大，中间部位大概有 3 英尺长和粗。另外一条蛇的体积大概是这条大蛇的四分之一，它正在旁边阴凉的沙土地里休息。围观的人们开起了这两条蛇的笑话，因为这条大蛇是母的，那条小蛇是公的。然后他们把这两条蛇杀死了，因为他们是不会放过任何蛇的。

车子继续朝前开去。我们看到了一大群野狗，它们雕塑一般的站在马路中间，举止高贵，线条优美，带有斑点的皮毛上闪烁着光泽。午后的阳光斑驳地洒在它们身上，勾勒出它们长长的腿和大大的耳朵。这是一种很危险的动物：我们把车停了下来，男人们准备好弓和箭。然后追捕就开始了。狗群在前面跑，卡车在后面追。库玛射出去一箭，但是没有射中。另外一个人射了一箭，射中了，但是狗带着身上的箭跑到了丛林里，它会因为中毒而慢慢死去。

车驶离多比村一个半小时后停了下来，我们在一棵枝繁叶茂的桑果树下安营扎寨。不像我们的第一次丛林之旅，这一次离"文明"并不远，周围也不可能出现狮子的踪迹。天黑之后，我们围着一大堆篝火舒服地坐了下来。库玛和他老婆悄悄聊着天。我看到月亮升起来了。

离开多比是一件令人高兴的事情。我期待在这里的第二天——可能会和我第一次的丛林之旅一样美妙！但是，我还是非常清醒地意识到了我的时间问题。这是周五晚上。我还有不到一周的时间。十天以后我就会和我的家人在一起了。这次的丛林之旅也是比较仓促的，我们要赶回去参加梅根和博茨瓦纳政府代表周日在边界举行的会议。周一的时候，罗佑会离开。在他离开之前，我需要他在我和女人们要开的讨论会上帮忙。

库玛打算第二天早上带我去看山里的一个洞穴。这次我会带上抗蛇毒血清。我已经阅读了血清的使用说明，但是心里还是有些担心。使用说明中列出了多种不同的毒蛇，你需要知道是什么蛇咬了你，这样你就知道该用哪种抗蛇毒血清了！

虽然奇怪，但是我有种害怕的感觉，非常害怕某种东西，而不是癌症的感觉，承认我身体之外的东西可能和我身体之内的敌人一样危险的感觉真的不错。哦，我是多么痛恨这已经成为我的常伴儿的恐惧感啊！我是多么痛恨知道我的身体已经被永久改变了。我是多么痛恨我不能再天真地以为只要我坚持锻炼、健康饮食就能保持身体健康了。我怎么可以接受上天对我这样的安排：让还在喂奶的我得了乳腺癌，即使我正在实施女性身体最基本的功能之一？

我在日记中写道：

恐惧来了，又走了。但是，它走了，也只是藏在我身体更脆弱的边边角角里。有时候它表现得很明显，有时候又没有什么感觉，但是它从未真正地离开过。它就像我房子旁边的一湍急流，一开始它的声音如此洪亮，以至于其他声音都被淹没了。时间久了，我也就注意不到它了。直到因为什么琐碎小事把我的窗户推开，然后外面就传来海啸般的咆哮声，扰乱了我内心的理性和安宁。别人说，在那里住久了，听和不听就没什么区别了。

我还没有到那个阶段。当我的恐惧像洪水般汹涌而来的时候，我就再也听不到其他任何声音了。虽然我努力压制这个声音，但是毫无疑问，这个声音一直都在尖叫。就像我左胸上的伤痛一样，这些天来它一直在和我对话。

我很害怕，内心充满了恐惧，心跳也加快了。前面是一个十字路口——一条通往恶化的病情，一条通往健康。这些疼痛会往哪个方向去呢？如果我只能选择死亡的话，那我宁愿被鼓腹蝰蛇咬死，也不愿意因为内心的自我毁灭而死亡。

天亮之前我醒了过来，躺在毯子上辗转反侧，无法再次入眠。我一直想啊，想啊，想啊。周围出奇地安静。有一道光从空中划过，但是空中的星星早就消失了，难道是远处发生了什么宇宙事件吗？

还没有醒来的人，有的在翻身，有的在打呼噜。有两个人在小声聊天。像我一样，他们"txhudi"，即围坐在篝火旁烤火，背上披着的毯子为他们抵挡了寒冷的空气。

我一直在想去年发生的一些让人害怕的事情，也在想这次的旅行：接下来要怎么办？妮萨的故事已经出版了。但是通过最近的访谈，我对妮萨又有了新的认识。她这次给我讲的故事和书中的一些故事有些许不同。她现在说她和比萨（Besa）并没有结婚，但是她之前对我讲她和比萨之间的关系是真正的联合，是婚姻。她现在说她总共生过三个孩子，不是四个。关于这点，她在以前的磁带录音里说得也不是很清楚，所以现在也不足为奇。

我同时意识到在《妮萨》一书中，我有些低估了她和外来者的联系。她第一次见到赫雷罗人是在十几岁的时候，在那之后，她就再也没有过过传统的狩猎—采集生活。虽然还是要一直依赖从丛林中采集的食物，但给赫雷罗人放牧的生活也并不遥远。另外，她祖父有一杆枪，还用这把枪杀过人，并在族群中引发了报复行动——这一切都发生在丛林中。早在20世纪30年代，住在这里的赫雷罗人并不多，他们把枪借给布须曼人，并换来肉吃。所以，即使是妮萨祖父那一代人和外来者也是有联系的。

库玛带着我们离开营地。他和另外三个男人非常轻松地聊着天，不再像寻找猎物时那样谨慎小心地低语了。这里被称作羚羊之乡，但是他们没有带狗来——这是个让他们非常懊恼后悔的决定——所以他们根本就没想着能逮到任何猎物。

走了大概一个小时的时间，我们到了目的地。在我看来，那片土地和我们刚刚路过的地方没有什么区别：那是片视野开阔的土地，上面覆盖着茂密的植被，还有从未被"开垦"过的丛林地。库玛指着一片稍微有些区分度的土地说：那里要打一口井，那里要建村子，最好的那块地要用来种菜和养牲畜。

我们回营地的路上又绕路用了两个小时的时间去逮一只豪猪。要不是几年前我真的见过他们成功捕获过一只豪猪，我会觉得他们这样做简直是太傻了——纯粹是浪费精力——他们竟然想靠人力去逮一只在地下穴居的豪猪。早些时候我们来丛林的路上，男人们在兔子洞入口的沙地上看到豪猪新留下的尿痕。就像以前一样，他们开始在土堆里挖洞，什么也没有找到，然后他们又挖了一个洞。

最后，在挖了一个 6 英尺深的洞之后他们放弃了，然后我们又出发了。男人们在一片非常干的茎蔓前停了下来，然后开始挖茎蔓下的沙土，但是并没有找到多少多汁的根茎或者球茎。大部分的根茎和球茎已经被豪猪或者老鼠吃掉了。但是他们把挖出来的那仅有的一点点成果递给我，让我拿着。毕竟，我是个女人。

回到营地后，有个男人杀死了一条鼓腹蝰蛇。他从蛇旁边过去的时候，这条毒蛇冲他嘶嘶地吐了吐舌头。我再次确信自己记得把防蛇咬伤的药物放在了什么地方。

男人们在营地上坐着，开始做新的箭筒。他们砍下几段树根，把两英尺长的外层树皮从木质上剥下来，这样就是一块完整结实的管状树皮了——形状和尺寸都非常适合用来做装箭的箭筒。他们在树皮管的底部糊上一块动物皮，然后再多加上几块动物皮来固定底部。箭筒的顶部会放一个活动盖。最后他们把箭放进去，有可能再放一张弓，甚至可能再放一些火棍，然后整套装置就可以用来打猎了。另外，他们还很有可能会把箭筒拿到手工艺市场上去卖。

不久后，女人们带着她们采集的食物回来了：有几磅重的甜根茎和豆荚。稍作休息后，她们又离开去采集食物了。

库玛带我去看他和我提起过的那个洞穴。这个洞大而深。从圆圆的洞口向下望去，一片漆黑，看不到底，这个神秘的洞穴不禁让人毛骨悚然。库玛说有一次他和一些人类学家顺着绳子到了洞里面，他们都被吓坏了。

我们回营地的路上，库玛看起来很高兴。他告诉我他非常喜欢这个地方。他不断指给我看那些他觉得漂亮的东西。"玛乔丽，快看那块岩脊。""你看到那片地衣了吗?""那些树可真是美啊。"

〰️ 回到营地后，我突然有了一个想法:我为什么不找个男人好好聊聊，就像和女人们聊天一样?没有什么时间了，但是如果我从现在开始，或许我能搜集到足够的信息来写一篇传记。或许我能为这个项目筹集到足够的资金，然后再回到这里。甚至或许可以写《妮萨》的续篇——"一名昆族男子的生活和心声"。

为什么不选库玛呢?库玛善于表达，有人格魅力。他成功地将过去和现在衔接在一起，而且他是一个有远见的男人。有关他的生活，我就知道一点点，但是就这仅有的一点点就已经非常有趣。他和他的家人住在丛林里。然后他的父亲被狮子咬死了。他的妈妈改嫁了，然后他们从纳米比亚搬到博茨瓦纳，住在养牛人的附近。

我提议说:"库玛，咱们两个对着录音机说会儿话吧。你可以给我在家的儿子亚当，你的小同名者说几句话。然后我再问你几个问题。"

他和亚当说的话非常动听:"我的小同名者啊，你好啊，我希望能见到你。跟你爸妈说，让他们带你来这里，这样我就能认识你了。我会带你去看我们生活的点点滴滴。

我会教给你怎么做陷阱，教你如何辨识动物的踪迹。我在给你做一件特殊的礼物，我会让你妈妈给你捎回去的。很高兴能和你说上话，我的小同名者，希望有一天我能见到你。"

可是当我们谈到日常生活的时候，就不那么顺利了。不管我问什么问题，也不管我怎么要求他讲得再详细些，他都不会仔细认真地讲任何事情。"访谈"令人失望地持续了45分钟。最后结束的时候，我长长地舒了口气。

✎ 那天晚上，我坐在卡车驾驶室里，开着手电筒，开始写日记。卡车外面，人们围坐在篝火旁，轻声聊着天。

今天一天的感觉都很奇怪。两周前，当我来到丛林野地时，内心万分激动，而这一次的丛林之旅，我内心却出奇地平静。感觉今天的事情就像日常惯例一样，尤其是当他们逮豪猪，我等他们的时候。我很高兴我们没有走得太远。但是，一路上也有很多开心的时候。这片土地打动了我——延绵不断的群山，茂密的树林，脚底下被踩塌的隐蔽的老鼠洞，鸟叫声，还有这片寂静之下的舒适感。

第二天早上我们就会回多比村，我脑子里想着还没有做的事情。这次，在丛林里的感觉像是一种固有的模式。

我环顾四周。虽然不是满月，但是月光很神奇。我看到远处的一座高山，朦朦胧胧的，颜色像日全食的那种怪诞的灰色。外面微风习习。周围一片寂静。一声孤独的蝉叫打破了这份寂静，并且引来另外一只蝉的叫声。然后，一切又归于平静。

我会想念这片土地的。我和这片土地的蜜月期还没有结束：我仍然热爱着这片土地。我尤其爱月光之下的这个黑灰世界，还有它的深蓝色月影。

十二、士兵和间谍

罗佑在多比村等我们。他说："对不起，前几天的讨论会上我不在。我住在康瓦的姨妈生病了，我去看她了。"

我心里想："得了吧，鬼才信你。"人类借口的一致性着实让我很吃惊。但是我说："没事，我们还有时间。要不我们现在就开始吧？"

接下来的妇女讨论会——包括六名妇女、罗佑和我——令人失望。回答问题时，六个人中有一个人每次都会笑，然后会中断我们的对话。很显然我们讨论的话题以及别人的坦诚让她有些不好意思。我想如果妮萨加入我们，讨论会不会进行得顺利些。但是妮萨拒绝了我，她说："我不想群聊。我就想和你聊……你一个人！"

总体而言，女人们不像男人们那样赞同过去的生活。

Return to Nisa

无一例外，她们觉得现在的生活比过去好多了。

讨论会期间，我们听到一辆卡车朝营地开来。几分钟之后，一辆白色路虎快速驶过。它没有停下来，甚至都没有减速。

﹏ 到了梅根和康瓦的政府代表在边界开会的时间了。很多村民，包括罗佑和库玛也和我上了卡车。我向大家保证，回来的路上我们会停车去捡一些柴火。

我希望这次会议能够消除梅根的团队和博茨瓦纳政府代表之间存在的异议。梅根的工作对纳米比亚昆人的未来至关重要。据了解，即将当选的纳米比亚政府很有可能会承认布须曼人对他们传统土地的所有权，只要他们有居住"证据"。这意味着布须曼人能够饲养家畜和钻孔打井了。梅根和昆桑基金会的其他人在帮助布须曼人达成这个目标。

首先，在他们的鼓励和支持下，昆人成立了一个代表昆桑人的政治组织。其次，借助从外部渠道筹集到的资金，他们把"寮屋居住"的布须曼人转移到家乡或者他们祖先住过的地方。然后昆桑人在这个老地方建村，挖井，养动物。目前已经建立了大概 30 个这样的居住群。在我看来，梅根和她的同事们都是英雄，他们在帮着拯救一个民族和一种文化；如果不是他们，这个民族及其文化可能会在选举后的政府强占土地过程中消失。

到边界的 1 英里路程总是能让我精神振奋。通常就是离开营地，然后一路上看着土地从被过度放牧到从没有被动物踏足过。有时候就是风吹拂我的头发所带来的安宁感，或者是对那些对我不断提要求的人们的一个摆脱，抑或是看着阳光洒在一片片高草丛上。这条路也是我难忘的丛林之旅的开端。

这次的出行也同样让人难忘。当我们一群情绪高昂的人来到通往边界前的最后一片草地时，我突然把卡车停了下来。在离大路几百码之外的开阔场地上停着一辆白色路虎。旁边站着两个我从未见过的白人男性，还有一位我不认识的布须曼人。他们被一队全副武装的博茨瓦纳国防军包围着。

两位白人在士兵的押送下朝我们走来。其中一个是十几岁的男孩。年纪大的男人问我："你是玛乔丽吗?"他看起来吓坏了。他说他叫戴维，那个男孩是他的儿子。"我从马翁城给你捎来一封信。"

信是梅尔写给我的，这是自从我离开马翁后第一次收到梅尔的信。我快速地看了一遍。家里一切都好。然后我朝戴维看去。

Return to Nisa

他说："我们一直在找一个叫罗佑的布须曼人。我们是从人类学家理查德·李那里知道他的。他本来应该和我们在马翁碰面，然后带我们去一些布须曼人的村庄。"

我说："罗佑在这儿呢，在车上。"罗佑抬起胳膊，示意自己在那里。"但现在是什么情况？"

戴维解释说："我们好像误穿边界了。"他和他儿子在马翁找不到罗佑，然后就租了一辆卡车，在地图上找到了康瓦，就开车去了那里。他们见到的人中没有人会说英语，所以他们就一直说罗佑的名字。现在和他们在一起的那个布须曼人当时好像是听懂了；他加入了他们，上了卡车，一路上给他们指路。

戴维看着士兵们。"我把所有这些事情都告诉他们了，但是他们不相信我。"

我问他："你说你们穿过了边界，是什么意思？"

"我们以为那个布须曼人会带着我们去找罗佑。我们不知道我们到哪儿了。我们前面出现了一道长长的围栏，然后我们就把车停了下来。我们以为这个围栏是用来猎捕动物的。于是我们就跨过围栏，开始在围栏的另一侧走。然后，这些士兵就突然出现了，拿枪指着我们。"他用恳求的目光看着我，"他们认识你——请你帮帮我们。他们以为我们是间谍。"

一位军官打断了他："够了，把他带回到空地上去。"然后他转向我，严厉地问我："你们要去哪儿？"

我谨慎地说："我听说今天下午边界上有一个会议。康瓦的政府代表和在纳米比亚与布须曼人一起工作的梅根·比塞尔会在那里。他们邀请我去的，另外，我也得到了边界国防军的许可。"

军官怀疑地说："参加会议？那卡车上这些人是做什么的？"

"会议内容涉及封锁的边界，这会影响到布须曼人的生活，所以他们也想了解一下。"我停顿了一下，然后又加了一句，"有什么问题吗？"

"有没有问题再说。待在原地别动。"他朝其他人走过去的时候给我们下达命令。

我们待在卡车里，车上死一般的寂静。那位白人父亲被带出了我们的视线。他十几岁的儿子一个人被一个士兵看守着。每一棵树下都站着几位身穿迷彩服的士兵，他们胸上和背上十字交叉地挂着子弹带，手持步枪，可以随时准备射击。

我们听到场地那边传来怒吼声："所以，你是说你不知道那是边界?"然后，声音变得更大："你觉得我们会相信你说的鬼话吗？你以为我们是傻子吗？"那个士兵推搡着男孩的肩膀，逼着他不断后退。然后士兵把手伸到了男孩的两腿间："你有没有种说出真相？你有种吗？说你为什么要跨过边界？你们在纳米比亚做什么？"

男孩恳求他："求求你了！我说的是真话。我们不知道那是边界。那个看起来就像一条围栏。我们在找罗佑。"

士兵尖叫着："真相！真相！"他扇了男孩一巴掌，然后又朝后推他。

我转过身，不忍再看。他们会不会杀死我这个目击者？如果他们杀了那个男孩该怎么办？如果男孩的父亲已经死了该怎么办？

一个士兵朝我们卡车的窗户走过来。"往前开，到了边界时拐弯。我在你前面走。跟着我。哪儿也别想去。"

我希望梅根能帮我们解决这些事情。但是到了边界上，我们并没有看到梅根，也没有看到康瓦的政府代表，另外也没有看到等着开会的其他人。只看到有一辆卡车停在纳米比亚境内，两个南非白人站在车旁，看着我们的车朝他们开过去。

按照指示，我把卡车掉了个头，然后停了下来。另外一位军官突然来到我车窗旁。他冲我喊："你应该为自己的行为感到羞耻！羞耻！"他用拳头使劲砸着我的车窗边框。

我反驳说："我什么都没有做错。"我虽然很害怕，但是努力不表现出自己的恐惧。"是别人告诉我这里有个会议，而且我也得到参会允许了。"

军官又问我之前我已经回答过的问题："你卡车上那些人是干什么的？""你们为什么偏偏这个时候来边界这里？"他的行为已近乎于暴力了。对他而言，我是个同谋者。"你带这些布须曼人过来是为了潜入纳米比亚选举中的。""那对父子也是其中一分子。""你们是想扰乱纳米比亚，甚至想扰乱博茨瓦纳。""你的所作所为是错的。错的！"

围栏另一侧的两个南非白人中有一个人喊："嘿！出什么事了？是关于封锁边界的事吗？如果是，你们这样做就太恶心了！"

所有人都朝那位操着浓重南非荷兰语口音、体格魁梧的人望去。那个人看起来完全没有被博茨瓦纳这一侧的军事力量或者士兵们反复无常的情绪吓到。他走得更近了一些，看起来无所畏惧，口无遮拦。我猜他应该是之前喝了点酒。"你们这些博茨瓦纳人——你们根本就不关心布须曼人的命运，也不关心封锁边界给他们带来的痛苦。"

Return to Nisa

军官大喊："胡说八道！你们白人以为自己什么都知道。你们为什么关心布须曼人？你们对他们根本就是一无所知！"

南非白人回答："和你们一样，关心他们是我们的工作。"他和他的同伴朝他们的卡车走去，我们听到他们说："他们真是无知，竟然对这些人封锁了边界。"

军官又朝我喊："好了。把车开到你来的路上，跟着我。"另外一辆卡车加入了我们。当我看到那对父子在卡车上时，我松了口气。在士兵的押送下，我们把车开到了一个废弃的布须曼人村庄。

军官命令说："下来，所有人都下来。"

我慢慢地从卡车的保护中走出来。罗佑、库玛和其他人也从卡车上爬了下来，然后站在我身边。戴维，他儿子，还有他们那位布须曼人同伴，站在离我们不远的地方。士兵监视着我们的一举一动，所以我不敢和他们说话。

我们周围是几个只剩下固定支架的棚屋。村民们把棚屋上面的茅草也揭走了，为的是铺在新棚屋上。村子周围是手持步枪的士兵，他们像柱子一样站在那里，身上的弹药带在傍晚阳光的照耀下闪闪发光。

现在，问题像枪林弹雨一样朝那对白人父子砸去。那位父亲说他是一位医生，来自美国加利福尼亚。他们的故事听起来有些不着调，即使是我也觉得有些难以置信：他们在没有翻译的情况下就离开了马翁城；他们在康瓦找了一位布须曼人，而他们之间的交流仅局限于"罗佑"；他们开车路过我的营地，但没有停下来问问题，即使他们本应该在找我，然后把信转交给我；他们把车停在边界处，然后朝边界另一侧走去。

假设这些都是真的，那这两个人所冒的风险是愚蠢的，同时也是对他们所要去的国家的不敬。另外，他们找的那个布须曼人又是怎么回事啊？他脑子在想什么啊？他应该知道边界已经被封锁了。在身上没有食物、毯子和安营扎寨的装备的情况下，他以为他们三个可以就这样大摇大摆地穿过边界到达纳米比亚境内，然后再走到 30 英里之外的最近的昆人营地？后来，我们能偷偷说话的时候，我问其他人："这个男的是个傻子吗？""他怎么不把他们带到我的营地啊？"他们回答我："问得好……谁知道是怎么回事。"

那位狂怒的军官又朝我转过身。"你说有人允许你去参加会议了。他叫什么？"

他叫什么？我一无所知。那些士兵在我营地上的时候，我很少他们问题，尤其不会问他们类似于叫什么这种挑衅性的私人问题。另外，鉴于我对他们语言的陌生性，即使我听到了他的姓名，我可能也记不住，除非有人把名字写下来给我看。不行，我没有办法知道他的名字。我也不能把他从队伍中找出来。当时那个简短的对话非常普通。"是到我营地来的士兵中的一个。"我弱弱地说。

军官继续盘问我："哪一个？他长什么样子？"

哦，这可坏了。麻烦了。我不记得他长什么样子。他们是绝不会相信我了。

"他戴着细长的太阳镜。"罗佑用英语说，"是他说的。"罗佑当时也在。他记得。我松了口气。

军官用茨瓦纳语问了罗佑很多问题。最后，他转过身和我说："你和罗佑讲的不一样。他说你们是打算捡柴火的，而你说你们是要和梅根·比塞尔见面的。"

我非常小心地回答他："是的，我们两个人说的都是真的。我们要先见梅根，然后在回去的路上我们再捡一些柴火。"

他又去和罗佑说话，然后转身问和我们同行而来的其他人："你们中有多少人是要去见梅根的？举一下手。"

他们默不作声。然后，库玛，非常慢，但是很勇敢地举起了手。库玛村子里的另外一个男人也跟着库玛举起了手。然后，第三个男人也举起了手。军官把他们的名字都写了下来。罗佑帮着把他们名字中的吸气音拼了出来。

就在那个时候，有一位职位更高一些的军官到了。我认出他就是我到多比地区的第一天早上到我营地的那个军官。他的未婚妻给迪克和弗娜工作。他朝我点点头。他的神情也比较严肃，表现出了一个军人的职业性。他和那个生气的军官用茨瓦纳语聊了几句话，然后朝我走过来。"玛乔丽，我不喜欢现在的状况。你可能会给自己惹上大麻烦的。"

"我知道。"我的双腿在颤抖，"但是我什么都没有做错。"

"我不是很相信。这件事情非常严肃。允许你去边界的那个士兵是不对的。"

啊，我心里想，至少他们现在相信我是得到过允许的。多亏罗佑了。

他接着说："你不要再出现在这条路上了。一经发现，你的行为会被列为敌对行为，我们会对你采取措施的。到时候，我也不能保证你的人身安全。"

"我不需要再到这条路上来了。我打算这周晚些时候就离开这里回家了。"

Return to Nisa

"就算捡柴火也不要再来这里了。你们去别的地方捡。"

"我不会再来这里了，我向你保证。"

"你离开这里之前打算做什么?"

"我会待在多比村，然后去康瓦。"

"好，你可以走了。不要忘记你今天有多危险。"

他转身和那对父子说:"你们两个——算你们走运，我们没有朝你们开枪，要不然你们早就死了。你们要坐牢。"

"坐牢?"那位父亲问，"要坐多久?"

"两周。"

"我可以联系律师吗?"

"你不可以联系任何人。"

"那我可以联系美国大使馆吗?"

"难道不是美国大使馆鼓励布须曼人非法跨过边界的吗?"

"那我儿子怎么办? 这一切都是我造成的，和他没有关系。让我坐牢吧，把他放了。"他把目光投向我。"让我儿子去玛乔丽的营地吧。他哪儿也不会去的。求求你了，他还是个孩子。"

"不行，你们两个都要坐牢。"

"我和我另外一个儿子约定几天后在马翁碰面。到时候他会到处找我的。我可以联系他吗?"

"不可以,你谁都不可以联系。"

我可以走了,但是这两个犯了危及生命的错误的人看起来好可怜。"在士兵们改变主意之前,"我心里想,"能走就赶紧走吧。"但是,我迈不动腿。"没准那个父亲在撒谎呢。"我心里想,"也许根本就不是个错误。他肯定不至于那么傻。"我脑子飞速地转着。但是,我还是迈不动腿。

最后,我转过身和那位高级军官说:"非常感谢你的理解,我也知道这一切看起来有很大的问题。但是,正如我之前说的,我今天下午是第一次看见这对父子。但是,如果你允许的话,我想替他们说几句话。"

那位军官没有打断我。我告诉军官他们讲的有关罗佑的事情听起来是没错的。我知道罗佑在等几个美国人。这几个美国人是从一位叫理查德·李的人类学家那里知道罗佑的。但是他们晚到了一个月,所以罗佑到我这里来给我工作了。

我说:"这几个男人犯了很多严重的错误,但是我觉得他们是无辜的。他们看起来不知道自己在哪儿,也不知道自己在做什么。但是边界问题的敏感性也是最近才有的。除了错误判断之外,我不知道他们还有什么理由要跨过边界。"

我浑身颤抖。戴维朝我投来感激的一瞥。但是，我付出的代价呢？那个军官已经警告过我我今天是有多么的危险了。

军官没有搭理我。过了一会儿，他让我们离开。我爬上卡车的时候，又试了最后一次。"如果有用的话，"我主动提出，"我到马翁城的时候可以给这个男人的儿子捎个信，告诉他为什么他们没能按时来。"

军官说，但眼睛并没有看我："不用了。我会把他们带到我领导那里。他们会被质问，然后在监狱里待一个，最多两个晚上，然后他们就可以走了。"

有什么东西——军官的声音柔和了一些，态度也缓和了一些——表示这两个美国人，最终，是不会有事的。我禁不住想：难道是我刚才的话起作用了？

✎ 回到多比后，库玛、罗佑和其他人坐在我营地上，聊着白天发生的事情。他们说他们为我感到骄傲。"你没有发抖，你说得很好，而且你捍卫了那个医生和他儿子。"有他们的支持真好。当时那些士兵是很容易就会开枪的。为那两个美国人说话，我确实冒了很大的风险。现在已经知道结果了，所以为我当时的勇气感到自豪还是很容易的。但是，如果当时这样做会牵连到我的话，那这就是迄今为止我做过的最勇敢也是最愚蠢的一件事了。

当时那些士兵表现出了卓越的控制力。想象一下，他们受过多年的防御和攻击训练，然后被派到丛林村庄去驻守边界，一年到头也没有什么事情发生。但是，如果有任何事情不对的话，你都要为此承担责任。如果你还自命不凡的话，那你就是个傻子。最好是时刻保持一颗警惕之心。他们都是武器专家，而你置身于一群迫切想要使用武器的人中间。想象一下他们想开枪的欲望，而你却刺激他们去开枪：两个白种男人非法穿越边界，一个白种女人（之前就已经引起了他们的怀疑）开车带着一群布须曼人到边界上去辅助和教唆犯罪。最后没有人开枪射击，这证明这些士兵是受过专业训练并有明智的指挥的。

另外，会议没有举行也不足为奇。我应该早点意识到其中的信号——没有高官的车队从我们的营地驶过，除了我和罗佑，没有人知道这个会议。这完全讲得通。梅根要求召开会议，康瓦的政府代表肯定是拒绝了。梅根是外国人，而距离他 15 英里之外的边界问题并不是那么重要。和布须曼人有关的问题很少有重要的。

✎ 几个小时后，我在煤油灯、月亮和篝火的照耀下开始写日记。那时，我依然能感觉到内心的恐惧。我多么希望那个晚上能有人来陪我，这样就不会孤单一人了。就好像白天的恐惧还不够一样，有传言说纳米比亚的南非白人要朝博茨瓦纳军队开枪。我在距离边界1英里的地方，感觉四面八方都是冲突。我觉得自己就是一个完美目标。

我半夜醒来，又开始想士兵、入侵和射到我帐篷里的子弹这些事情。帐篷外面的月影乐此不疲地嘲笑我的恐惧。我在毯子里辗转反侧，想寻求一些安慰。我担心白天那对父子：他们在监狱里过得怎么样？我脑子里都是这些场景和声音："胡说八道！""真相！真相！""你惹上大麻烦了。"然后，我迷迷糊糊要睡着的时候，那些场景和声音变得扭曲和模糊。场景被重新排列，感觉一片混乱，话语也模糊不清，失去了意义。我又睡着了。

第二天早上，我们一群人，包括库玛和妮萨，出发去康瓦了。我要和康瓦的官员说一下库玛的计划，带一些人去诊所，然后了解一下那两个美国人怎么样了。

离开多比没多久，士兵们的车追上了我们。两个美国人也和他们在一起，他们开着自己的路虎车。他们之前在我的营地上找了我一会儿。戴维说："我们想把给布须曼人的礼物放下。我们原本计划自己给他们的，但是现在这当然不可能了。"我们把东西——玉米粒、衣服、糖，还有一些药——从他们的车上搬到我的车上。我很想和他们说会儿话，但是士兵们正目不转睛地盯着我们，所以我也不敢说什么了。但是，我还是知道了他们在监狱里被关了一个晚上之后就被放走了。军方让他们当天下午就离开那里，再也不要回来。

有一位军官问我要去哪儿。我回答："去康瓦的诊所。"

"那之后接着去哪儿？"

"回多比。"

"记住，你不能去通往边界的那条路了。"

那些危险，我是不会忘记的。

到了康瓦，我们去找负责审核和允许库玛建新村和打水井的那位官员。有人告诉我们："他不在。"

我们问："他去哪儿了？"

回答："不知道。"

"他在这里吗？在康瓦吗？"

"可能不在。"

"那他什么时候回来？"

"不知道。"

我们走之前又去找了一次，还是不在。我向库玛保证，我回家到马翁城的时候会和那里的行政长官说一下他的事情。

我们还碰到一些驻扎在康瓦的士兵。他们的最高级别军官十分健谈。我提起前一天发生在边界上的事，然后说："我很庆幸今天还能活着。"

他说："你不用害怕。"言语中带有肯定的语气，和近乎咯咯的笑声，这——几乎——让我放下了自己的担心。

十三、治疗师妮萨

我们开车回多比的路上，我和妮萨坐在驾驶室里，妮萨坐在我旁边。她说她觉得不舒服——她的背和腿都疼，而且觉得很疲劳。她轻轻地依靠在我身上，有一种依赖和信任。我们规划了一下第二天晚上的摇鼓舞。我说："这是你最后一次对我做神抚了。因为如果我死了……"

"那我也死了。"她说。

所以，在我即将离开这里的前两天，我突然对她产生了一种亲密感。她一直向我要东西，很少做出让步，但是她叙事直接诚实——有什么说什么。这对于我而言，是一种难得的天赋，也是一份珍贵的礼物。

✎ 收拾东西准备离开。即使我不会带多少东西回去，这个收拾的任务还是烦琐庞杂的。我要整理衣服和钱分给人

Return to Nisa

们做礼物，把我的其他所有东西都送人或者是非常便宜地卖掉，这样我也不会被指责偏心。这是我在多比的倒数第二天。明天这里会乱作一团。每个人都想知道我给别人什么了。住在几英里之外我以前从没见过的人也会到我的营地来，发表他们的长篇大论，挑战我的幽默感："玛乔丽，你就要走了，但你什么都还没有给我们。你只给了多比村的人。我们其他人得到什么了？"

一个认识我和梅尔多年的人前一天和我说："玛乔丽，我想让你帮我捎给梅尔一个东西。"过了一会儿，他又说："但是你要给我一些珠子，这样我就可以给他缝一个烟草带。"我盯着他。他坐在不远处的哥哥，笑着责怪他："你送给梅尔的礼物应该是你自己的，不应该向玛乔丽要。"

即将要离开了。和士兵们在边界上相遇之后，我觉得我已经准备好了。当时的风险太大了。边界两侧的人都是怒火中烧。不管怎么说吧，我基本上完成了我来这里的任务：我和妮萨进行了九次访谈（走之前再做一次），访谈涵盖了大部分我想要了解的内容；我对其他人现在的生活也有了了解；我再次沉浸在这里的语言和文化之中；我也淋漓尽致地享受了丛林生活。当然，我也和家人保持了一段适当的距离——而现在呢，我非常想念他们。梅尔在写给我的信中告诉我，他们过得很好，这让我非常开心。

　　但是我也害怕离开这里。在这里，虽然有很多士兵，不知道为什么，我还是感觉很安全。连这里的空气好像都有治愈的能力——虽然白天可能有点热，晚上有点凉，但是空气干净清新，清爽宜人。在家里，我觉得很脆弱。不管是什么引发了我的癌症，那个东西还在那里。

　　天空中的月亮发出明亮的月光。篝火烧得不旺。燃烧的木材发出微弱、温柔的声音。深橘色的火光散到黑暗中，像把打开的扇子。我捅了捅篝火。明亮的火焰四处乱窜，温暖着我的腿和脸，即使夜晚的冷空气让我颤颤发抖。

　　燃烧的柴火散发出一种香甜而又与众不同的独特味道：一闻到这个味道，我就知道我回到多比了。即使篝火燃烧时的烟熏到了我的眼睛，我还是能感觉到它的温柔，让我能很快忘记这种不快，就像你不会生一个捣乱淘气的孩子的气一样。

　　村子里还有其他熟悉的味道：篝火上烤着肉，篝火里埋着檬戈果，下面的果实被烤着，上面燃烧的柴火发出噼里啪啦的声音；烤好的坚果稍微放凉后就被砸开；水根刚从温热的沙土地里被挖出来。这里还有人散发的味道：迅速蒸发干掉的汗水，撒在身上的大量香粉，抹在皮肤上抵御干热空气的油脂。

我继续写日记，不愿意停下来，也不愿意去睡觉。明天最后一个晚上我也会这样坐着吗？明天晚上可能还会有一些时间，但因为是最后一个晚上，还有很多最后的琐事需要料理。贝特森克说我们第二天早上 10 点前就要出发，这样才能在天黑前到达马翁城。

再过几个晚上，我就会和家人团聚了。一想到这里，我激动的心情就难以控制。这让我很害怕。我会不会就此沉沦下去？我还能找到这个声音吗，我日记里的这个声音，这个像好伴侣和好朋友一样支持我走下来的声音？我是不是应该在孩子们睡着后，拿上一盏煤油灯到后院里去写日记？——耳朵里充斥着汽车和飞机驶过的声音，同时还要忍受烟雾的污染、极冷或湿热的空气，以及周围喧闹的城市生活。

我不想放弃这样的夜晚，这样一个人安静写东西的夜晚。周围没有交通噪声，没有蚊子，没有电话，没有义务，也不用总是想着疾病。这里的环境和人滋养了我。他们的要求直接，也相对容易满足。到了晚上，大家都停下手里的工作。我甚至幻想和一群布须曼人搭建一个小小的养牛场。

我想停留在这样的夜里，想像情人一样去触摸它。驴子身上的铃铛响从远处传来。一只豺狼发出它由大渐小的嚎叫声，另外一只豺狼回应了它的叫声。天空万里无云，月光一泻千里。好像有一层滤网一样，白天原本赤裸裸的世界现在变得柔和、蔚蓝，像一个奇怪的梦幻世界。无论是繁茂的枝叶还是光秃秃的树木和灌木丛，它们都在这个透亮的世界里留下了斑驳的影子。无边无际的天空优雅地笼罩着这片大地，完全不失它的宏伟气势。

我熄灭了煤油灯，开始借着月光写日记。我像是犯了毒瘾的瘾君子，不能停下来。如果我现在停下来去睡觉，那接下来发生的一切在我醒来后都不复存在。只要我接着写下去，我就能把握住这一刻。

煤油灯熄灭后，周围的声音多了起来。月亮在每个物体下面都悄悄留下了自己的痕迹。空气中像在上演一场魔术秀，到处都是铃铛声。驴子晚上都不睡觉吗，还是被梦惊醒了？驴子之外的声音是鸟声，鸟声以外是一片寂静——围成圈的寂静，而我正在圈中央。能够来这里是何等荣幸，我的卡车和帐篷宣布了我对这片土地暂时的主权。而月光之下的我，正活着品味这里的沙漠空气。

✎ 狩猎和采集生活是我们很久之前就像我们一样的人们的生活方式。那些狩猎和采集祖先的后代留下了另外一些后代，而后者最终留下了给予我们生命的祖辈和父母。如果没有这个连续的生命链，那也不会有今天的我们了。

他们的生活方式完全满足他们的需求，所以这种生活方式延续了数万年。从时间的角度讲，狩猎和采集是人类想出的最为成功的一种生计。在狩猎和采集的世界里，人类现在的身体得以成形。即使是今天，这个世界也是我们的身体最为熟悉的。

农业是出现相对比较晚的一种生活方式。农业的兴起可以支撑庞大的人口数量，但是同时也限制了原本在野生食物中很典型的营养元素。食物不足、饥荒、流行性疾病也呈指数增长，很快就成为人类血统相传的最大的威胁。

而我们今天处在科技快轨上的生活呢？现在的生活是崭新的，没有经过考验的。它是会像农业生活一样持续一万年，还是会像狩猎和采集生活一样持续四万年？

多比村的人就是那种古老生活方式的子孙，他们选择了向前发展。大多数的文化，在有选择的情况下，都会这样做的。我问过的很多人，他们回忆说过去的传统生活太辛苦了。对他们而言，"现代"生活是个很大的诱惑。但是，还是有一些人觉得过去的生活自有它的平衡和美。

没有什么东西会是一成不变的。我赞成布须曼人今天选择的道路。他们的生活在很多方面都变得更容易，政府提供了学校教育、医疗，偶尔还分发救济粮，同时在农业和畜牧业方面也提供了一定的帮助。

但是向前走有收获，通常也会有损失。他们留在身后的东西最容易让我感动。并不是每个人都能感受到这一点。但是与背着弓和箭筒的男人走在野路上，他们用手势交流，周围的世界就像一个生存仓库，而他们对这个世界了如指掌；就像了解自己的孩子一样，采集食物的女人们很熟悉周围的环境，她们要同时照顾孩子，还要做生产工作，但是她们仍然以欢声笑语支持着彼此，她们送给我根茎和浆果，这样我就不至于空手而归——能参与到她们的活动中，我内心充满了喜悦和骄傲。无论我什么时候来到丛林里，我内心的声音都会大喊："玛乔丽，快看看你到哪儿了！"

✎ 黎明时分我被外面的大风吵醒了。昨晚吹过来一股冷空气。我困得要死，想再睡会儿，但是我的肠子和膀胱迫使我钻出了帐篷。冻得半死的时候，我回到了帐篷里，抓起另外一件毛衣穿上，把毯子对折起来盖在身上取暖，然后我就这样睁着眼躺在帐篷里。这是我在多比村的最后一天了，但是天气不好，非常恶劣。帐篷在风中颤颤发抖，被风无情地吹着。帐篷也太不安了吧，难道是迫不及待想要离开这里？我今天可怎么过啊！

像往常一样，士兵们早早就来了。他们离开的时候，已经有50多个人在我的营地上转来转去了。上午10点左右，我已经把敢在公共场合给人的最后一点烟和几件孩子穿的衣服分给了大家。还是有人坐着没走，然后就一直坐着。很多人在下午大概两点的时候走了，面露失望之色。在这之后，就是大家开始买我的东西了，东西卖得非常便宜。人们看起来很高兴花钱买这些东西。

所有的人都走后，我去看妮萨和波。我们围坐在篝火旁，风卷着沙土打在我们的脸和头发上。我问他们："这样的天气还能跳擂鼓舞吗？"我提醒他们，我只同意给六个唱歌的女人、两个鼓手和两个治疗师酬劳。

我们三个人都沉默了一会儿。然后波说："比萨说如果要用他的鼓，就要给他些钱。"

"给他钱……给他钱？"我重复着这几个词，觉得自己或许能从这几个词里面挤出别的意思来？因为比萨大腿上溃烂的疡肿，我都开车带他去了多少趟诊所了？就在前一天，我去他的棚屋那里接上他，然后把他送到——门到门——诊所，最后又把他送回来。因为我知道他走路的时候腿会疼。还有我送给他的那件让大家都觊觎的礼物呢？我送给他一件厚厚的冬天穿的毛衣，说："这是我和梅尔送给你的，代表我们从过去一直延续到今天的友谊。"而且，当然，我对他也从来没有吝啬过烟草和其他东西。

我又问了一次自己："给他钱？"我不能说我对接下来自己做的事情感到自豪。过去一个月的索要、失望和侮辱都涌上心头。我转过身面对着妮萨和波，一边掂量着自己要说的话，一边压抑着内心刮起的风暴。我说："解决这次擂鼓舞的细节就已经很难了，而现在用比萨的鼓他都要和我要钱。这伤透了我的心。如果这样的话，就别跳这个舞了。我尽了我最大的能力去帮助这里的人。如果你们觉得'给'我跳这个舞合适的话，那当然好。但是我不会给任何人钱了。如果你们跳了这个舞，我会非常慷慨地给那些参与的人一些礼物。如果你们没有跳这个舞，那也没有关系。毕竟，明天我就走了。"

妮萨和波满怀同情地听我说完。他们看起来永远都是更乐于从别人身上找问题，尤其是从住在离多比村很远的人身上找问题。

Return to Nisa

我问妮萨："妮萨，你听明白了吗？我在说我希望你们跳这个舞，但是我不会付钱给你们的。你应该知道我对你从来都没有吝啬过。"

妮萨回答我："如果这是你想要的，那我接受。"

我说："波，我要和比萨谈谈鼓的事情，还要和我所雇的女人们聊一聊。但是我自己做不到。我要找个人帮忙，找个人替我说话。你愿意帮我吗？"

让波来做这件事是目前状况下最好的一招了。这是我用了多年时间学习昆族文化才悟出来的一点。如果由着当时的情绪，我很可能会大步走到比萨的村子——战争之路上的白种女人——然后自己和比萨开始一场争论。但是争论的结果很可能是比萨不借给我鼓用。不过，可以让波替我说话——这是昆人自己解决分歧的办法，尤其是涉及充满强烈情感的分歧时。不管你处于多么不利的位置，如果有人主持解决纷争，至少有另外一个人——通常是至亲——还是可以帮上忙的。

波说："我会试着帮你的。"他看起来有些不情愿，但是在这形势之下，他是不好意思拒绝的。

我和波朝比萨的营地走去，我们迎着风朝彼此大声喊着，练习波要说的话。有波在我身边，我的怒火平息了一些。他的在场让我有勇气去面对比萨。我们两个在一起的话就变得强大了，好像他和妮萨是我可以依靠的一家人。

比萨身子平躺在毯子上，还是不能走路。他穿着我送给他的厚毛衣，抵御着外面的风和冷空气。午后的阳光在地上投下长长的影子。我们走近的时候，比萨抬起头，在光线下眯着眼睛看着我们。

我们互相打了招呼。

波开始说了："我们过来是要说一下玛乔丽的想法。她听说你借给她鼓用是要向她收钱的。她说她心里特别难过。"

两个男人聊起来了。波说得很好，但是一直没有说到实质性的内容。比萨则保持冷静，甚至有些愉快，他坚持说他完全有权利收费。他们没有争辩，但是他们也没有解决任何问题。

我对波表示了感谢，告诉他还是我自己说吧。我和比萨说："我要用你的鼓，你向我收费，这我理解。但是正如波所说，这让我非常难过。我以为我们是多年的朋友，我们会彼此帮助。但是这——用你的鼓，你都要收费——这实在是个新鲜事。如果我是个陌生人，那可以。但是我

Return to Nisa

是婉特拉，而且当初我刚到这里时，当我还是个年轻女人，而你还是个十几岁孩子的时候，我们就认识了。"

他反驳我："你以前没有见过这个并不意味着今天这件事情就是错的。"

我说："我明白了，现在我完全明白了。以前我不理解。我开车多次送你去诊所看腿，那我是不是也该收你的钱？"

比萨以一种防卫的语气说："好吧，如果你想收用卡车送我去诊所的费用，你必须提前说。你不能在我回来后才告诉我你要收费。"

我说："你说得对，我不能收你的钱。但是我在任何情况下都不会和你要钱的，以前不要，以后也不要——即使我已经知道这个'新'规则了。因为我们是要互相帮助彼此的，而且我们喜欢彼此。"

"这和喜欢没有任何关系，这只和钱有关系。"

"好吧，我并不那样看。"我说，"我只知道我把你送到诊所，我送给你礼物和烟草。而且虽然这些全部和钱有关系，但是我做这些是因为我们理解彼此。但是今天我看出来了，你根本就不这样看。于你而言，我和我的司机贝特森克没有任何不同，他不懂你们的语言，也不帮别人做任何事情。我不会接受你的提议，也不会给你钱用你的鼓的。如果另外一个有鼓的人也不同意，那今晚的擂鼓舞就不跳了。"

我往后退了几步，控制住眼里的泪水不要流出来，我让波和比萨好好说再见。波说再见的时候，比萨看起来很冷漠，无动于衷。我不想再听了，内心感到满足，至少我把心里话讲出来了。他们说的话从我耳旁飘过，我一个字都听不进去，直到比萨喊我："玛乔丽……"

"嗯？"我意识到当我的思想处于游离状态时，他肯定和我说话了。

"我说'如果你要用鼓就用吧'。"

"真的？可以吗？"

"嗯。"

"谢谢！或许我们最终还是彼此帮助的。"

我和波又去了另外两个村子，和他们说了我的新规定。不，我不会向参与擂鼓舞的人付任何钱。我想我或许已经赢得了他们的支持。对那些帮助过我的人，我从来都没有小气过。歌手来吗？来，她们回答我。擂鼓的人呢？来，他们也会来。

✎ 傍晚，大风还在吹那些没有被吹倒的东西。贝特森克

Return to Nisa

开车去找柴火了。我营地上的人开始多起来了。妮萨和第二位治疗师雏果来了，擂鼓的人也来了。然后唱歌的人也都来了，大概有 10 个女人，还有几个小姑娘。她们为擂鼓舞打扮了一番：有些人穿着新缝的裙子和上衣，有些人在额头上戴着珠形装饰。大多数人戴上了御寒的帽子；所有人都围了一条毯子在身上，一些毯子里面还裹着一个小孩。

当太阳下山后，天气变冷时，擂鼓舞就正式开始了。有一个女人在昏暗的光线下唱着："喔——呜——哦，喔——呜哦——呜——哦！"她的声音在较长时间的间隔中自在地跳动，"喔——呜——哦"，其他女人接上了旋律，并且加入了她们自己的节奏。她们拍着手——两只手拉开很远的距离以便合掌时能爆发出响亮的掌声——双手在篝火火光的照耀下泛着光。多个旋律带来的声音听起来厚重、丰富，就像编织无缝的华贵锦缎。

库玛村子的一个男人在擂比萨的鼓，鼓上面装饰着烫上去的房子和山的景象。鼓手敲着一个单一的节奏："我在这里！"第二名鼓手还是个十几岁的男孩，应答第一个鼓手："我也在这里！"然后整个擂鼓舞团队就开始了——他们是一个专业的团队，声音穿过我们，直达寒冷的黑夜。

从外面看，整个团队是一个完美平衡的有机体，有脉动和生命。从里面看，这个团队给有治愈之能的人提供了超越日常生活的环境。

妮萨看起来很快就转变了思维模式，开始聚精会神地盯着夜色。她唱着歌，拍着手，轻微地摇晃着。她脸上的汗珠闪闪发光，身体颤抖着，上半身做着希米舞动作。然后本来坐着的她摔倒在篝火一侧，躺在了地上，双眼紧闭。迷睡状态中的雏果把手放到妮萨身上开始做神抚，试着唤醒妮萨。

当两个女人给围成圈的人群做神抚时，歌声再次变大了。她们照顾到每一个人，包括还被抱在怀里的小孩和几岁大的孩子。妮萨经常到我这里来，有时候是和雏果一起过来的。她们一起治疗我——摩擦我身体的两侧，把她们能"看到"的所有疾病从我体内拉出来——然后她们再分别治疗我。我喜欢她们的触摸和放到我身上的注意力。当她们把手放在我身上进行神抚时，我把疾病的种子视觉化，看着它们从我体内飞走。

她们就这样进行了几圈，每一次都会到我这里来。有一次，快结束的时候，妮萨试着把我背起来，这样她动的时候我也能跟着动。我为自己庞大的身躯感到不安。她很快就停了下来。然后两个治疗师不断敲打我的腰，表示她们将自己的治愈之能传到了我的体内。我非常珍惜她们和我在一起的时间，一刻都不想让她们离开。当她们治疗完别人回来的时候，我渴望忘记被现实困住的自我，然后就消失在此时此刻，像她们一样——处于迷睡之中。

当她们触摸我时，我闭上眼睛，希望能感受到她们对我实施的治愈之术。它是会像一束暖光一样，能清除我体内的疾病，带给我一种宁静感，或者是纯粹的知识——就像我读到的别人描述特别的病人痊愈的故事一样，还是它是平凡的，无法直接识别，抑或是它根本就什么都不是？

我永远都不能肯定那个晚上确实发生的事情。但是我知道治疗师戳我，抚摸我，拉我和摇晃我，让我很难感受到直接感觉之外的东西。昆族文化中也没有一条指导人感受神抚术的规则。治疗被看成是治疗师的事情，不是被治疗者的事情。治愈舞也是很平常的事情，而且被治疗时人们通常都是在和其他人聊天。

大概两个小时以后，妮萨和雏果说她们结束了。虽然风已经停了，但是天气更冷了。那个晚上晚些时候，死水都会结冰。

妮萨告诉我："我们在你体内看到了一点疾病。我们把它拿了出来，现在它已经不在了。我们还给你身体注入了'能'。这些'能'可以让你身体健康，一直到你再回来。"

然后所有人都走了，回到他们自己温暖的篝火旁，回到自己的棚屋里，我的营地一片寂静。

如果天气不是这么恶劣，谁知道这次擂鼓舞会持续到什么时候，甚至有可能会像我记忆中"旧日"里的许多次治愈舞一样持续整整一个晚上。但是就像现在这样，我的要求也被满足了。所有营地上的女人都来了，有一些是我认识很多年的朋友，另外一些是初次见面。鼓手们富有激情地擂鼓，没怎么休息，也没有任何抱怨。妮萨和雏果是敏锐的引导者，她们安抚我的恐惧，努力做功来帮助我。而我，玛乔丽-婉特拉，得到了大家的认可，我精神上的痛苦也众所周知。很显然，村子里的"谈话"是大家要支持我。

然后我又是孤身一人了，只有月亮、篝火、清澈的冷空气，以及远处微弱的铃铛声陪伴着我。我和贝特森克计划第二天 10 点之前离开。我觉得我已经准备好了。几乎所有的东西都送人或者卖掉了。还留着一部分是要送给擂鼓舞参与者们的。另外，我还想在明天离开前早点去找妮萨再进行一次访谈。

我已经和这个美丽的地方说过再见了。天气太冷，我已经迫不及待地要离开了。

十四、最后的告别

第二天中午的时候，我和贝特森克已经开车驶过分布在河床上的最后一个布须曼人的村庄了。河床一直都处于干涸状态，除了雨季最多雨的那几天，到那时，这里就是一条汹涌的河流。

贝特森克很愿意让我在这片少水的区域里开车，这条65英里长的路把康瓦和多比与外面的世界连接在一起。有一些地方的路更像是车辙，在干旱的季节，里面堆积着的颇深的沙土足以阻挠最富有经验的司机；到了雨季，厚厚的泥巴又能陷住同一个司机的车。路面比较硬的地方又隆起很多地脊，我们的车速平均每小时都不到15英里。即使这样，我们在驾驶室里仍被颠来颠去，我们甚至想车上的弹簧能不能坚持得住这样的颠簸。正午的太阳下没有什么阴影，在太阳的照耀下，所有一切都被铺上了一层沉闷的色调。一个月前还让我着迷的风景现在看起来有些无味——这对我沉重的感官是一个解脱。离开多比，和多比说再见已经让我很痛苦了。

🖋 这个冰冷的夜晚又是一个难眠之夜。5点半的时候，我掀开帐篷的门帘看到一束耀眼的白光，我当时都惊呆了。这束光是外面即将落下去的满月投下的。外面太冷，于是我又钻到毯子下躺了半个小时。还有礼物要送——给鼓手、治疗师和唱歌的女人。还来了其他人，但是我没有什么东西可以送了。我去猎人昆沙的营地上放下一些东西，然后叫醒妮萨进行最后一次访谈。

访谈一开始进行得不顺利。妮萨说她昨晚睡得不好，总是梦到我离开，然后醒过来。

我问她："妮萨，在我们开始最后一次访谈之前，对着这个录音机，你对苏珊娜——我最大的女儿，也是你的同名者——有什么话要说吗？"

妮萨当时的话我现在只能靠回忆记起来了，她大概是这样说的："你好啊，我的小同名者。给我寄一些毯子来吧。给我寄一些钱来。你来的时候，给我带一些珠子来。"然后她继续说着类似的话。

我皱了皱眉，瞪眼看着妮萨。她怎么可以这样？然后我发现录音机的音量设置得很低，她那会儿说的话应该很少被录进去。我想都没想，就把磁带调回到最开始的地方，很高兴自己有借口删掉她刚才说的话。让她再次开始前，我说："最好不要向你的同名者要这么多东西。她还小，不会懂这些的。"

在我开车去马翁城的路上，我想了想妮萨当时说的话，这让我想起 20 年前我和妮萨的第一次访谈，那时候我也不能接受她讲的有关她弟弟出生的故事。这次是我们最后一次访谈，虽然她的反应足够真实，但是我还是不能接受。我内心那个护犊心切的母亲身份完全不顾人类学家所应有的谨慎和平静。我从来不喜欢妮萨对我提出的要求，现在我又挺身而出，为我女儿来审视这些要求。我都没有试着为她说的话提出一个比较慷慨的解释。我甚至没有想着把录音带上她的话留下来，以便日后我冷静的时候再听。

我又转身对着录音机。远处传来公鸡的鸣叫，我问妮萨，就好像是第一次这样问她："你要不要和你的同名者打个招呼？"

这一次妮萨的回答比较合适："你好啊妮萨，我的小同名者。请来这里看看，帮帮我吧。我会很感激的。我向你

Return to Nisa

问好了。哪一年，你来吧，到那时我就能见到你了。"然后妮萨换了个语调和我说："我说完了。"

我们开始聊她的梦。我和库玛他们去丛林里的时候，妮萨梦见听到我的卡车声了，她在梦里说："我的小侄女婉特拉回来了。"第二天，她就想为什么会做那个梦，因为我还没有回来。波问她："你为什么会梦到婉特拉？她不在这里。"妮萨回答："因为我喜欢她。我喜欢婉特拉，这就是我为什么会梦到她。"不久后，真的有卡车的声音了。妮萨说："呀，我侄女回来了。别人把她带走了，他们睡在丛林里，这让我心里很难过。"

她回忆了另外两个梦，都是在刚刚过去的晚上做的梦。第一个是关于治疗的。她梦到我处于萨达（thada）状态了——一种迷睡状态，人的整个身体都会颤抖，不能聚精会神。"我梦到你处于萨达状态了。你成功了，成功了，成功了！我想：'如果婉特拉做到了，可能是我和雏果传递到她体内的治愈之能起作用了。我的能量到了她体内了！'因为你一直在颤抖，在做萨达。我心里祈祷：'啊，谢谢你。我很感激。'"

在另外一个梦里，妮萨冲我大喊："婉特拉……嘿，婉特拉，你要走了，然后把我留在这吗？"我说："哦，姑姑。

是啊，我今天就要走了，因为我要照顾好小妮萨。"她说："一定要记得代我问小妮萨好。"我说："我会的。"然后妮萨的梦突然悲伤起来。"婉特拉不要我了。"妮萨大喊，然后跑回棚屋开始痛哭，"我侄女就要走了。"

妮萨说当她从梦里醒来，她告诉波她不开心："我今天就要躺在毯子里了。"这就是为什么我来的时候她还没有起来。波弄火的时候看到我来了。他告诉妮萨："你想的那个人，她来了。"妮萨大声说："哦——嘿，我的闺女啊。"然后起来和我打招呼。

🖋 我们换了个话题，不再讨论梦了。妮萨转身对着我说："妈妈哟，你看起来气色很好。你的身体也不错。很好啊。"

我问妮萨："你和雏果是不是看到什么了？"

"是。我听到有人在说话……我听到很远的地方，你住的地方有人在说话。我听到他们在说你的疾病。他们告诉我：'婉特拉住在很远的地方，她没有回来是因为政府不让她回来。他们不让她去看你，她的姑姑。这就是为什么我们要杀死她。'"

这里面的逻辑反映了昆人的信仰。昆人认为受到不公待遇或者被照顾得不好的人很容易生病和死亡。他们说神灵会把这样的人带走，因为没有人想要他们。疾病、康复和其他人的作为这三者之间的联系在我们自己的文化中也有体现，我们认为如果有人为生病的人祈祷的话，他们会比那些没有人给祈祷的病人康复得更好更快。

妮萨继续和我讲她在迷睡状态时神灵对她说的话："但是现在她回到你身边了，妮萨，既然你年轻的侄女回来了，我们就走了，我们不再管她了。我们不会杀死她。她会回她自己的国家生活一段时间，然后会再回来看你。这样，她就可以健康地活下去了。因为我们想让你们在一起，想让你们见到彼此。如果她回去了，在那里生活了很久，如果她没有快点赶回来看你——那就非常糟了。这就是为什么我们说我们之前想杀死她。但是她是你的孩子，我们不会杀她。哦——嘿！"

然后她告诉我她和神灵讲的话：

是呀，让她活下去吧。她在那里生活，工作，还会给我东西。她找到一点东西，然后给我留着。她又找到一点其他的东西，也留下来给我。因为我现在老了。她给我存了一些钱，还给我东西。这就是为什么，她来这里以后，她把我照顾得很好！下一次，她会给我带衣服来，这样我就会很漂亮！到时候，我会像个年轻的姑娘！她住在那边的时候，她都在做这些——她工作是为了帮我。

现在，你们不要把她从我身边带走！不要骗我，不要把婉特拉从我身边带走。婉特拉是我的。她帮助我，支持我。我向你们祈祷，明天她走的时候，让她身体健健康康的。她回自己的国家生活后，让她活着，好好活着。然后好好工作。

谢谢你们，谢谢，谢谢。我很感激。

妮萨停顿了一下，然后继续说："那些人，那些住在你住的地方的人，他们说的那些恐怖的事情——说疾病进入了你的体内，并且会杀死你——他们在撒谎，他们在骗你，骗你。因为他们不会为你做任何事情。"她又停顿了一会儿。"这就是为什么我说'保重'，因为你不会有事的。"

我问妮萨："和你说话的是谁？"

"我和主，上帝，说话了。"

"你昨晚看到他了吗？"

"妈妈哟，是的，我看到他了。而且他很满意我。他也满意你。当我背着你走时，他非常满意。他说：'很好，你背着她，你做得很对。'他和我说话了，我很感激他。上帝高兴了，非常高兴。他还说：'她是你的，你的孩子。是的，我不会对她做任何事情的。好好治疗她吧。'这是上帝自己和我讲的。"

Return to Nisa

我夸奖妮萨："你说得太好了。"

妮萨说："嗯，妈妈哟。"

当我开着卡车费劲地穿过一段长长的松软沙路时，我又想起了我和妮萨的最后一次访谈。妮萨的梦感动了我，尤其是当她因为我要离开而哭泣的那一段。这些梦反映出妮萨和我之间强烈的感情，这一点妮萨很少提起。好像只有通过梦，妮萨才能表达这些情感。同时，我不断被她的举止和她无休无止的要求所打扰——这让我觉得自己根本无足轻重，除非涉及最物质的方面。

四轮驱动状态下的引擎有些吃力。我把车调到低速挡。车走得很慢。想起妮萨对我病因的解释时，我禁不住笑了。她说神灵因为我没有早点来看我的"姑姑"生我气了。她为我辩解的话也让我觉得有意思。她和神灵们说我不该受惩罚，我没有回来是因为我在工作，这样我才能给她买东西。

我第一次听到她的理由的时候，我是怨恨她的。这就是我一直渴望的迷睡经历，这就是富有经验的治疗师妮萨如何"治愈"我的，她在迷睡状态中获得的"心理洞察力"更多反映的是她的需求，不是我的。

但是她说我工作是为了帮助她，这里面当然是有一些真实性的。上一次田野调查结束六年后，《妮萨》一书出版了。几年后，我给妮萨一些钱让她买牛。两年后，我又让人给她捎了些钱买烙铁。又过了几年，我自己筹集到了足够的资金才又回到了这里。这个为什么这么重要呢？我记得做完乳房切除手术后，到医院来看我的"喜鹊小姐"问我：如果我将不久于人世，我最想做什么？我的回答是什么？回到非洲，当然也是——重访妮萨。

卡车终于摆脱了沙路，相比之下，开始在下一段有坚硬路脊的路上颠簸前行。我脚踩离合器踏板，退出四驱模式，然后把车速调到二档开了一小段距离。后来车颠得太厉害，我又把车速调回一档。

✎ "妮萨，你是如何看待我们的工作的？"我问妮萨，希望她或许能谈一谈我们两个人之间的关系。她没有说话。"我的意思是，你是如何看待我们之间的谈话的？我们谈得好吗？你是怎么想的？"

"我们的工作很好。"

"是因为我给了你不少酬劳，还是别的方面好？"

"对你而言，可能不好。但是，对我而言，是好的。"

"不，对我而言，一直都很好。我是说你心里的感觉。我们的谈话让你开心吗？"

Return to Nisa

"谈话让我开心。因为我看到钱了，许多钱。通过工作，我可以得到我想要的东西。"

"我知道钱好。但是现在，我们先把这一点放到一边不提。谈话本身怎么样——它让你觉得开心还是，有时候，让你觉得难过？"

"听着，"妮萨说，她撇开我的计划开始从另一个角度回答我的问题，"如果谈话让我觉得难过，那我就会和别人一样——会对你有所隐瞒。我不会聊那些已经死了的人——我的女儿、我的儿子、我另外一个女儿——所有那些让我觉得痛苦的人。我也不会谈起我的妈妈和爸爸，他们的死也让我很痛苦。如果让我难过的话，我是不会提起这些人的。我会隐瞒这些，就像其他女人那样。但是现在这些不会让我难过了。他们很久之前就死了，早就过去了。所以我就可以提起他们了。"

我问妮萨："那有没有什么事情让你觉得很难过，你还不想和我聊的？"

"没有，什么都没有。"

我沉默了，整理着我的思路。

妮萨问我："怎么了？难道我应该仍然为那些事情感到痛苦吗？"

"不，不是这样的。是我刚才问你的问题不好。"

"是啊。你说的是你脑子里和心里想的，不是我的。我的内心已经被冲洗干净了。"

妮萨看起来像是被惹怒了。我同意她的说法，不想触犯她："是啊，我的心也被冲洗干净了。这很好。"

但是妮萨还没有说完："看吧，就像昨天，你说如果你付钱给我的话，你心里会很难过。那是你的心，不是我的心。就在刚才，我说聊起那些死去的人不会让我难过。那是我的心。"

我不确信她想说什么，我表示同意："嗯。"

"昨天你说如果你付钱给我的话，你会难过，不是吗?"

"是，"我回答，"因为我害怕我的姑姑只想着让我帮她，而她却不帮我。"

"我?"

"是啊，我想让你帮我做点事情。因为我们在一起工作的时候，我给了你很高的酬劳。但是这次，我想让你给我一些东西。所以这就是为什么我不想给你钱了。"

"嗯。"妮萨说。

"因为，"我坚持说，"当我看到你的心的时候，我不知道你是怎么想的。你看到我的时候，你是不是在想'婉特拉是给钱的人'，是这样吧?"

妮萨不耐烦地回答我:"我没有和你说过治疗的事情吗?我没有告诉你即使你不给我钱也没有关系吗?没有和你说过我不会难过吗?没有和你说过如果你只给我一些东西的话也是可以的吗?我不是这样和你说的吗?"

"嗯。"我回答,承认自己失败了。

"而今天,即使你给别人礼物,我也没有觉得难过。"

"是啊,"我说,我很感激她对我表示的好意,即便是很轻微的好意,"我对你一直都很慷慨,给过你很多东西。"

"哦——嘿。就像今天一样,即使是一件毛衣……我没有毛衣穿。但是我没有说:'为什么我的孩子不给我一件毛衣?'我没有说这个。我也没有抱怨说我的丈夫没有裤子穿,为什么我的侄女……"

"我的裤子都太小了,"我用防卫的语气说,丝毫不掩盖我的怒气,"而且波的体格比我大。我把我的都给了年轻人了。"

妮萨问我我有没有给另外一个治疗师,还有她日常生活中依赖的另外两个女人付过钱。我回答她:"我没有给她们钱,但是我送给她们礼物了。"妮萨就是想确认一下。

如果我忽略了她们，那她们的憎恨不会让妮萨有好日子
过的。

✎ 我们接着聊未来的日子，一天天、一周周、一年年的
日子。到现在我已经确认了我要给妮萨一头驴。她说，有
了驴子后，即使她不再有力气，她也能去采集食物。现在，
她还有我们上次去丛林中采集回来的食物。"吃完那些后，
我会再出去采集食物。我不会就这样躺着休息。之前理查
德·李在这里的时候，我让他告诉你来这里，让你带我去
丛林里。他真的捎话给你了。现在，你来了！而且你带我
去采集了檬戈果和卡玛可浆果。而我现在呢，就在吃这些
东西。我很感激你！因为即使你离开这里之后，我还有这
些食物吃，让我活下去。"

然后，带着自嘲一样的幽默，她接着说："我是这样想
的：'嗯，婉特拉……你来这里是不是为了帮助我采集食
物，然后就离开？'"

她表示如果是别的白人来，她是不会为他们工作的。
我们都笑了。她说："我告诉你，婉特拉，我告诉你。"即
使理查德·李回来了，她去找他也仅仅是因为有人告诉她
理查德给她带来了玛乔丽写给她的信。"否则，我是不会说
话的。即使你回家后，你也不会听到我为别人工作的

Return to Nisa

消息。"

我笑了，被她的担心感动了，然后我告诉她她想和谁工作都可以。她变得很严肃。"当然，如果我有力气的话，我会工作的。但是哪个白人会像你待我一样待我？妈妈哟！没有人会像你这样待我的。这就是我为什么说如果别的白人来了，我就待在原地不动。"

我问她谁是她的支持者。她重复说了两个人的名字——我的同名者，婉特拉，还有妮萨生命中最长久的情人坎特拉的老婆——她们都住在妮萨家附近。

"你和你的丈夫怎么样？"我问，"你觉得你们两个人相处得好吗？"

"我们两个人的关系很好。你刚离开的时候，我们会非常想念你。但过了一阵子，我们就会清理好我们的心，这样我们就不会那么难过了。"

"我还有个意思，说的是就你们两个人。你们在一起的时候开心吗？你们爱彼此吗？"

妮萨回答我："嗯，我们相处得很好，我们心里都装着彼此。"

我问了问波最近去诊所的情况。"哦，我的侄女啊！我的侄女！"妮萨动情地哭着说。当说到波的新药开始起作用的时候，妮萨面露喜色。她说波告诉她，这药"给了他力气"，缝针的地方也不那么疼了。

我逗妮萨："也许现在，到了晚上，你该有吃的了。"

听到我的双关语①，妮萨有些吃惊地笑了。她指着我，拉起我的手，然后对我的聪明做出了评价："我的孩子问了，那我得说说!"

然后我们像阴谋者一样，她压低声音和我说："是啊，到了晚上……他还什么都没有做。他还没有吃完那些药。他想把药都吃完，然后，吃完药以后，他会找些东西吃。"

我又笑着问她："你那里还有吃的吗？"

妮萨也笑着说："什么啊! 当然有吃的了! 哎哟，我的闺女啊! 妈妈哟!"

"另外那个男人，坎特拉呢？"

"他啊，他的身体……他说他没有吃的了。他说他老了。他的身体不行了。但是我的身体，我的还年轻着呢。"

这个访谈必须要早早地结束。所有的东西都打好包了，贝特森克一边等我，一边看着时间。我说："在我们访谈结束前，你有想要问我的问题吗？"

---

① 昆族语言中的食物和吃东西可用来指代性爱。——原注

Return to Nisa

"妈妈哟，我问你些什么呀？"

"我的意思是，你有想问我的关于我的问题吗，譬如说我是怎么生活的，或者其他问题？"

妮萨停顿了一会儿："我想问你……我要问你……"

"问吧。"

"我想问你点事情，但是你可能会生我的气。"

"什么问题会让我生气啊？"

"如果我问你，你会吼我吗？你……我要问你的是什么啊？你，当你还是个孩子，我呢，是个老一些的女人。你有塔沙伊——梅尔——我要问你了。你曾经背着他偷过情吗？"

"我？"

"是。"

"没有，我还没有过情人。我脑子里，也许有过，但是身体上没有。"

"我想问的是，"妮萨继续说，也许是不满意我的回答，也许是不确信我听懂她的问题了，"属于梅尔的吃的，就是你那里的吃的……属于梅尔的吃的。你有没有好好守着那点吃的？你给别的男人吃过吗？"

"我有没有给别的男人吃过我的东西？你是在问这个吗？"

"是的，我是在问那个。"妮萨回答我，她紧张地笑着。

"我没有做过那个。我和我丈夫的食物只给彼此吃。不会给别人的。"

妮萨说："嗯。"

她失望了吗？我又修改了一下我的回答："但是我也想过。当我看到另外一个长得很帅的男人，或许他盯着我看，我也盯着他看……有时候，我也想过那个。"

妮萨问我："你喜欢长得帅的男人？"

"嗯，是的。"

"你喜欢长得好看的男人。你不喜欢那些长得不好看的男人？"

"嗯。"我回答她，担心自己说错了什么。

妮萨把烟斗点上，然后深深地吸了一口。我在等她说话。最后，她吐了口烟，然后说："那你像我。我也是那样的。我不喜欢长得难看的人。而且，是我的东西，我不会给我不喜欢的男人的。长得好看的男人可以吃到我的东西。因为这是我自己的小东西。现在，你要好好守着你的东西，然后只给梅尔吃。"

"是啊。"我们两个都笑了。

"梅尔会给你一个小孩子……一个叫波的孩子。"据我所知，妮萨不同意我们叫我们的儿子库玛。

"不，我不会再要孩子了。"

"你可以吃药，这样梅尔就会给你小波了。你们已经有个小妮萨，你们现在还缺个小波。为什么不要呢？"

"因为我不会再要孩子了。"我重复之前说过的话。

妮萨不相信我，责怪我和她耍聪明："你在逗我玩吧？"

"没有，我没有逗你。我不可能再有孩子了。我太老了。"

"我的闺女啊，你才不老呢。我们两个都不老呢。昨天晚上，当我和上帝说话的时候，我让他好好照顾我，也让他好好照顾你。这样我们就能再次团聚了。妈妈哟，我就是那么说的，而且他同意了。"

"那太好了。我也想再回到这里，这样我们两个就又可以在一起了。"

🖋 知道到了要离开的时间了，我说："你还有什么要问我吗？"

"没有什么我要问的了……除了……在你要去的地方，你的家里，你有情人吗？"

"我没有情人。"我笑了，我以为我们已经结束这个话题了。

"你没有情人?"

"嗯。"

她说:"我,在这里,你说你没有情人。但是我,我有情人。你走了很久很久以后,有一天你回来了,我会和你聊这个话题,会告诉你我是怎么生活的,我都做了什么。"

"这个主意不错。"

"你回来的时候会带上梅尔和小妮萨吧?"

"但愿如此吧。"

"当你和梅尔一起来的时候,我会和他打招呼……然后我会让他做我的情人。"妮萨笑了,"你不会杀了我吧?你会杀死我的!"

"是啊,我会杀了你的。"

"你会杀了我的。"

"当然了。"我们两个人都笑了。

"你不会抢你女儿的老公,因为那是你的女婿。我不会和梅尔偷情的。他生了小妮萨。我不会背着我的女儿和女婿偷情的。我们就是这样说话的。我就是非常喜欢你和你的丈夫。"

我们在一起度过了一段非常美好的时光。我们就这样待在一起,开着彼此的玩笑。当我们都还在兴头上的时候,我说："好了，就这样吧。我该走了。"我关掉录音机，然后我们都站了起来。她把我拉近，把脸颊凑到我的脸旁，然后松松地抱了我一下，我也回抱了她。

我们朝原本是我的营地的那片沙地走去。另外一个治疗师雏果正在那里等我。她热情地和我打了招呼，然后重复了妮萨之前安慰我的话，说她们只看到一点点疾病，并且把它取出来了。"你现在好了。我和妮萨在你体内注入了治愈之能，会让你身体健康的。但是你要记住，婉特拉，"她接着说，"不要再吃罐子里的鱼了。"

前一天晚上，她说过类似的话，但是我还是不明白她的意思。我问她："什么鱼？是那些小鱼，沙丁鱼、熏鱼，或者是那些只有肉的鱼，金枪鱼？"

她回答："我不知道它们的区别，反正你就别再吃罐子里面装的鱼了。"

我说："我不会忘记的。另外，谢谢你昨天晚上那么努力地治疗我，用你的治愈之能来治疗我。"

我在最后逗留在营地上的几个人中找到了波，我和他说了再见。我悄悄地和妮萨说希望我给她的驴子将来能帮上忙，希望她和波都健健康康的。我们再次拥抱了彼此。

然后，大概快 10 点的时候，我和贝特森克开车走了。

后　记

现在是凌晨两点。我面前壁炉里面的一团闷火突然燃烧起来，空气中传来木柴燃烧时发出的浓烈香味，这个味道和多比村篝火燃烧时散发的气味大相径庭。距离上次我去找妮萨已经六年了，现在我在美国佐治亚州亚特兰大的家中。我丈夫和三个现在分别 17 岁、14 岁和 9 岁的孩子都在楼上睡熟了。外面天气很冷，温度已经降至零下，刮着的寒风让天气更加寒冷。高高挂在如穹顶般的蓝黑色天空中的月亮，几个晚上之前还是一轮圆月，现在一侧残缺，即将落下。

我希望我能凭借我体内所有坚强的力量给这本书写下一个童话故事般的结尾。我希望我能够说，我因为回到妮萨身边，因为回到非洲，我的身体和精神都痊愈了；我希望我能够说，在我离开前那个曾经高呼"阿非利加！"的声音已经找到了曾驱使我回到非洲丛林的有关死亡的问题的答案。

那次旅行对我是有益的。在那里我体会到了自从被诊断出癌症后就再也没有体会到的快乐。另外，虽然癌症并没有消失，但是在丛林里的那一个月我必须把自己的病抛诸脑后。我的理由是这四个星期并不会是生死攸关的。我坚持"双手紧扣放到桌上"——上小学时我们老师经常这样要求我们，这样我们的小手和身体就不会惹麻烦。我不再琢磨我身体上可疑的疼痛，也不再找寻身体上可疑的发病部位。每天晚上只有一桶热水，很难洗澡，再加上我每天都裹着好几层衣服睡觉，这些也让我暂时忘记了我的病。

既然癌症被推到了脑后，那我前面是什么？是妮萨。在我离开她的那 14 年里，我生育了三个孩子，并且根据妮萨的口述，出版了一本书。她用我托人捎给她的钱买了牛，还和她丈夫搬到了多比村。尽管我们分开这么久了，但妮萨在我心里从未消失过。这么多年里，我和她讨论了很多话题——当然，都是在我的脑海中进行的。

过去的那些年里，我不仅仅是一遍遍地听并且翻译了我和她的访谈。我们也没有成为无话不说的朋友或者变得像家人一样亲密。我和她之间只是有一种最为单纯和直接的关系，在这之前或者在这之后，我和其他人从来都没有过这样的关系。这几年我不断沉浸在她的文化中——无论是在田野调查中、家中，还是工作中——后来觉得昆人的习俗和信仰很有道理，便融入了自己的生活中。

我生第一个孩子的时候就是以昆族妇女为榜样的。经历了 22 个小时的难产之后，我继续拒绝使用任何药物。如果不这样，我如何才能体会到昆族妇女和我讲述的故事？我又怎么可以说自己做到了一个真正的女人，体会到了无数世代以来新生命降生时作为一个母亲所表现出的勇敢？我下定决心不想在药物的麻痹下迎接我生命中最重要的人之一——我的第一个孩子。我后面的做法也是受到了昆族文化的影响：孩子有需要就给孩子喂奶，一起睡一张"家庭床"，隔三年半再生下一个孩子。我把孩子们的行为完全当作是在无理取闹。我会像昆人一样说："等他们长大了就不会这样了。"

当涉及友谊、婚姻、性、生产性工作、带孩子、离婚、休闲时间这些话题时，昆人的做法则是我的参考标准。我会问我自己："他们会怎么说呢？"我会想起昆人常说的一句话，然后笑着小声说："哦——嘿，我的人儿们啊。"或者耳边会响起妮萨说这句话时的声音，然后我会想："哦——嘿，我的姑姑啊。"

昆族文化以及我与妮萨之间的对话好像触动了我内心一些超越理性的东西。我 24 岁时，在这个不是很年轻的年龄，昆人，妮萨，还有他们的生活方式好像已经在我身上烙下了深深的印记。我并不是喜欢妮萨所说过的每一句话，我也并不是喜欢有关她的一切，但是我的心还是被她俘获了。

✎ 我在翻译第一本书的录音磁带时，妮萨笑，我也跟着笑，妮萨诗情画意的时候，我也诗情画意。但是有多少次我希望她能更高贵一些，更无私一些，更哲学一些。在编辑整理妮萨的口述内容时，我常常忍不住想修改她说的话，删掉那些听起来不太会让人喜欢的内容。但是我忍住了。我劝告自己："她想说什么就说什么吧。如果像我一样说话，那还有什么意义呢？"所以我保留了她生活中男人对她的暴力行为、她的不忠、她的谎言、她女儿无辜的死、她父亲的脾气，还有她母亲的不满。

于我而言，《妮萨》这本书的出版是一次非凡的经历。我获得了别人的尊敬，开始在大学里教书，给很多人讲课，在电台和电视台做节目。我的目标一直都是让大家熟悉具有异域情调的昆族生活。我会给他们讲传统的昆族生活，会给他们放幻灯片，然后说："我们人类学家就说这么多吧。咱们听听妮萨口中的昆族生活。"我通常会选最吸引人的章节读给大家听，因为我希望大家能够清晰地看清昆族文化。大家的反应也不尽相同。读过《妮萨》的一些人更加相信和生活在工业国家中的人相比，生活在那个社会经济简单或者"原始"文化中的人比较落后。但是，大多数读者被触动的一点是，不管生活在什么样的社会中，人类所做的挣扎都是相似的。

一些最让人感动的反馈来自布兰卡·穆拉托里奥（Blanca Muratorio）。布兰卡是不列颠哥伦比亚大学的一位人类学家。她和厄瓜多尔亚马逊地区的一位和妮萨年龄相仿的那坡盖丘亚族（Napo Quichua）女人在一起工作了几年。布兰卡给我发来一段她在 1990 年 7 月 2 日写下的田野调查日记：

弗朗西斯卡（Francisca）看到我工作桌上的《妮萨》。她马上注意到妮萨的珠子和脸上的装饰，面露羡慕之情。她问我："她是谁？她是哪儿的人？"我告诉弗朗西斯卡，妮萨和她一样，是个讲故事的人，她是个认为梦非常重要的人……弗朗西斯卡想知道更多有关妮萨的事情。我打开书，想给她翻译《妮萨》一书中的开场白①，心里想：我怎样才能把昆语的意思用英语表达，再用西班牙语表达，然后再表达成盖丘亚语？我翻译了妮萨的话。我觉得弗朗西斯卡完全听懂了妮萨的意思。她笑着对我说："她不应该伤心。在我的梦里，我可以去很远的地方。在山顶上，我能看到……我可以听到那个好看的女人在风中的话。"

   重返非洲也和这片土地有关，与它的稀疏孤零有关，与它完整、鲜被人类破坏的环境有关。这片土地因为太干燥，从来都没有办法能和其他地方媲美。如果我只是在寻找美丽的地方，博茨瓦纳的多比绝对不会是我的第一选择。这里地势崎岖不平，景色一般，连可以狩猎的动物也很少，需要好好了解这个地方才能懂得她的美。

需要好好了解才能懂得她的美：除去复杂和难相处，这句话也同样适应于妮萨。但是妮萨可能也会这样说我。我们每个人都想从对方身上得到一些东西，但是我们谁都没能得到我们所期待的。但是我们所得到的那一些已经弥足珍贵了。

---

   ①《妮萨》一书是以妮萨的话开篇的："我会打开话匣，告诉你这里的生活。讲完后，风会带走它，如同这沙上消失的其他事物。"——原注

那些有关生死的问题呢？那些曾经高喊"阿非利加！"，让我离开年幼的孩子去寻找答案的问题呢？好吧，宇宙答案很有可能和宇宙女人去了什么地方，因为我从来都没有找到过二者。我也没有找到"导师妮萨""指引者妮萨"，或者是"大地母亲妮萨"。相反，我找到了"普通人妮萨"。想想吧！

但是这次非洲之旅是我人生中最重要的经历之一。在黑暗的夜里——我手里拿着日记本，旁边燃烧着篝火，我把毯子裹在腿上，围巾包在头上取暖，有老鼠过来舔刚刚洗干净摆在一旁晾干的盘子，由近及远，风中飘来人们说话的声音，是远处乡村生活短暂存在的标志，黑暗之中，穹顶之上的每一个世界里都安静地闪耀着无数颗星星——我听到了我自己的心跳声。

✎ 1989 年我从非洲回来后就一直渴望能够再回那里。1993 年，我做好了安排，买好了去博茨瓦纳的飞机票。然后我接到了我的肿瘤医生的电话。三周前我做了血液检查，那天他告诉我："玛乔丽，我觉得你这一次痊愈了。"听到医生的话，我高兴得不得了，还把他的话写在日记里。

但是他在电话里说："你的一个肿瘤标记物值上升了。你来医院吧，我们再做一次检查。凭良心，我是不能不给你做检查就让你去非洲的。"这是两年半以前的事了，当时在我的肝部发现了肿瘤。肿瘤转移：这是我听过的最恐怖的一个词——甚至比"癌症"还要恐怖。我取消了出行计划，再没能回到非洲。如果我身体健康的话，我肯定一早就去非洲了。但是自上次非洲之行后，我内心的渴望不再那么强烈了，而且这个想法也很少再冒出来了，即使现实中我已经命悬一线。

现在，当我问自己如果我就这样早早死去的话，还有什么是我必须要做的，我内心那个声音不再高呼"非洲！"了。相反，它悄悄地说："你就看看你的周围。不管你在哪里，答案都在这里……和你的家人、朋友待在一起……写写你的故事。"早些年里，如果有人告诉我"这里有两朵花，而花里面有你要找的答案。一朵花在你的后花园，另外一朵在非洲"，那毫无疑问，我会被非洲的那朵花所吸引。寻找答案的过程和答案本身一样重要。你就想想我在寻找答案的这一路上所要经历的那些让人兴奋的事情吧。

现在，我的精力已经只能够维持我活着了，我很感激我的后花园里也有一朵答案之花。我需要得到我所能找到的所有帮助。肿瘤转移是我生活中所要面对的一个最大的挑战。这种恐惧经常压得我喘不过气来。这种感觉就好像是走在一座不结实的绳索桥上，桥下面是深深的峡谷，地上长着葱葱郁郁的原始雨林。如果我向下看的话，我会被吓得动都不敢动。如果我只是渴求到达鲜有人能够到达的遥远彼岸，我将会错过我现在所拥有的：我的呼吸，我的感觉，还有活着的奇迹。

我在这座桥上走着，我没有屈服于死亡。我下定决心要用尽全身的力气坚持下去，不让自己掉下去，看清光亮中的变化，听清森林里的声音，并抱有一线希望，希望我这样一步步地走下去，将来能有新技术帮我打败癌症。到时候会出现一架直升机，放下一根绳索，然后把我温柔地带回到坚实的地面上。但是在那之前，我是不会放弃的。不管这座桥看起来有多么脆弱，它只需要足够结实撑我过去就好。

玛乔丽·肖斯塔克于 1996 年 10 月 6 日去世。

妮萨在 1997 年 11 月得知玛乔丽去世的消息。这是她当时说的话：

紧紧地，婉特拉紧紧地抱着我。我们就像一个人，紧紧拥抱着彼此。婉特拉，我在你睡的沙土地里迎接你。安息吧。我不知道为什么神灵们把你带走了。你给我的牛都死了——现在我知道为什么了。

塔沙伊不是唯一一个伤心的人。

婉特拉，带走你的神灵不会让你迷失在路上的。他们会直接把你带到他们想让你去的地方，所以你的家人会好好地生活下去。

伟大的神带走了我的女儿，弄瞎了我的眼睛。她就像我的眼睛，神带走她，我的眼睛也就瞎了。不知道还能再见不，因为神把我的女儿带走了。

致　谢

我们经常提到"抗癌"这个词，但是这个词从没有像在玛乔丽·肖斯塔克过去的八年生活中那样被如此合理地阐释过。她对生活的爱是热烈的，她对成为三个孩子生活中美好的力量，想看着他们每时每刻都在长大变化的渴望之情更是强烈。这本书巧妙完美地突出了妮萨和她的族人，只是稍微提及了玛乔丽与癌症抗争所做出的努力。

家人是让玛乔丽活下去的最重要的理由，但是妮萨和她后来的故事是第二个理由。在完成六个月的化疗以后，玛乔丽开始做去喀拉哈里沙漠的准备。尽管在这两个女人奇怪而又神奇的跨文化友谊中有很多苦乐参半的不确定性，但是这将是一次伟大而又具有治愈性的冒险之旅。

我不能装作自己理解女人之间的关系，但是我惊讶于

Return to Nisa

自那之后玛乔丽身边聚过来的朋友。玛乔丽一直都活在生命受到严重威胁的阴影下，她总是想获得更多的知识、更好的治疗，她在努力写这本书的过程中获得了慰藉。1996年玛乔丽去世的时候，留下了这本书的手稿，另外还有很多日记和信件，这是一个宝库，但还不是一本书。当时我也忙于玛乔丽自己当初忙的事情——我们三个孩子的幸福和快乐——我不能承担给这本书赋予生命的任务，完成它，并且劝说出版商出版此书。我自己复杂的情绪就已经给完成这个任务制造了无数个障碍。

但是又一次，玛乔丽有幸得到了朋友们的帮助。

带着强大但不张扬的动机，玛乔丽和妮萨的朋友们很自然地让这本书得以面世。她们并不期望得到感谢，但是她们得到的不应该仅仅是感谢。在玛乔丽弥留之际，玛乔丽最好的朋友，洛伊斯·卡斯柏和萨拉·斯坦哈特一直都陪在玛乔丽和我的身边。玛乔丽去世之后，虽然她们自己也悲痛难抑，但是她们马上就开始搜集玛乔丽的手稿，在电脑磁盘里进行筛选，联系玛乔丽的代理伊莱恩·马克森和对这本书表示过兴趣的出版商们。

这本书献给了我们记忆中的洛伊斯。当时洛伊斯已经被诊断出了夺走玛乔丽生命的同一种病。她的预后效果不是很好。但是她把完成她朋友的毕生工作当成她生活中的一个重要任务。她们从小学二年级就是好朋友。在玛乔丽的葬礼上，洛伊斯讲了一个她们两个都爱说起的故事：她们两个在上小学的时候一起唱二重唱，但是她们不得不背靠背地站着，因为面对面的话，她们会咯咯笑个不停。这个故事让哀悼者们为之一笑。就这样，在过去的45年里，她们以一种相似的方式映射着彼此的情绪，她们谈恋爱、结婚应付让人沮丧的丈夫，追求复杂的事业。她们不断谈起玛乔丽始于1969年的三次非洲之旅。1969年正是妇女运动开始的时候。洛伊斯会告诉玛乔丽发生在家里的女性革命，即使当时玛乔丽从非洲发来消息，报道那里近石器时代的妇女是如何恋爱、结婚和应付让人沮丧的丈夫的——她们的方式虽然看起来非常奇怪，但是又惊人地相同。她们两个一直笑，一直到玛乔丽去世。几乎在洛伊斯去世之前，她也都是在让别人笑。她一直活到看着这本书被完成并被"印刷"。在洛伊斯生命的最后几周和最后几天里，洛伊斯微笑着听她的朋友和亲戚在她身边给她读这本书的内容。她死的时候知道她的任务——完成她朋友最后的工作——已经被漂亮成功地完成了。我把这本书献给了我们记忆中的洛伊斯，因为我相信玛乔丽也会要我这样做的。

Return to Nisa

这本书的另外一个拥护者是萨拉·斯坦哈特。萨拉是玛乔丽在亚特兰大的一位非常好的朋友，按照昆人的命名体系，也是我们小女儿的"大同名者"。在玛乔丽与癌症抗争的八年中，萨拉几乎每天都和玛乔丽在一起。当我们做完第二次化疗从医院回到家发现房子失火后，萨拉和她的丈夫收留我们一家人在他们家住了几个星期。她很了解玛乔丽最后一次和妮萨见面后的想法，也知道玛乔丽想要一本什么样的书。萨拉自己经历了疾病、离婚，另外还要应付她自己具有挑战性的音乐和教书职业。但是玛乔丽活着的时候，萨拉对她的支持从来没有懈怠过，即便是玛乔丽去世后，萨拉对这个项目的付出也从未减少过。洛伊斯和萨拉一起每个月都在推动这个项目，她们激励代理，换出版商，尽她们最大的能力为妮萨和玛乔丽争取最好的利益。当洛伊斯病得太严重而无法继续参与的时候，萨拉继续推进完成了这本书，并给洛伊斯打电话和写邮件告诉她她们的梦想就要实现了。

我很犹豫是否要再提及其他人的名字，因为要感谢的人太多了。如果因为我遗漏了某人的名字而伤害到他，那我就是犯了疏忽之罪。但是有几个人还是必须要提的。迪卡尔布医院癌症中心的主任贝蒂·卡斯特拉尼是一位长老会牧师，她的职业是给癌症患者和他们的家人提供建议。她每天都要面对几乎我们所有人因为害怕而逃避的问题。在玛乔丽生命的最后四年里，贝蒂一直都在她身边支撑着她。玛乔丽生病期间和玛乔丽去世后我们的保姆凯西·莫特就像是我们孩子的第二位母亲。通过和玛乔丽长期的交往，凯西学着成了一位很好的代替者，代替玛乔丽照顾我们的三个孩子。莫林·奥图尔是一位心理治疗师，她和玛乔丽成了朋友，并且给了玛乔丽很大的精神支持。我们可以在半夜给她打电话，而她也会很快就来到我们面前，她会把玛乔丽抱在怀里，说一些安慰她的话，按摩她的脖子。在那些年里，施洛米特·瑞兹·芬克尔斯坦是我们力量的源泉。波莉·威司纳是一位杰出的昆族民族志学者，玛乔丽在德国寻求最新癌症治疗方法时，波莉一直陪在她身边。后来，是波莉把玛乔丽去世的消息告诉妮萨的，她把妮萨的反应也写了下来。米莉·布劳顿是玛乔丽的临床心理医生，她对玛乔丽的治疗远远超出了一位医生的专业职责范围。给玛乔丽治疗的众多医生中，博伊德·伊顿、朱利安·洛基、理查德·列夫和西德尼·斯特普尔顿为玛乔丽付出了很多。

　　玛乔丽生命中的最后一个晚上，洛伊斯、萨拉、莫林、

Return to Nisa

贝蒂和凯西都在我身边陪伴着我。她们在一起虽然悲伤，但是很有激情地讨论了生命即将终止时要做的一些决定，因为她们知道我没有力气去自己做这些决定。第二天凌晨，当玛乔丽不能再清晰地表达她的愿望的时候，是她们帮着我梳理了玛乔丽的遗愿。从来没有哪个丈夫能像我一样得到妻子的朋友们如此慷慨的帮助。

我写这篇文字的时候，我们的三个孩子，苏珊娜、亚当和萨拉分别是21岁、18岁和13岁。在癌症的阴影下长大后，他们又承受了一个孩子所能够经历的最大的损失。不仅仅是孩子们的需要，他们的爱、力量和幽默也在玛乔丽生病期间给予了她很大的力量。玛乔丽去世之后，他们又继续支撑着我。玛乔丽的父母，杰罗姆·肖斯塔克和埃德娜·肖斯塔克，还有她的妹妹露西对我们的帮助都很大，虽然他们自己也很难过。在玛乔丽生命的最后几周里，他们经常陪伴在玛乔丽身边。玛乔丽的母亲一直都在医院里陪床，直到玛乔丽离开人世。

布伦达·拜耶塔是亚特兰大一位杰出的舞台剧女演员、导演和老师。是她把玛乔丽的书的进展用力向前推了一把。她向玛乔丽提议说他们想把她最后一次见妮萨的场景编成话剧。多亏了布伦达的才华，这部话剧才得以实现。话剧叫《我心依然在颤抖》（"My Heart is Still Shaking"），分别由布伦达和卡罗尔·米切尔-利昂这两位非常有影响力的女演员饰演玛乔丽和妮萨。话剧省去了书中的一些细节。在最难过的那段时间里，她们的表演让这本书活生生地展现在玛乔丽的脑海里。

最后这本书能最终成型出现在哈佛大学出版社伊丽莎白·诺尔的书桌上确是一件幸事。伊丽莎白在百忙之中抽出时间高度重视这本书的进展；她因为真心喜欢这本书才接受它并一路坚持下来，让它最后成型。但是这本书的重要工作还是由出版社的卡米尔·史密斯完成的，尤其是她的参与才让我们有幸和哈佛大学出版社联系上。回到1980和1981年，那时候卡米尔是《妮萨》一书的文字编辑，她对那本书做出了重大贡献。但是到这一本书的时候，文稿还没有完成，另外还有一捆捆不同程度上混乱的相关信件和日记。我怀疑除了卡米尔之外，不会再有别人能把书稿做得这么完美了。不仅仅是因为她很了解玛乔丽和妮萨，还因为她令人钦佩的编辑才华，所以卡米尔为这本书所做的工作是至关重要的。因为她曾经和玛乔丽多次讨论《妮萨》一书的文稿，她们探讨每一个翻译问题、文化诠释的微妙之处，所以也只有卡米尔能够编辑这本书，就好像玛乔丽还活着，帮着卡米尔解决编辑过程中遇到的问题。

如果读者想全面了解那些为《妮萨》一书的出版做出贡献的人，大家可以去读一下玛乔丽为那本书写的"致谢"部分。没有他们的帮助，现在这本书也不会面世。我必须在这里提及一些人：玛乔丽的代理伊莱恩·马克森，她是第一个相信玛乔丽的出版专业人士；埃里克·万纳，玛乔丽在哈佛大学出版社的第一位编辑；艾芬·德沃尔和理查德·李，玛乔丽的人类学导师；还有玛乔丽其他研究昆人的朋友，包括南希·豪威尔、梅根·比塞尔、波莉·威司纳、约翰·耶伦、帕特丽夏·德雷珀、亨利·哈本丁、理查德·卡茨、弗娜·圣·丹尼斯、南希·德沃尔、洛娜·马歇尔和约翰·马歇尔。就像之前说过的，这些同事中有一些人再次为这本书付出了心血。最后同样重要的是，这本书得以面世最应该感谢的是昆族人民，是他们的殷勤好客才让本书成为可能，尤其要感谢妮萨本人。她用自豪而又私密的声音向玛乔丽讲述了她的故事，让所有的人都能听到她的故事，让大家都知道天下所有的女人都有很多相同的希望和梦想，有实现这些梦想的诸多困难，也有能够成为知心姐妹的快乐和痛苦，即使存在巨大的文化差异，她们也能一起笑，一起哭。

图书在版编目（CIP）数据

重访妮萨/（美）玛乔丽·肖斯塔克（Marjorie Shostak）著；邱金媛译. —北京：中国人民大学出版社，2016.9

（明德书系·文化译品园）

书名原文：Return to Nisa

ISBN 978-7-300-23431-1

Ⅰ.①重… Ⅱ.①玛… ②邱… Ⅲ.①布须曼人-民族文化-研究 Ⅳ.①K47

中国版本图书馆 CIP 数据核字（2016）第 228435 号

明德书系·文化译品园

重访妮萨

［美］玛乔丽·肖斯塔克（Marjorie Shostak）　著

邱金媛　译

Chongfang Nisa

出版发行	**中国人民大学出版社**	
社　　址	北京中关村大街 31 号	**邮政编码**　100080
电　　话	010 - 62511242（总编室）	010 - 62511770（质管部）
	010 - 82501766（邮购部）	010 - 62514148（门市部）
	010 - 62515195（发行公司）	010 - 62515275（盗版举报）
网　　址	http://www.crup.com.cn	
	http://www.ttrnet.com（人大教研网）	
经　　销	新华书店	
印　　刷	北京联兴盛业印刷股份有限公司	
规　　格	130 mm×183 mm　32 开本	**版　　次**　2017 年 1 月第 1 版
印　　张	12.25 插页 2	**印　　次**　2018 年 3 月第 2 次印刷
字　　数	185 000	**定　　价**　45.00 元